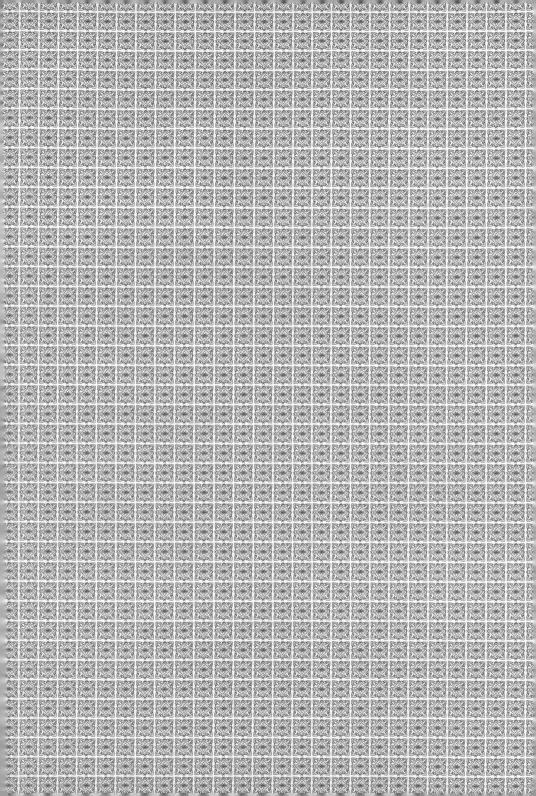

佛藏經講義

——第十二輯

平實導師　述著

ISBN 978-986-99558-6-7

佛法是具體可證的，三乘菩提也都是可以親證的義學，並非不可證的思想、玄學或哲學。而三乘菩提的實證，都要依第八識如來藏的實存及常住不壞性，才能成立；否則二乘無學聖者所證的無餘涅槃即不免成爲斷滅空，而大乘菩薩所證的佛菩提道即成爲不可實證之戲論。如來藏心常住於一切有情五蘊之中，光明顯耀而不曾有絲毫遮隱；但因無明遮障的緣故，所以無法證得；只要親隨眞善知識建立正知正見，並且習得參禪功夫以及努力修集福德以後，親證如來藏而發起實相般若勝妙智慧，是指日可待的事。古來中國禪宗祖師的勝妙智慧，全都藉由參禪證得第八識如來藏而發起；佛世迴心大乘的阿羅漢們能成爲實義菩薩，也都是緣於實證如來藏才能發起實相般若勝妙智慧。如今這種勝妙智慧的實證法門，已經重現於臺灣寶地，有大心的學佛人，當思自身是否願意空來人間一世而學無所成？或應奮起求證而成爲實義菩薩，頓超二乘無學及大乘凡夫之位？然後行所當爲，亦不行於所不當爲，則不唐生一世也。

——平實導師

如聖教所言，成佛之道以親證阿賴耶識心體（如來藏）爲因，《華嚴經》亦說**證得阿賴耶識者獲得本覺智**，則可證實：證得阿賴耶識者方是大乘宗門之開悟者，方是大乘佛菩提之眞見道者。經中、論中又說：證得阿賴耶識而轉依**識上所顯眞實性**、**如如性**，能安忍而不退失者即是**證眞如**，即是大乘賢聖，在二乘法解脫道中至少爲初果聖人。由此聖教，當知親證阿賴耶識而確認不疑時即是開悟眞見道也；除此以外，別無大乘宗門之眞見道。若別以他法作爲大乘見道者，或堅執**離念靈知**亦是實相心者（堅持意識覺知心離念時亦可作爲明心見道者），則成爲實相般若之見道內涵有多種，則成爲實相有多種，則違**實相絕待**之聖教也！故知宗門之悟唯有一種：親證第八識如來藏而轉依如來藏所顯眞如性，除此別無悟處。此理正眞，放諸往世、後世亦皆準，無人能否定之，則堅持離念靈知意識心是眞心者，其言誠屬妄語也。

——平實導師

目次

自序

《佛藏經》之所以名為「佛藏」者，所說主旨即以諸佛之寶藏為要義。諸佛之寶藏即是萬法之本源——如來藏，《楞嚴經》中說之為「如來藏妙眞如心」，《入楞伽經》卷七〈佛性品〉則說：「大慧！阿梨耶識者名如來藏，而與無明七識共俱，如大海波常不斷絕，身俱生故；離無常過，離於我過，自性清淨。餘七識者心，意、意識等念念不住，是生滅法。」大略解釋其義如下：

【所謂阿梨耶識（通譯阿賴耶識）又名如來藏，含藏著無明種子與七轉識種子，並與所生之無明及七轉識同時同處，和合相共運行而成為一個五陰有情。七轉識與無明相應而從如來藏中出生，每日運行不斷；意根每天一早促使意識等六心生起之後相續運作，與意識等六心和合似一，看似常住而不斷之心，其實是從如來藏中種子流注才出現的心，就是一般凡夫大師說的「清清楚楚明明白白」的心，早上睡醒再次出生以後，就與處處作主的意根和合運作看似一心。這七識心的種子及其相應的無明種子，每天同時從如來藏中流注出來，猶如大海波一般「常不斷絕」，因爲是與色身共俱而出生的緣故。如來藏離於無常的過失，是常住法，不曾刹那間斷過；無始而有，盡未來際永無中斷或壞滅之時。如來藏亦離三界我等無常過失，迥無我見我執或我所執；其自性是本來清淨而無染污，無始以來恆自清淨，不與貪等六根本煩惱及其餘隨煩惱相應。其餘七轉識都是心，即是意根、意識與眼等五識，即是面對六塵境界時清楚明白的前六識，以及處處作主的意根；這七識心與無明種子都是念念不住的，因爲是從如來藏中流注這七識心等種子於身中才有的，當色身出生以後，意根同時和合運作，意識等六識也就跟著現行而與色身同在一起，所以是與色身同時出生而存在的。而種子是刹那刹那生滅的，以此緣故說意根與意識等七個心是生滅法。若是證阿羅漢果而入無餘涅槃時，由於我見、我執、我所執的煩惱已經斷除的緣故，這七識心的種子便不再從如來藏流注出來，死時就不會有中陰身，不會再受生，便永遠消滅了，亦因此故是生滅法。】

在三種譯本的《楞伽經》中，都不說此如來藏心是第八識（第八識是通俗的說法），而是將此心與七轉識區分成二類，說如來藏一心是常住的，是出生「意」與「意識等」六識者，也說是出生色身者，不同於七識等心。所援引的上開經文，亦已明說如來藏「離無常過，離於我過，自性清淨」；從如來藏中出生的「餘七識者心，意、意識等」，都是「念念不住，是生滅法」。這已經很明確將如來藏的主要體性與七轉識的主要體性區分開來：一是能生，一是所生，能生與所生之間互相繫屬；能生者是常住的如來藏心，沒有三界我的無常過失，沒有我見我執等過失，自性是清淨的；所生的七識心，是念念生滅的，也是可滅的，有無常的過失，也有三界我的我見與我執等過失，是不清淨的，也是生滅法。

今此《佛藏經》中所說主旨即是說明此心如來藏的自性，名之為「無名相法」或「無分別法」，仍不說之為第八識，而是從各方面來說明此心；並且希望後世仍有業障而無法實證佛法的四眾弟子們，未來世中都能滅除業障而證得解脫及實相智慧。以此緣故，先從「諸法實相」的本質來說明如來藏，兼及實證此心者於實證前必須留意避免的過失，才能有實證的因緣；若墮邪見或誤導眾生，並有犯戒不淨等事者，將成就業障；於其業障未滅之前，縱使未來歷經無量無邊不可思議阿僧祇劫，奉侍供養隨學九十九億諸佛以後，仍無實證之可能。以此緣故，釋迦如來大發悲心，首先於〈諸法實相品〉廣釋實相心如來藏之各種自性，隨即教導學人如何了知惡知識與善知識之區別。善於選擇善知識者，於解脫及諸法實相之求證方有可能，是故以〈念佛品〉、〈念法品〉、〈念僧品〉中的法義教導，令學人以此爲據，得以判知何人爲善知識、何人爲惡知識，從而得以修學正確的佛法，然後得證解脫果及證入諸法實相，發起本來自性清淨涅槃智，久修之後亦得兼及二乘涅槃之實證，再發十無盡願而起惑潤生乃得以入地。

若未慎擇善知識，誤隨惡知識者（惡知識表相上都很像善知識），不免追隨惡知識於無心之中所犯過失，則未來歷經無數阿僧祇劫奉侍九十九億佛之後，於解脫道及實相了義正法仍無順忍之可能，欲求佛法之見道即不可得，遑論入地。以此緣故，世尊隨後又說〈淨戒品〉、〈淨法品〉等法，教導四眾弟子們如何清淨所受戒與所修法。又爲杜絕心疑不信者，隨即演說〈往古品〉，舉出過往無量無邊不可思議阿僧祇劫前 大莊嚴佛座下，苦岸比丘等四人爲惡知識，執著邪見而誤導眾生，成爲不淨說法者；以此緣故與諸眾生相率流轉生死，於人間及三惡道中往復流轉至今，反復經歷阿鼻地獄等尤重純苦及餓鬼、畜生、人間諸苦，終而復始、受苦無量之後，終於來到 釋迦如來座下精進修行，然而竟連順忍亦不可得，求證初果仍遙遙無期；至於求證諸法實相而入大乘見道，則無論矣！思之令人悲憐，設欲助其見道終無可能，對彼諸人助益無門，只能待其未來甚多阿僧祇劫受業滅罪之後始能助之。

如是警覺邪見者之後，世尊繼以〈淨見品〉、〈了戒品〉而作補救，期望以此二品能轉變諸人的邪見，勸勉諸人清淨往昔熏習所得的邪見，並了知清淨戒之所以施設的緣由而能清淨持戒，未來方有實證解脫果與佛菩提果的可能。如是教導之後，於〈囑累品〉中囑累阿難尊者等諸大弟子，當來之世以善方便攝受諸多弟子，得能清淨知見與戒行，滅除往昔所造謗法破戒所成之業障，而後方有實證之世到來。由此可見 世尊大慈大悲之心，藉著舍利弗尊者之因緣，在與舍利弗對答之時演說此實相法等，期望後世遺法弟子得能滅除業障而得證法。普察如今末法時代眾多遺法弟子，精進修行仍難遠離邪見與邪戒，求證解脫果及佛菩提果仍將難能可得，令人不覺悲切不已，是故將此經之講述錄音整理成書，流通天下，欲以利益佛門四眾。

佛子 **平實** 謹誌

於公元二〇一九年 夏初

第十二輯：

《佛藏經》卷中

〈念僧品〉第四（延續上一輯未完部分）

這不是現在我發明的，那聲聞阿羅漢所結集的四大部阿含諸經之中，不是有一位迦葉童女嗎？她率領著五百比丘遊行人間。那是地上菩薩，示現為女身，穿著在家的俗服，留著長髮，帶領著五百比丘遊行人間弘化度眾。要真是把這種景況畫圖出來印出去，我看他們臉都要黑掉一半了，搞不好才一看見就昏倒了！所以，什麼時候這白衣、緇衣是從實際來講的，什麼時候這白衣、緇衣是從現象界來講的，也得要分清楚。

那麼這一段經文講的白衣、緇衣，是從現象界來說的，不涉法義、不涉實證，因為這裡講的白衣都是凡夫，所以說穿了黑衣的出家人也都是凡夫。這一段經文中是這麼說的，所以末法時代會有比丘去到在家人那裡說：「你們想要看見如來的聖眾、聽聞佛法嗎？」二十世紀後半五十年的臺灣佛教界、大陸佛教界，不正是這樣嗎？所以我們正覺出來弘法之前，兩岸的佛教界可以套用世間人說的：「博士滿街走，碩士多如什麼？」有沒有聽過？有！你套上來講佛教界時該怎麼說？對了，「證悟的聖人滿街走，阿羅漢多如什麼？」正是如此。

直到正覺弘法之後，那些假聖人、假阿羅漢都消逝了。也就是說，在我們弘法之前的佛教界，正是這一段經文講的狀況，如來早就預見了：有比丘去到在家人那邊說：「你們想要看見佛陀的聖眾嗎？想要聽聞他們說法嗎？」這些在家人如果不只是信徒，而是眞想要修行的人，當然會告訴他們說：「我們想要見，看見聖眾很不容易；我們如果能夠聽聞他說法也很好，當然想要聽。」於是就像 如來說的，其中有一些在家人「貪樂語言」；就像洞山良价的師父雲巖曇晟不善於說話的那種實證者，一向都不太有人喜歡。但是如果能夠講得長篇累牘，讓大家聽得很信受的，例如寫小說的作家來講佛法，或者哲學家來講佛法，又如當大官的來講佛法，大家都很喜歡聽。

末法時代正是這個樣子，那一些在家人不懂什麼才是眞正的佛法，所以「貪樂語言，入於塔寺」。「入於塔寺」之後總得有人爲他們說法，寺院中就有一些比丘「好於言說，能通諸經」，就是說他經典讀很多，你只要提到什麼法，認爲他講的有問題，提出來討論，他就會引經據典說：「哪一部經是這麼說的，所以你這樣講不對；另外一部經也有那麼說，所以你講的不對。」這種人我以前遇過，但他不是出家人，是在家人，就是元覽居士。我剛出來弘法時還沒讀上幾部經，都憑自己的證量來說法，不是從經上讀來的，但他經典論典讀很多。

我剛出來弘法時，是我這一世初學佛後的第六年；但他已經學佛二十年，而且讀了很多經論與別人的著作，所以就用那一些說法來質問我。但他不敢自己質問，都派一個女眾來問我；她問了，我就解說。有一次他直接來問我，那時正覺還在中山北路地下室，那天我到得早，他也到得早，就問起法來，我當場一一解答。解答了以後沒事，他回家以後那位女眾就問他：「你問過老師了，他怎麼說？你辯贏了沒有？」他說：「我辯不贏，老師口才太好了，我根本沒辦法。」這跟口才有關喔？我可是在家裡被我二哥罵笨的人，總是敲我腦袋瓜：「你這麼笨！」二哥也說我不會講話。沒想到我竟然被他說是口才很好，辯贏他了。這種事也曾有過，因爲他讀得多，我讀得少；可是我依據證量直接回答，他沒有辦法推翻我。這一類人就是喜愛語言文飾的人，以前不論誰遇到他，都說不過他；他口才那麼好，又讀過很多經論與大師們的著作，偏偏遇到我這個口才不是很好的人，他竟沒轍。這就是實證，以及人家明講奉送的結果（編案：指平實導師幫他證悟時講得太明白而使他悟得太容易。）

所以「能通諸經」這四個字，不是說他對經典眞的通達，只是讀多了所以能夠拿來用；就是把經文這一句抽出來用，又把那一句抽出來用；經中很多的聖教，他都可以到處抽出來用，沒讀過的人就被唬住了；是這樣的「能通諸經」，不是實證。他對於諸經中的那一些字句，其實只能夠從文字上理解，所以依文解義的結果，當然是「依止語言」；不是如實理解而無法講得很勝妙，所以就「樂於文飾」，用很多美妙的字句來包裝空洞的法義內容。他記很多經典的字句，常常這樣說：「某一部經有說什麼，另一部經有說什麼。」他就這樣講，大家一聽只能信服他；除非遇到實證者，否則他可以籠罩天下。這樣的人「樂於文飾」，當他引經據典出來說，沒有人能反駁他。

就像釋印順一樣，他就是這種人物。你看印順法師《妙雲集》、《華雨集》

那四十四冊不都是引經據典嗎？所以大家都不敢反駁他，因爲反駁他就等於反駁 如來。可是正覺弘法而把他的落處指出來以後，佛教界終於知道：原來他都把 如來的意思曲解了。那是正覺開始論證他的法以後，大家才知道的，所以釋印順也眞是「**樂於文飾**」的人。有這樣的沙門爲來到寺院求法的人解說佛法，解說完了就告訴求法者說：「**這是如來講的，這是眞正的佛道。**」但其實不對，他講的不是 如來講的，因爲他把 如來所說的曲解了，曲解以後當然不是 如來講的。但居士們不懂，都想：「**人家是出家人，專業的修行人，所以我們應當信受。**」你看臺灣那一些六識論的比丘尼們到現在都還如此，寧可信受印順的那一些邪謬歪論，而正覺說的正法道理她們是絕對不聽的；到現在依舊如此，所以她們被印順所欺騙而無法醒覺。今天講到這裡。

這一次應該說是寒流還是亂流？天氣亂了套，臺灣才高三百米的山頭都會下雪，眞是怪了！但是我想對諸位都沒有妨礙，弄個不好，也許你們之中還有人開車上山去賞雪。有沒有？沒有？沒有呵？這才是眞學佛！但是這一回好像臺灣凍死了六十個人左右吧？（有人回答：）一百多人啊？一二〇？一二二！所以有事沒事，看見路邊窮人就布施一點；不是爲他，是爲自己——爲自己未來世不用去當街友，不用當遊民。這種突然變冷的天氣，光靠紙板或者一條薄薄的涼被在街上睡覺，那是捱不過去的；突然有一百二十二個人凍死，他們的生活眞是不容易。

希望這種事情不再發生，我們能幫這一些住在困苦環境的人，也是應該要盡我們的能力來作。因此我們今年雪中送炭規模擴大了，藉這個雪中送炭把諸位的福德綁在一起，當然我也是綁在裡面；未來世我們要實現福德時自然就會再相聚了，所以綁在一起是好的。如果我們這個法門是邪門外道法，綁在一起可就不妙了；但因爲這是了義的究竟正法，所以綁在一起才是好的。我們大約會是一年又一年漸漸擴大雪中送炭的規模，因爲我們修學菩薩六度時，不能老是偏在般若上面。

正覺成立早期，我們因爲經費很少，手頭很拮据，都是在臨時有天災地變時，大家來作這一些救濟眾生的工作。現在我們算是基礎穩固了，行有餘力，所以我們要逐漸擴大來作這些事。這一百二十二個人被凍死，沒在我們手裡救起來，還眞是遺憾。但是比我們這個規模大百千倍的慈善團體，我就要說他們失職了，眞的失職了！抱怨過了，回歸《佛藏經》。

今天是第一百零五講，上週講到二十頁第三段倒數第三行說：「是諸沙門隨順爲說，謂是眞道；」也就是說，到了末法時代，有些比丘其實只是依文解義，依照經文中的文字表相道理，「依止語言」作一些好聽的名相上的堆砌，這樣堆砌起來就說那叫作佛法。這讓我想起來，我們有一位師兄，我幫他證悟以後，他卻主張文字禪也是禪，主張學術更勝妙於實證。我都不知道他爲什麼腦筋迷糊到這個地步，要不是正覺幫他實證，他能懂什麼佛學學術？還寫了本書，裡面談到文字禪，我就不認同。

佛法中沒有文字禪這回事，禪就只是一個法，就是實證生命的實相、諸法的本際，除此以外，再無有禪了；文字禪只是文人墨客附庸風雅的層次，沒有禪。所以世間人經營公司而又學佛時，就有「經營禪」，搞環保的有「環保禪」，搞靜坐的有「清涼禪」，一貫道也有黃庭禪。還有個耕雲居士開著無聊拿雲來耕，然後說那叫作「安祥禪」。其實禪無古今，禪沒有分門別派，也沒那麼多般，禪就只有一個證眞如；所證之標的如果不是第八識如來藏，如果悟後不能現觀如來藏的眞如法性，也不能夠轉依成功，那都不叫禪。

所以說，依文解義都只是「依止語言」。但語言是從哪裡來的呢？從覺觀而來。因於覺觀而產生的語言，都只是事相中的事，與眞實理無關，談不到禪。「依止語言」的人，必然要講出一些讓人家聽了覺得很勝妙、很奇特的一些字句，而且動不動就是引經據典，看來他好像很博學、有實證，其實套一句儒家罵人的話，說那個人「胸無點墨」——他胸中連一點墨汁都沒有，只不過背誦一些經論中的字句，拿來當作自己的，那都是「樂於文飾」之人，不是眞沙門。

可是這樣的沙門，會隨順想要求法的居士們，來爲他們依文解義。這種事情，佛陀兩千五百多年前就已經預記過了。到二十世紀末的臺灣，最有名的就是釋印順，就是這一類人；他故意講到讓人家聽不懂、讀不懂，然後大家就說他高不可測。其實是他自己也不懂，因爲他是臆想猜測而說的，其實也不知道自己講了什麼，所以他前面兩分鐘、五分鐘才講過的法義，後面馬上就推翻了自己所講的道理，自生矛盾，可是他自己並沒有發覺。所以我們從他的書裡加以簡擇而不得不破斥他，因爲他所說的內容是前一頁跟這一頁不符，上一段跟這一段不符，書首講的跟書中講的違背，書中講的跟書末講的又牴觸，這種現象在他的書中是非常多的。

所以我們連載《霧峰無霧》，看來還要再連載好幾年。等哪一天，我們臺中游老師說：「我破釋印順已經膩了、厭了、煩了，不寫了。」那才停止，否則就是要把他破盡。那一些人不可救藥（就是印順的門徒），我聽說她們還曾經出了一本書，一直讚歎說：「二乘法比大乘法更勝妙。」又說：「大乘經典的法義是後代的菩薩們寫出來的，不是佛說。」可是問題來了，釋印順自己說大乘法比二乘法勝妙；她爲了替印順找個下臺階而這樣說，沒想到這一下臺，等於是她揮出桿子時，沒有打到她要打的人，反而打著了自己後面的印順，那她不等於給印順打耳光了嗎？因爲她講的跟印順說的互相顚倒了。

但爲什麼她要這樣講，而印順的門徒們沒有人反對她呢？因爲我們證明大乘法遠比二乘法勝妙，她們無法推翻；那麼更勝妙的法如果不是 佛講的，而是後代的菩薩講的，那就會有兩個誹謗的事情出生：第一、誹謗 佛證量太低了，不如後代的菩薩。第二、誹謗大乘的八識論正法，說它是不了義。她們的本意是爲了要避免這個狀況，所以現在倒過來說：二乘法比大乘法勝妙。這樣她就可以幫釋印順把誹謗 佛陀的責任推卸掉：「我們沒有謗佛啊！二乘法是佛講的，大乘法是菩薩講的，那二乘法比較勝妙啊！所以我就沒有謗佛了。」可是在法上呢？她們又講不通了，所以這些人是不可救藥的。

這些人的問題很大，我覺得她們其實比密宗假藏傳佛教達賴他們更難轉變。我認爲達賴他們將來也許有那麼一分可能，也許有萬分之一、萬分之二，或者萬分之十的可能，出來證明說：「**我們密宗藏傳佛教的法確實錯了。**」也許哪一天突然悔悟願意回歸佛門。可是六識論的印順派這一些人是不可救藥的，目前連萬分之一的機會也看不見。將來是否會轉變，咱們不知道，慢慢瞧吧！

這一些比丘尼們都是隨順著居士們求法的心，就依文解義演說佛法，甚至否定正法。但她們依文解義絕大多數是不正確的，例如釋印順，聽說他把四大部《阿含經》讀到經文本子都起毛邊了——經本的邊邊都起毛了，你能說他沒有努力讀嗎？有勤讀啊！才會讀到邊邊起毛了。而我家《大正藏》中《阿含經》兩大冊，邊邊連一點起毛都沒有，我卻用它寫了《阿含正義》出來；而且我寫得飛快，因爲我以前讀阿含時會拿著鉛筆畫，只要覺得這一段重要，就把它圈起來，我就這樣讀。

寫《阿含正義》時，我想到有一段經文曾經圈過，在書中這個地方應該要寫上去；我記不住是在哪一部經裡面，但我會記住是上欄、中欄、下欄，以及在經本的右邊還是左邊的，我會記住這個。然後我翻找經中的聖教依據時，假使記得是左邊上欄，我就專門翻找左邊上欄，就盯著這邊看，一頁一頁一直翻過去，很快就找到了。可是我的《阿含經》一點點毛邊都沒有、都很完好。那麼這問題出在哪裡？就出在於他依文解義。而他依文解義有個原由，就是他一開始就把七、八識否定了，永遠就死在這裡。因爲他先弄了個框框，把自己框住了，就被自己框在六個識裡面，法身慧命當然活不過來。

他以六識論的框框來閱讀《阿含經》，都被這個框限制住；明明經文講到意識出生的藉緣是意根，他也把意根解釋作意識中的一部分，掉入安慧論師的窠臼裡面去。阿含部的經文又講到第八識，他也把祂框在意識裡面，他的法身慧命就這樣死掉了。所以他的《阿含經》翻到起了毛邊也沒用，對他而言一點價值都沒有。這樣的人說法就會胡扯，然後說這樣就是眞正的道——「謂是眞道」。他不是也寫了一本《成佛之道》嗎？說難聽一點，他是文抄公第二代；文抄公第一代就是宗喀巴，宗喀巴一點證量都沒有，他也沒有自己的佛法主張，只是把所有密宗假藏傳佛教歷代祖師寫的東西整合了寫出來。兩部《廣論》中都沒有他自己的東西，所以他是標準的文抄公。至於釋印順呢？他是個老糊塗，從文抄公宗喀巴的《菩提道次第廣論》中抄出來，但把後兩章用隱語解說雙身法的「止、觀」（那都是用暗語在講雙身法），把那個部分省略掉，其他的就加以選擇；他認為重要的地方就摘錄出來，濃縮以後寫成了一本《成佛之道》；依照他書中那樣修學能成佛嗎？諸位都搖頭，表示什麼道理？表示他連聲聞初果都證不得，還能成佛？但六識論的釋印順認為自己才是「眞道」，而他的繼承人比丘尼僧團到現在依舊認為他的法義才是眞正的解脫道。

我們《阿含正義》都寫出來了，把眞正的解脫道正理詳細講解，證據都列在那裡了，她們都還不信，無可救藥啦！所以我說：「假使達賴他們有萬分之五的希望回歸正法，六識論的印順派那一些門徒不會有萬分之一的希望回到正道。」因為那一些人的行為是面子比什麼都重要。達賴是一個求利的人，求利的人會好好去檢討：「我到底是改變比較有利，或者不改變繼續跟正覺對幹比較有利。」他是個求利的人，他看面子不像印順那些門徒們那麼重要，比較現實。這時現實是好的，因為現實的人會想：「我要眞的像蕭平實講的眞是錯了，我捨報以後怎麼辦？」所以現實的想法可能救了他。但是釋印順那些六識論的門徒們是面子比較重要，要堅持到底：錯就錯到底，要下地獄就下底層去也無所謂，我只要在人間爭贏了就行。這是他們的想法。這樣的人在末法時代的出現，其實是正常的，我們都用不著氣憤塡膺，因爲佛早就說了：「是諸沙門隨順爲說，謂是眞道；」還說他們解說的法才是眞的，說大乘法是假的。可憐的是，他們所謂的二乘菩提都還是假的呢！因爲不符合《阿含經》所說，這才是可憐。

所以說，這一些人就像 如來說的：「但充眾數，如牧牛人俱樂讀經，不入眞際；但悅人意貴於名利，善巧世事不淨說法；」這些人就只是在僧眾之中充數而已，就像成語說的濫竽充數，這樣的僧人眞是濫竽充數，其實他們本質已經不是佛門中的僧人了，但還是冒充著僧人的身分，住於眾僧之中，說他是眾僧中的一分子，這就是「但充眾數」。

佛又說，就好像牧牛人看到菩薩們、居士們，大家都在讀經，他想：「那我就不如人家了。」所以他也帶了經本，去牧牛時也在那邊讀經，看起來好像他很行。現在不也是一樣嗎？看到學佛的人很多，心想：「我也來學一學，如果不學佛就跟不上時代了。」這叫作附庸風雅，其實他不懂佛法。這樣的人最多就是依文解義，對於經文中所顯示、所隱喻的眞實本際，是永遠不知道的，所以說「不入眞際」。

一切萬法背後，有一個眞實法作爲所依，那就是諸法的本際，或者說是諸法的實際，簡稱爲眞際。但那一些人出家剃頭著染衣，浸了戒疤之後，「如牧牛人俱樂讀經，不入眞際」，他們這樣面對佛弟子時，所能作的事就可以預先料到了，所以 佛說他們「但悅人意貴於名利，善巧世事不淨說法；」因此，假使誰對他們表示親善，願意不斷支持，他們就會站在那個人立場來爲他說話。這一些人因爲「貴於名利」，所以攀緣大道場，爲人家強出頭，這也是正常的啊！如果哪天我們不巧犯了個過失，被人家攻擊了，遇到這一類的人來爲我們強出頭，其實我們會更倒楣，結果就變成落井再下石，眞是有苦難言。

前些時候慈濟不是就變成這樣嗎？本來被人家罵一罵也就算了，之後漸漸淡化也就過去了；沒想到出了個比丘尼，網路那些名嘴就罵她叫作「低僧」，那位「高僧」因此跟那些名嘴槓起來。但她把人家罵完了卻又問人家說：「你是誰？」罵人家時不知道姓名就罵了，罵完再問「你是誰」？我們可千萬不要有這種人來幫著出頭。要是有這種人來幫我出頭，我會馬上公開聲明「這跟我無關」。這一些人如果跟我們攀緣附會在一起，我們只會倒楣！因爲這些人都是「善巧世事」，很善辯，講話都像機關槍一樣，沒有你插嘴的餘地。可是人家名嘴們只管記錄而不插嘴，等她講完了就立刻質疑：「妳剛剛說是這樣，現在又說是那樣，爲什麼互相顚倒？妳說的同一件事情有兩個答案，前言不對後語。」人家就這樣提出來質疑，不跟她一樣像機關槍「砰砰」，結果還是把她問倒了。

所以說，「善巧世事」口才辨給，不能行於正道，又有什麼用？但以前她們與慈濟是老死不相往來的，爲什麼這幾年會站在一起？原因很簡單，就像這次強烈寒流來了，大家依偎在一起互相取暖，如此而已，沒什麼可奇怪的；是因爲她們現在有一個共同敵人叫作正覺，只是這樣而已，沒甚麼道理啦！如果將來後山那位老比丘尼走了，讓她去繼承，我也不覺得奇怪，因爲那比丘尼似乎也沒什麼人可以像她那樣繼承，不然能怎麼辦？偌大家業放諸東流，不可能啊！一定要找個人來繼承；一旦找了人來繼承時，那要叫作什麼廟？子孫廟。那就不是佛法，是為了財產而找人來繼承。

所以我說這些人一向「不淨說法」，為什麼「不淨」？諸位可別想說：「一定是像密宗假藏傳佛教都講那什麼無上瑜伽大樂光明，那個叫不淨說法。」不見得！她們講得冠冕堂皇義正辭嚴，說的卻都是常見斷見外道法，然後都推給 如來，說那是 如來講的。這樣是謗佛、破法，所以叫作「不淨說法」。說法如實才可以說是 佛講的，如果講了常見法或斷見法而說是 佛講的，那不是謗佛嗎？佛沒有說過那種常見法、斷見法，結果她們說那是 佛講的，把惡行惡罪都推到 佛陀身上，當然要叫作「不淨說法」。

這一類人，佛說：「但能巧語行世間道，無有威德，破涅槃因；」諸位想想看，一堆沒有實證的人，這一群人都沒有實證，但是卻能夠說得頭頭是道，好像每一句話都是修行的正理一樣，然後有一大堆群眾追隨她們，這一定是能夠善巧言論的人，所以「巧語」是她們吃飯的本事。這種事情自古至今一向如此，都靠著一張巧嘴，就這樣騙得學佛的眾生團團轉。眾生的無知其實是很普遍的，也許有人懷疑說：「眾生眞的那麼無知嗎？人家能夠經營那麼大的事業，一捐二十幾億、五十億，你還說人家無知喔？」我就說，對啊！在世間法上他們很有智慧、很聰明，可是一遇到佛法就變得無知了。

以前不是也有電子公司老闆一捐就是二十七億元，捐給那個宇宙大覺者。他大概是想：那是個大修行人。沒想到那大修行人之所以大，是因爲事業大，是因爲宣傳弄得很大，所以才成其爲大。可是那其實不能叫大修行者，那應該叫作大求名者。有時想想眞的很不值，不管身分多高，名位多高，睡也就是那麼一張六呎床，吃不過那麼一碗飯，不可能因爲很有身分地位，所以眠床是八丈乘八丈的，不可能啊！因爲人家會說：「你是睡架高的大地板喔！」也不可能說：「我身分很高，所以吃飯一餐就是一斗米。」肚子也吃不了啊！那麼爲了一餐的一碗飯，爲了一睡那麼六呎寬的空間，要賠上未來很多世的法身慧命，眞是愚不可及！

所以這些人就是世俗法中罵人的「胸無點墨」，佛法中叫作毫無證量的凡夫；就靠著花言巧語來籠罩眾生，讓人家覺得他是已經成佛了，眞是無智。我說句笑話：前面一尊印順佛幾年前過世了，馬上人間就出現了另一尊宇宙大覺者。好在她們聰明，現在說那尊雕像是釋迦如來的雕像，不是那位老比丘尼的雕像。但是那些名嘴們都說：「我們看著那尊像，怎麼看就是不像，看來看去就不是佛陀！」因爲如來的雕像有一定的規格——「佛面猶如淨滿月」，佛陀的臉從來都是圓滿的；但她們雕出來宇宙大覺者的臉是瘦瘦長長的，如果她很堅決說那是佛像的話，恐怕她也逃不了一條罪，就是羞辱如來——指控如來的三十二大人相不圓滿。因爲雕刻諸佛的聖像都有一定的規格，例如身形，不能夠是胸膛薄薄的、手臂細細的一個女人的模樣。雕菩薩像也有菩薩的規格，例如有一句規定說：「菩薩雞子臉。」雞子就是雞蛋；菩薩的臉不能雕成圓的——不能像滿月那樣，要有一點橢圓，好像雞蛋那樣才可以，而身形也不能比照如來。

所以說，這一些人只會用花言巧語來欺矇世人。既然毫無證得，只會花言巧語，他們這樣能夠行於佛道嗎？當然不可能，所以佛說他們只能「行世間道」。你們看他們那一些人的道場，哪一家不是在「行世間道」？不說印順假佛的門徒們，從距離最近的，我們的鄰居說起好了；北投這一家專門在搞學術研究，放著現成的鄰居正覺在這裡，不懂得要來求法，全球只要哪裡有學術會議，他們就去參加。但這只是「行世間道」，因爲學術絕對不是佛道。另一家從臺灣北部的萬里搬到中部的埔里，他們在幹什麼？現在拚觀光；全世界最高的寺院，是來臺的陸客必到的景點，所以他們現在根本沒有負債，因爲靠觀光客的收入早就還光了，以前聽說負債六十億變成負債四十幾億，如今全都是賺的了，這也是「行世間道」。

話說回來，從另一面來看，讓他們「行世間道」也好，因爲這幾年沒有再聽他們講「清清楚楚、明明白白的一念心就是眞如佛性」，「行世間道」至少比誤導眾生犯大妄語業好得多，但終究還是世間道。臺灣中部走過了，往南部去，有個佛陀紀念館，多美啊！多莊嚴啊！導遊都說：「不管誰，這一進去，全部逛完出來時，最少要花掉三千塊臺幣。」那是讓你不得不買，看見了這個：「哎呀！這個好精巧。」買下來三、五百塊臺幣，那個也買下來，又是三、五百塊錢，買了幾個離開時就是三千塊錢了。

另外，這些必到的兩個景點走完以後，也許有人會繞到後山去吧？陸客似乎沒什麼興趣繞到後山去，因爲跟她們不很相應，看來她們好像沒有「行世間道」，是吧？其實還是「行世間道」，公司設立了一大堆，聽說上百家；在電視上的名嘴說她當了上百家公司的董事長，聽說都是那位老比丘尼。那些投資可就多了，她們投資那麼多幹嘛？因爲要「行世間道」，當然要投資那麼多。所以人家捐的錢趕快繼續投資，投資對了就可以賺更多錢，然後可以搞國際化。國際化的目的是什麼？想要瑞典的諾貝爾獎，覺得很光榮。然而宇宙大覺者讓凡夫爲她頒獎，好像也不太對吧！不太對喔？是啊！至少應該請釋迦佛來爲她頒獎，怎麼會讓凡夫來頒獎的？阿羅漢和菩薩們都還不夠格來爲宇宙大覺者頒獎呢！所以說這一些都是「行世間道」，這樣的人不會有威德，她們來到菩薩面前都不會有威德的。所以咱們那麼多書寫了說她們說的佛法都不對，但她們從來不曾寫過一篇文章，更別提寫書出來回應；即使是已經自稱成佛的釋印順也是如此，等而下之的門徒們就更別提了。這些人眞的一點威德都沒有，因爲全都「行世間道」。

我們早期弘法都不說任何人的過失，一體讚歎。但他們都罵我們，都說我們是邪魔外道，那我們不得不回應了。於是我們開始回應他們，一一舉例指稱他們錯在哪裡，把錯的原由也說明清楚，但是到現在爲止，不說一本書，連一篇文章回應都沒有。但他們講得很好聽：「我們不想回應他們，因爲他們正覺程度太差了。」（大眾笑…）這就有一個道理必須說明，譬如說人們都有八個識，那麼是證得六識的人程度比較好，還是證得八識具足的人程度比較好？（大眾答：八識。）對嘛！譬如說我有一輛裕隆的車子，一輛 Audi，一輛 Volvo，一輛現代，一輛 BMW，一輛法拉利，一輛藍寶堅尼，包括勞斯萊斯我都有，總共八輛；可是他們沒有勞斯萊斯，沒有藍寶堅尼，只有前面較差的六輛，那麼到底是誰比較殊勝？這是很簡單的道理，結果他們始終就是弄不懂。

假使人有十個識，那麼是證十個識的人勝妙，還是證八個識的人勝妙？（大眾答：八個。）什麼八個？我是說「假使」啦！（大眾爆笑…）唉！你們眞是！我說「假使」啦！換句話說，道理是一定的，假使人眞的有十個識，那是證八識的人比較行，還是證十識的人比較行？（有人說：十識。）對了！就是證十識比較行！因爲人家能證得十個識，你證得八個，當然輸給人家，所以我說是「假使」，當然不可能有第九個識或第十識。

拉到世俗層面來講，假使人家的現金有八億元，他只有六億元，是誰比較殊勝？當然是八億，怎麼會有人出來說他的六億元強過別人有八億元，這個道理講不通。可是他們偏偏強說有六億元，比你有八億元更行。但是也會有人相信他們。可是一旦我們把八億元拿出來，說他們只有六億元，顯然不如時，他們只會說：「正覺八億元太少了，我們不屑跟正覺來往（對話）。」這表示什麼？表示他們「但能巧語行世間道」，在佛法什麼都不行，不論三乘菩提中的哪一種菩提，他們都不行！就只是會巧語，會巧語的人當然就只能「行世間道」。

所以說，這樣的人們來到一個能夠行出世間道、行世出世間道的菩薩面前，連一點威德都沒有，根本開不了口。所以十幾年前我公開說了：就算南洋眞的有阿羅漢，來到正覺也開不了口。不必見我，見我們親教師或增上班的同修們，就個個都開不了口了！我這樣說了，他們聽了很氣，罵我是毀謗阿羅漢。但我說的是如實語，如實就不是毀謗，所以至今他們也無可奈何。因爲，別說阿羅漢來這裡要跟我們論法，他們連找到一個阿羅漢都不可能，南洋千年以來到現在的所有大師們都落在識陰境界中，哪來的阿羅漢？臺灣的阿羅漢讀過《阿含正義》以後全都消失了，南洋根本就不存在阿羅漢，他根本沒地方找去。假使眞能找到一個阿羅漢，來到正覺一樣是開不了口，所以這些人一點威德都沒有。你看我們的書，這幾年好多同修們送到南洋去流通，何曾聽到南洋哪個人毀謗說正覺的法不對？沒有人敢說，因爲他們讀都讀不懂了，還能毀謗？所以這一些人都沒有威德，只是在臺灣、在大陸籠罩眾生而已。

更不幸的是，他們說的法正是「破涅槃因」。涅槃之因就是如來藏，我們每年都在講；都說阿羅漢捨壽入無餘涅槃，就是剩下如來藏無形無色獨存，不再示現於三界中，那就是無餘涅槃。結果他們把如來藏否定以後，當阿羅漢滅了五蘊十八界，入無餘涅槃不受後有時，不就成爲斷滅空嗎？原來他們認爲阿含佛法是斷見外道法，這不就是謗佛嗎？因爲他們說那是佛講的。所以他們所說的那些法，以及他們的所作所爲，都是「破涅槃因」。那麼一天到晚「破涅槃因」，還能寄望證得涅槃嗎？根本就沒機會，所以他們心思非常的紛亂，定不下心來。

這一類人，如來早說在前頭了：「捨聖默然不樂禪定，」捨棄了「聖默然」，是說聖者不會一天到晚跟人家言來語去，都不喜歡辯論，除非同修之間互相論法，或者爲救眾生而去駁斥外道法；如果外道謗佛，聖弟子就去駁斥外道，除此以外都是安靜無聲的。可那一些人不喜歡「聖默然」，他們心思想的都是名聞利養如何能把握住，如何能夠擴大，想的都是這一些「世間道」。道場中大眾默然，是實證的道場自古已然，不是咱們今天正覺才這樣的。假使有人今天第一次來正覺講堂聽經，找了個座位坐下來，一定會覺得奇怪：怎麼左鄰右舍都不講話。因為咱們正覺的同修都是聽經完畢了，明天的事情需要討論該怎麼作，才會開口，否則來了就是坐下憶佛等候講經的時刻；這種情形在外面看不見，但實證的道場本來就是這樣。

古時候，《阿含經》中有一個很有名的典故：阿闍世王又叫作未生怨之王，他不是殺害了父親嗎？把父王殺了之後又囚禁了母親，本來也想要把她殺了，是大臣反對之後一一離開他，大失人心以後他才沒殺。然後他的母親韋提希夫人在獄中求　佛憐憫，於是　佛為她講了《觀無量壽佛經》，那部經是這樣來的。阿闍世王因為造了殺父的大惡業，後來又想把母親給餓死，他造了這個殺父害母的惡業後，有一天現世報現前了，找了所有名醫也治不好。後來他的大臣勸他：你應該去求　佛懺悔滅罪。但是他不敢去，因為他的父王以及母親都是佛弟子，都是證果的人，他也聯合提婆達多一起害佛。後來實在病到很嚴重了，不得不聽從勸導出門要去見　如來；走到一半，心想：「**去到那邊，如來會不會把我殺掉？**」又想要回王宮；大臣勸他，空中也有天神告訴他：「你要去見如來。」就這樣，中途想要退回好幾次，好不容易來到 佛陀住的林子，好像是梨園，那時他又想回去，又被大臣勸下來，終於走進梨園來。但因爲他是晚上去求見，結果沒有看到人走動，也沒有聽見人聲，他心裡面又怕起來：「是不是那些比丘都埋伏起來，準備要殺我？」後來大臣跟他說：「不是這樣的，因爲他們都是實證的聖賢，大家都靜默不語，跟外道那樣喧鬧是完全不同的。」阿闍世王才終於走到 如來面前懺悔，然後 如來爲他說法。他本來最少應該證初果的，結果沒辦法證，因爲殺父害母的惡業太大了，所以他只能得到無根信，但是病卻開始漸漸好了。

當然，大乘法中的「聖默然」又不一樣了，因爲是依止如來藏，而如來藏無始劫以來不曾有言語，菩薩們證悟了就這樣安住，這就是《金剛經》講的「應無所住而生其心」；祂是不斷在運作的，叫作「生其心」，但不斷運作的過程中都是無所住的，所以「言語道斷」，就是「聖默然」。可是那一些依文解義之徒，一天到晚想的是：「我怎麼樣寫出很勝妙的法義來，讓人家讀了會讚歎我，於是我就有了名聞，後面的眷屬與利養跟著就來了。」依文解義的人就是這樣，不可能從自心現量不斷地演說出來。從自心現量而演說佛法的人，不需要想說：「我今天要講什麼，我要多寫一點什麼，來到講經處就照本宣科。」不需要的，他想講什麼就講什麼。

像這樣的人不需要每天寫上很多的語言文字，再用腦筋強記，都用不著，所以住於「聖默然」中。既然這樣子轉依成功了，住於「聖默然」的境界中，心不散亂，定力自然就生起了。不必刻意強求，定力就起來了，禪定是這樣證的，不是每天坐在那邊跟膝蓋、腳踝的痠痛對抗。因爲禪定不是靠腿功得來的，而是從心得。那一些人既然「捨聖默然不樂禪定」，像這樣的人心神浮躁，不可能心定。心神浮躁的人有一個特性，你只要說了他一句閒話，他就要罵你一百句，在這一百句中間讓你插不進嘴來，當然這一類人是「晝夜常好談論諍訟」。

我有個同學建議說，有個道場她們主張二乘菩提最好，說你們正覺講的大乘菩提不好，問我說：「你要不要評破她們？」我說：「我懶得理她，寫了書破她，那是抬舉了她，讓她更有名氣。我破斥的對象是釋印順，是達賴喇嘛，不會是她。她喜歡談論、喜歡諍訟，就讓她們作去，咱們不理會她。」咱們還有很多重要的事情等著作，無暇理會她們。但她們會就此罷休嗎？不會。她們會繼續談論、繼續諍訟，所以每年辦什麼學術研討會，研討什麼呢？印順的思想。而這些思想就是六識論的思想，每年都在討論印順六識論的思想，了無新意！

可是爲什麼需要這樣作，因爲如果不這樣作，人家會忘了她們。別人忘了她們久了以後，她們會恐懼：「**我到底還在不在？**」所以每年辦一次，等於是說：你看！我們還在。這樣自我安慰也是好的，這是「**常好談論諍訟**」的人不得不作的事。開了研討會結果不研討，只能是一言堂，所以她們開了研討會，我們往年就有同修自己去報名參加，參加了她們的論文發表會時，我們有同修站起來提問，指出她們論文中的問題，可是你接著要指出其中有什麼問題時，她們不讓你講，把你的麥克風消音，這還能叫作研討會喔？所以說，這些人喜歡談論、喜歡諍訟，那種惡習是改不了的，因此白天如是，晚上也如是，就這樣子混日子。每天該撞鐘就撞鐘，鐘撞完了或者吃飽了就是來談論，除此以外無所能爲，佛法修證就談不上了。

這一種人會怎麼生活？世尊早就料定了：「**臥厚被褥，尚無一念隨順禪定，何況能得成沙門果？**」兩千五百年前早就把她們定在這個地方了。世尊這個預記早就定在那邊，兩千五百年後的現在她們還是改變不了，依舊被定位在這個地方。「臥厚被褥」表示什麼？生活優渥。但生活優渥，算她們聰明，懂得花言巧語搞招數；最愚癡的是廣老有一個弟子，承廣老餘蔭，他這一生有很多的供養，結果送了一億元去贊助釋印順的門徒，而釋印順的門徒講的都是在破他師父如來藏的法。你看，到底這法師是有智慧、沒智慧？對啊！廣老是修養好，不然早就夢裡去打他好幾棍了：「你藉我的名號，依我的傳承，收了那麼多供養，哪裡不好供養去？買了肉包子去救濟那些癩痢狗，都勝過去供養那些傢伙。那些傢伙專門罵老子，你竟然拿我的錢去供養那些傢伙。」好在廣老修養好、證量高，沒有跟他計較。這要是換了我，三更半夜跑去敲他好幾棒，因爲這是看似修善行而造惡業，是幫助破法謗佛的人而去共同承擔惡業，叫作愚不可及！

這就是說，這一些人每天想的就是追求好的生活，還有追求身分地位，可是不曾一念想要「隨順禪定」，連禪定都不肯修，所以顯然未到地定根本就不曾發起，要談到初禪更別提了。爲什麼說沒有「隨順禪定」的人，不可能證得沙門果？正好我們這幾期《正覺電子報》舉述很多：大家都可以看到我們二十幾年來，一進同修會就是學無相念佛，還要學會看話頭；看話頭的功夫不好，別想去禪三，我們二十幾年前一開始就是這樣。看話頭是動中的定，能夠把無相念佛修得很好就能看話頭；話頭看得好的人，表示他的心在定上面。這意思代表說，你這個覺知心已經降伏下來了；降伏下來以後，有了見道的智慧才能夠轉依，否則無法轉依，智慧歸智慧，和解脫與見道都無關，那只是一個知識；因爲沒有定力支撐無法運作，就只會耍嘴皮而已；當他說得頭頭是道：初果如何、二果如何。可是他的身口意行都不是初果、二果，與凡夫沒兩樣，哪能得沙門果呢！

而那些人一天到晚心思紛亂，都在名聞利養上用心，不然就是想著怎麼樣跟正覺諍論。所以晚上被褥那麼厚，睡得很舒服，一覺到天亮，都不想說：「我這個法悟錯了，將來怎麼辦？我一天到晚亂說佛法，將來怎麼辦？」都不想這個。所以這一些人心思紛亂，與禪定都不相應，怎麼可能成就沙門果？

沙門果是指什麼？有兩種果，就是有二乘菩提果，那叫作解脫果；還有一種是佛菩提果——從初住位修學六度萬行，第七住位證悟不退，進修到究竟佛位。爲什麼這也叫沙門果？譬如斷了我見之後你再證得眞如，所見的是出世間的無餘涅槃境界，叫作本來自性清淨涅槃，這是出世間的境界，出世間就是出家。既然出世間就是出家，所以菩薩果或二乘果都叫作沙門果。哪一天假使證悟了，想一想：「人家蕭老師都沒有出家，算了！我也還俗去了。」還俗去了，也許又燙了頭髮，點了胭脂，擦脂抹粉，花花綠綠漂亮的衣裳穿起來，人家說女人四十一枝花，街市裡招搖走過，本質上還是個沙門；因爲看見出三界的境界了，轉依也成功了。

但是原則上我都奉勸：出家了就不要還俗，特別是出家以後證悟了，千萬別還俗，因爲我很討厭這種事情。你如果本來是個在家人，要出家我很歡迎，不出家我也不反對，可就不要出家悟了以後就還俗去，我很討厭這種事情；因爲正法的弘傳，還需要很多的出家菩薩。因此，不管怎麼樣，你只要證得解脫果，證得菩薩果，都叫作沙門果；因爲這是出三界法，是出家法。佛說他們：「何況能得成沙門果？」理所當然，這些人一定不會在法上用心，最重視的就是面子與世間利益。

佛就說這一些人：「是人睡眠常與俗心相應，初夜後夜不修順忍，樂於下法。」他們喜歡的是層次低的法，沒有辦法修「順忍」。「順忍」我們前面講過了，這裡不再講。所以他睡覺時並不是想：「我這一生道業都還沒有著落，我出家三十年了，如今在佛教界很有名望、很有地位，可就是道業沒有著落，怎麼辦？」他不想這個，他想的是：「明天還會不會有居士再來供養我幾個億，讓我可以再買一大片地，再來蓋世界最大的寺院。」他想的都是這些，都是「常與俗心相應」。

如果晚上睡前，每天都會想到說：「我出家這麼久了，到如今道業都沒有著落，怎麼辦？」如果他睡前有這樣想，一定會趕快叫弟子們去書局，多買一些正覺的書回來，一定會這樣。讀過以後，接著會怎麼想？「我都六十好幾，快七十了，雖然是個大師，我還是得要趕快去求證悟，不然枉我一世出家。」只要是一個有眞實求道之心的人，聽到人家講正覺的法，他一定會想：「我出家這麼久了，而我出家所爲何事？當年是爲了什麼出家？難道是爲名聞利養出家嗎？」一定會想到這一點，於是那時沒有面皮可說了；這臉皮賣不了一文錢，當然要以法爲重。

因爲六十幾了，再不努力，搞不好再活三年就走了，那怎麼辦？所以應當要與出世心相應才對。可是他們「常與俗心相應」，所以他們都不急，咱們為他們急，叫作白著急，根本沒用。所以他們初夜或者後夜都「不修順忍，樂於下法」。佛法中說「下法」是指什麼？就是把二乘道拿來依文解義。還不是把大乘道依文解義，是把二乘道拿來依文解義，這樣就很滿足了，然後就開口說：「二乘菩提比大乘佛菩提還要勝妙。」這不就是標準的「樂於下法」嗎？沒想到我還眞的聽見這樣的事實，眞料想不到。

這種人用心在世俗法中，所以 如來說：「是人亦多得供養衣服飲食，何以故？是人常為惡魔所攝，樂淺近語，於第一義不能勤學，不能誦持第一深經；聞則驚畏，捨於淳濃而取糟粕。」這眞是聖言量，無可改變啊！你現在看全球佛教，哪個地方不是這樣？世尊在兩千五百年前講在經中，不幸的是這些人讀過了還是跳不過去，這眞的叫作「聖言量」。你可別抗議說：「聖言量指的是三乘菩提的法，為什麼這個講到事相也是聖言量？」我說，因為不可改變，所以叫作聖言量；是聖者 如來所說，當然叫作聖言量。

這個預記都已經清楚印證末法時代的比丘或比丘尼了，可是這些聖言量，印順他們都會推翻。他們怎麼說的？他們說了：「那些大乘經裡面說未來會如何如何等，都是後人寫的。是後人看到佛教界產生什麼模樣，所以才這樣寫成經典，那不是佛陀的預記。」那他是毀謗佛陀沒有十力，也是毀謗佛陀沒有天眼通，所以他們一開口就是謗佛。

那一些人說大乘經是後人寫的，我舉一個今人講的為例，這是十幾年前我就講了，那時正覺同修會成立不久，我就說：「咱們正覺同修會繼續弘法以後，佛教界會走向南傳佛法去，不信諸位等著瞧。」果不其然，不久便開始轉向南傳佛法去。證實這個發展時，我馬上又說了：「他們去南傳佛法那裡學不到法的。說什麼帕奧禪師有禪定，說什麼朗波田有開悟，說什麼阿迦曼有開悟證果；我說他們連一個都沒有，南洋沒有所謂的阿羅漢，一個也沒。將來我寫的書辨正了以後，他們無路可走，剩下一條路就是走入密宗假藏傳佛教。」事後果不其然，你看我都講在前頭了，他們後來不就掉進去了嗎？我先為他們授記，他們也是跳不過去。他們可不可以說：「這是蕭平實後來看到我們走入南傳佛法才講的，也是看我們走入密宗假藏傳佛教以後才講的。」有嗎？他們還沒走入南傳佛法，我就破南傳佛法了；還沒走入密宗假藏傳佛教，我就破密了。所以他們都是胡說八道。

如來早就授記在那邊，他們偏偏要誣賴說那不是如來講的。那麼現在這部經顯然不是近代才出現的，早在千餘年前就出現在中國，早在二千年前就出現在天竺，他們卻是現代才幹的這些惡事，都被預記在經中了，顯然大乘經是如來金口所說的；所以這一些人「多得供養衣服飲食」就是個表相。你看他們在佛教界，不是被臺灣佛教界推崇到很高尚嗎？可是人家閩南語說「蓋高尚」，這「蓋高尚」是蓋來的，不是眞的高尚。他們是用手法去經營起來的，哪有眞的高尚？所以他們「亦多得供養衣服飲食」背後的原因，佛早說了：「是人常爲惡魔所攝，樂淺近語，」他們一直（「常」就是始終都這樣不變）始終都是被惡魔所攝受的；惡魔要壞佛法最好的方法，就是派人到佛門來出家，「穿如來衣，食如來飯，說如來法破如來法」，這是如來早就授記過的事，到現在還是如此。

不管臺灣佛教釋印順，或是印順派這一些六識論的僧人，或者是達賴那一批人都一樣，都號稱是佛教，講的卻都是外道法。但他們爲什麼還會繼續興盛？因爲背後有惡魔撐腰。他們樂於淺近的言語，所以當我們講到眞如、佛性等勝妙法時，他們都很厭惡。因此，《勝鬘經講記》那麼勝妙的法，他們都不想讀，《維摩詰經講記》也不想讀。他們喜歡讀什麼？《金剛經宗通》。

他們想：「我這一讀，就懂你蕭平實在講什麼了，就知道你的法了。」他們是這樣想的，所以對那套書很有興趣。可是我說了：《金剛經宗通》講的雖然是甚深極甚深的般若，但在般若勝法中來看時卻是淺的，《勝鬘經》才是勝妙的，更勝妙的是《楞嚴經》、《楞伽經》這一些法。但他們都不喜歡。《楞嚴經講記》太深了，悟了都還不一定讀得懂。那《楞伽經詳解》，他們又說我用文言文寫的，好冤枉！因爲那明明是白話文，哪裡是文言文？我只是講得簡略一點而已，他們就指責說我寫文言文。他們經典都能讀懂了，我那個文字算什麼文言文，可見他們是讀不懂，因此正是「樂淺近語」。所以《楞嚴經講記》那麼好，賣不了幾套；只有遇到久習《楞嚴經》的人，讀了以後才知道：「唉呀！眞是寶啊！」你能找誰像這樣子來註解《楞嚴經》？沒有人了啊！要把「五陰盡」善於判位，自古以來還找不到。後來終於有人認得這寶：「哇！不得了！」所以發勇猛心，願意站出來爲正法作事，還站上第一線，很可能喪身捨命而他都不怕。

但是落入六識論那一些法師們，以及密宗假藏傳佛教那一些人，永遠都是「樂淺近語」，他們對這一些深妙的法一點興趣都沒有，因爲他們「於第一義不能勤學」；凡是第一義諦的經典，他們一概排斥，甚至於還誹謗《楞嚴經》。所以釋印順的同路人呂澂，還寫了篇文章叫作〈楞嚴百僞〉。他指責說：《楞嚴經》中有一百個地方，可以證明是僞經。可是我偏偏要講解《楞嚴經》，專跟他們打對臺。

日本好多人誹謗《起信論》，還有另一派人支持《起信論》；在日本爲了《起信論》到底是眞是僞，兩派人戰了幾百年都沒有定論。既然你們諍論，我就來看看《起信論》是眞是僞，但我讀了以後說這部論講得太棒了，我不講解就可惜了，所以咱們搬到這邊來時，首先講《起信論》；結果我們當時因爲只有九樓，買不起第二間講堂，當時來聽經的人擠得水洩不通。眞叫作水洩不通，有人去統計說有七百多人（編案：當時有人統計鞋子共有七一五雙），大家擠在一起，其實很熱；很多人一直在擦汗，也要聽。當時把辦公室整個開放給大家進去坐，知客處的空間不夠坐，樓梯、電梯間坐滿了還不夠，再繞到後面的樓梯也坐，另一面往下的樓梯也坐，全都坐滿了，只好把喇叭箱拉出去給大家聽。

就這樣，大家聽了以後說：「這部論的法義講得好啊！」整理出來印成書流通以後，沒有人再敢說它是僞論了。《楞嚴經》是僞經？咱們偏來講《楞嚴經》。說什麼僞經？證悟了都還不一定讀得懂，敢毀謗它是僞經！結果我們講完了，整理出書以後過沒幾年，有位居士寫了一篇文章印成書，破斥呂澂的〈楞嚴百僞〉，他反過來舉出一百個理由證明《楞嚴經》是眞經。你們看，不用我親自作，我只要講解就好，有人就作了這件大功德。

這就是說，那一些人從來不相信第一義諦；凡屬於第一義的法，他們依六識論的道理解釋不了，全都不喜歡，直接否定。否定的原因是因爲讀不懂，讀不懂時避免人家來問，最好的方法就是把它推翻。人家來問說：「師父！《楞嚴經》中這一句是講什麼？」師父劈頭就罵：「那是僞經，你拿來問我幹嘛！」這一罵，徒弟都不好意思，縮頭回去，他就沒事了！這一招是很好用的，但有一個前提：正覺還沒有出現。

以前印順就是這樣，第一義的經典讀不懂就說：「那是後人寫的經典，是後代的菩薩寫的，所以大乘非佛說。」這樣一句話全面否定了以後，就沒有人敢再拿大乘經去問他什麼道理，他讀不懂的問題就全盤解決。可是他那根箭射在身體裡面，他鋸掉身體外面的部分，用衣服蓋住，就以爲身體中的箭不存在了。沒想到來個不識相的蕭平實把他的衣服扒開，故意去搖晃他身體中的箭鏃，讓他痛徹心扉！可是他回說：「我沒有痛，我身上沒有箭。」他也只能這樣啊！

這好比一句話，就是閩南語講的「啞巴壓死孩子」，歇後語是什麼？沒得講？就是有苦說不出。啞巴不會講話，睡覺時一翻身不小心把兒子壓死了，口中咿咿嗚嗚沒辦法講，人家也聽不懂。釋印順正好是這樣，吃了我的悶虧也只能吃到死，帶到下一世去，沒奈何！問題就是因為他們「於第一義不能勤學」，凡是談到第一義的經典，他們一概推翻。不僅第一義，即使是四大部阿含，總共兩千多部經；《雜阿含》那一千多部就不談，四阿含兩千多部經，他不是全部都承認——只要他讀不懂的就否定，讀懂的就承認是佛說的。就是這樣！這樣的人當然「於第一義不能勤學」。

「不能勤學」時當然不會想要課誦第一義經，因為第一義的經典太深、太深了，連三明六通大解脫的阿羅漢都讀不懂了，何況他一個凡夫？於是他們師徒就只能全盤否定。全盤否定之後更糟糕，他如果不否定，偶爾把第一義深經請下來讀一讀，有時靈光一閃，也許突然間懂了大概是什麼道理。但他不是，全面否定以後就不可能再拿來讀了，因爲他請下來讀時人家會問：「師父！您不是說這是僞經嗎？那您爲什麼還一直讀著？」他總不能說：「因爲我要破它，所以要一直讀。」如果要破，不必一直讀，你只要把其中一部分舉出來，寫了文章把它破了就行，可是從來沒有看他寫過什麼文章來破。釋印順有破過《維摩詰經》嗎？有破過《楞伽經》、破過《楞嚴經》嗎？有破過《起信論》嗎？《勝鬘經》呢？有沒有破過？沒有啊！但他就這樣隨便指責那些是僞經，主張大乘非佛說。這就是不負責的人，天下竟然有不負責任的「佛」，怪哉！怪哉！假使我要說那是僞經，一定會列舉出根據來，而且要依三量而將理由寫出來，我一定有根據。沒空則罷，有空我就把它寫出來。所以我指責釋印順的法錯了，就舉例並且把理由列舉出來加以申論。我說「釋聖嚴你的法錯了」，就把他寫在書中，然後把書寄給他。我寫釋印順法義錯了，同樣寄給他。說人家是僞經，得要有具體的證據、具體的理由，不能只是指責說那是僞經而不舉例也不說明理由，這樣輕率指責後竟然就算數了。

他們的問題是因爲一開始就先把自己框住：凡是我讀不懂的都是僞造

的。於是他們連一點點進步的機會都沒有了，這是天下最愚癡的學佛人。如果他們不在一開始就全面否定，每天「誦持第一深經」，也許哪一天佛菩薩憐憫——俗話說「天可憐見」，突然間給他一念相應，他們不就體會到眞如了嗎？偏偏他們不如是作，一開始就否定，所以連「誦持第一深經」都成爲不可能。如果他們聽到人家在解說第一義諦的深妙經典，簡直是聞所未聞，我們隨便用膝蓋想也知道：他們聽了一定是很驚畏。

如來說他們那一類人「聞則驚畏」，不是沒道理的，因爲那一種人聽到以後知道人家講得有道理，可是自己竟然聽不懂；當他們發覺自己無法推翻又聽不懂，那你想，他們怕不怕？怕啊！所以你們每週見到我和和氣氣，從來不曾覺得蕭平實會咬人、會打人，都覺得「這蕭老頭好相處」，總是這樣覺得。可是你們不知道，外面有些法師不管名氣多大，假使我坐在他旁邊，或者對面告訴他說我是蕭平實，當他跟我講話時會怎麼樣？嘴角都會抖。我往年便見過了啊！我不是胡謅的，眞的有這回事。以前我們臺南講堂剛成立，人家說要拜碼頭，我就去拜碼頭；那時我去跟當地某法師禮拜供養，跟他談一談話，結果他嘴角一直在抖。那時候蕭平實何許人？還是個小人物，爲什麼就會有這威德？我還禮拜他，還供養他，可是他爲何那麼怕我而急著要離開我？就是因爲第一義的深經我懂，而他不懂，問題就出在這裡。佛說這一類人「聞則驚畏」，釋印順這一些人聽到第一義深經時很驚畏，所以終其一生，容得了我這一顆大石頭在他眼皮裡面；厲害吧？忍辱功夫很好。其實他那個人是眼裡容不下一顆粉塵的人，別說是沙子，粉塵都容不下的人，竟能容我繼續出書點評他，也算他是大肚量吧？今天說到這裡。

過了一個年，看諸位有沒有養得白白胖胖一點？古時民間流傳的一句話是「年年難過年年過」，可是咱們正覺同修們應該是「年年好過繼續過」。

今天《佛藏經》開講前，先要更正、或者說明上回我們講的一句臺灣俚語和一句成語，第一句講的是「濫竽充數」。一般人跟我原來的想法是一樣的：爛掉的芋頭也拿來充數。沒想這一講是錯了。因爲這一句成語很少人去探究它，後來有人向我提示，我一查之後才知道，我原來用意是沒有錯，但典故用錯了。這個「竽」不是草字頭那個「芋」，而是竹字頭的「竽」。竹字頭的竽是用竹子做的一種樂器，拿來用嘴巴吹的。典故是以前齊宣王時，他喜歡聽人家吹竽，但他喜歡竽聲很雄壯渾厚，所以規定每一次爲他吹竽表演時，要三百個人一起吹。但並不是每一個人都會吹竽，所以湊不足時找到一個人來湊數，他主動來跟掌管音樂的人說：「反正齊宣王又聽不到裡面每一個人吹的聲音，我混在裡面不就可以湊足三百個人嗎？」這個人叫作南郭處士，他自告奮勇；也眞沒奈何，因爲齊宣王可能會數人數。

齊宣王死後，他的兒子齊湣王接位，他卻不一樣，他說：「那麼多人一起吹，到底吹得好不好，那個韻味聽不出來，善吹的人也被淹沒了，無法欣賞到他很好的吹竽的韻味。」所以他改爲一個人來吹。每次一個人吹過再換第二個人，他要去品味一下。結果這麼一改，那個南郭處士就逃走了，因爲他不會吹，輪到他上場時該怎麼辦？那可是欺騙齊湣王，所以就逃走了。因此典故而引申出來說南郭處士是濫竽充數，因爲太浮濫了，後來就變成大家通用的成語了。如果咱們說用爛的芋頭來充數，意思一樣但典故用錯了，將來出書時會把它刪掉。

另外還有一個「抾角」，河洛話講的「抾角」，這就有各種說法，莫衷一是。我去查了網路，有的人說這種人是「沒啥小路用」，也就是說人家蓋房子時砌磚頭，有時要用槌子把磚頭的某部分敲掉，而他什麼事都不能幹，只能在地上把那些碎磚塊撿一撿，所以叫作「抾角」——撿廢磚角。但還有一種說法是說這種人沒什麼用處，播種除草什麼都不會，只會在田裡泥巴中摸索有沒有石角，把石角撿出來，不要留在田裡面。他只會幹這個事情，所以說他抾角，那就是「沒啥小路用」的意思。還有一種說法是說這個人沒辦法謀生，生來就很笨，他只能在路上到處晃，看看地上有沒有銀角可以撿。銀角就是古時碎銀子的意思，專撿人家不小心掉的碎銀子，所以他叫作抾角，日子當然不好過。那還有一種就是我講的，我們彰化以前老人家說：「你出去賺不到肉回來，只能撿些牛角、羊角什麼回來，沒法子煮來吃的。」大概有這幾種說法，也是莫衷一是。那這樣子把它說明了，大家姑妄聽之吧。

回到《佛藏經》來，我們年前講到二十一頁第三行，是第一〇五講，今天是一〇六講，接下來這一些講起來應該都會很快了。上回第三行說：「是人常爲惡魔所攝，樂淺近語，於第一義不能勤學，不能誦持第一深經；聞則驚畏，捨於淳濃而取糟粕。」我們農曆年前講到「聞則驚畏」，這句究竟有沒有全部講完？有？有？就譬如聽到可以證初果，大家都很喜歡；但是聽到說證初果是要把自己五陰十八界全部否定，他心裡面不由得害怕起來，這就是「聞則驚畏」。又譬如說，證得阿羅漢果「梵行已立」，聽了就害怕；「我生已盡，不受後有」，聽了也害怕；有的人聽到「所作已辦」，本來不怕，後來瞭解了，他也怕；這是關於解脫道的「聞則驚畏」。

「梵行已立」爲什麼聽了怕？因爲那是要把欲界的法都捨棄，他本來想：「我要出三界生死，我什麼都可以拋棄，只要讓我證阿羅漢果就行。」沒想到證阿羅漢果入無餘涅槃時是要把自己全部捨棄，不能接受。而且在捨棄之前，首先要把欲界法捨掉；他想的是：「證阿羅漢果以後，我就可以讓人供養，享受種種世間的五欲之樂。」從來沒想到是要離開欲界的種種五欲。眞正把它講清楚了，他害怕了就想：「是這樣呀！那我不要，我不要當阿羅漢！」這就是「聞則驚畏」。

有的人想：「欲界這些法，反正我是有錢人家享受慣了，要捨就捨了，也沒什麼。」他想的是自己要在三界外安住，永遠沒有生死，永劫不滅。結果一聽到說連離念靈知都要滅盡，沒有下一世了，十八界統統不存在。他嚇死了：「那我寧可當凡夫流轉生死，至少偶爾可以去唱唱卡拉 OK、跳跳舞，不然就到香港賭賭馬也行啊！什麼這個都不可以，連我都不存在了？」他受不了，「聞則驚畏」。有的人出家修行倒也好，但聽到「所作已辦」的眞正內涵，他說：「我可以啊！我會努力去『作』，我會『作』完。」沒想到要作的是這一些法：把我所執滅掉，我見、我執全部滅掉。他說：「那我不就變成斷滅空了嗎？而且要那樣修，那太苦了。」他又怕了，也是「聞則驚畏」。

還有一種人宣稱證阿羅漢果了，後來我們的《邪見與佛法》書中說：證阿羅漢果的人捨壽入無餘涅槃，那時自我全部不存在，只剩下如來藏無覺無知。結果他想：「我出三界就是有我這個離念靈知在那邊什麼都不管，就這樣自由自在的存在；沒想到是由如來藏存在，而我全部滅失了。但如來藏到底是啥？我不知道，這樣子要我成爲阿羅漢，我還得再考慮考慮。」所以以前都說他證得無餘涅槃了，現在我們把無餘涅槃的內涵講了以後，到現在有幾年了？快二十年了，如今有哪一個自稱證阿羅漢、自稱成佛的那一些法師、居士們接受了呢？都沒有人接受啊！所以他們對眞正的證涅槃也是「聞則驚畏」，只是沒有講出來而已。

所以你們看，全天下現在有誰公開出來支持說：「阿羅漢入無餘涅槃是十八界滅盡，五陰都不存在，只剩下如來藏獨存，我弘揚這個解脫法。」或者出來認同的？有沒有？都沒有人接受！所以這些人都是或明或暗的「聞則驚畏」的人，而這樣的解脫道還不是眞正的深法「第一深經」，還只是聲聞解脫道罷了。

聞而不驚不畏是很可貴的，在這個末法時代，我們說這叫作稀有動物。講動物有一點不好聽、不中聽，我們改說爲「稀有的佛弟子」，這究竟是誰？就是正覺你們諸位同修們。所以對「第一深經」聞而不畏，一定是往昔多劫就努力在修學這個法，否則聽聞眞正的說法之後都會害怕。害怕了以後，了義而勝妙的究竟正法，他們就無法接受。無法接受的結果，就會回墮於五陰十八界；或者例如密宗假藏傳佛教，沉迷在五陰的我所裡面。但是我見、我執、我所執，以及喇嘛教那一些東西，在佛法中都是應該捨棄、應該否定的東西。就好像榨葡萄汁來釀酒，或者用米、麥等穀物釀酒後，那剩下的糟粕都是酒廠應該捨棄的。所以有人向酒廠買了去餵鴨、餵豬，現在也有人買去餵牛，酒廠就便宜把它賣了；要不然就是被拿去當肥料，因爲那不是酒廠要的，叫作糟粕。

酒廠要的是「淳濃」，「淳濃」背後有一個等義詞，就是歷久彌新。所以賣威士忌或者賣高粱酒，特地標明「十二年陳」，不是裝瓶以後陳故十二年，而是在釀酒的木桶或者在酒缸裡放上十二年，它才變得「淳濃」，喝起來不嗆嘴，也不會讓你的胃覺得難受，那才叫作淳。不淳的話，一定是嗆鼻嗆嘴，覺得辣而不好喝。那麼「濃」的意思是說沒有被人加了水稀釋。古時名酒很珍貴，有的人去釀酒廠買回來後，宣稱那是什麼酒，剛開始一杯、兩杯是「淳濃」的，到後來客人喝到有點醉了，舌頭有點麻木了就跟你兌水。兌了水以後因爲酒客已經快要醉了，也喝不出來是兌了水的酒，反正一咕嚨就喝下去了；那就不叫「淳濃」，因爲已經摻了一半以上的水。

佛法也是一樣的道理，「淳」就是不夾雜外道的東西，也不夾雜世俗法在裡面，純粹就是聲聞、緣覺菩提，才叫作「淳」；如果其中有很多的大乘菩提成佛之法，便叫作「淳濃」。如果有人演述佛菩提道時，他講得不圓滿、不具足，你聽來聽去總是覺得搔不到癢處，所以學佛二十年、三十年了，依然不知道該怎麼學，才能夠對佛法有正確的理解和認知，就表示他所學到的佛法不淳也不濃。因爲就像原本「淳濃」的酒，被人家兌上十倍的水，裡面的酒只剩十一分之一，喝不出「淳濃」的味道，只覺得好像是酒，但感覺就像清水一樣。

諸位來正覺之前學佛時不就是這樣嗎？聽起來應該是佛法，可是到底佛法是什麼，學三十年了依然弄不懂。莫說外道，也別提一貫道的講師、經理或者前人，單說佛門中的大師們演述佛法時不也是如此嗎？所以那些大師們，也是在咱們正覺的書不斷流通出去以後，他們才懂得說：「喔！原來這才是佛法。」但「原來這才是佛法」，這個「原來」背後的意思代表什麼？就是以前所學的不淳亦不濃。可是他們也不知道自己賣給人家的酒—所謂三乘菩提的酒—是兌了十倍的水在裡面，他們還洋洋自得說：「我這個酒好淳好濃！」

沒想到正覺把三乘菩提「淳濃」之酒上市以後，他們聞一聞竟然說：「這酒這麼濃，不對吧？」然後一進嘴，又不像兌了水的那種水酒味道，他們以前沒喝過這樣「淳濃」的酒，就覺得這酒好像不對。因爲他們每一家出品的都是水酒的味道，正覺這酒不是水酒，就說：「這不叫酒。」就說：「他們正覺這酒其實是毒藥！」我們不是被人家罵邪魔外道、說我們的法有毒嗎？對吧？對！可是因爲我們這三乘菩提既淳又濃，不夾雜世間法，當大家品味普遍提升了，這邊也在喝三乘菩提「淳濃」之酒，那一邊的鄰居也在喝三乘菩提「淳濃」之酒，這酒香飄來飄去，不論是東風西風南風北風吹來他都聞到了，最後忍不住誘惑了，也來喝一小口看看；喝了才發覺正覺這酒好喝，所以現在不罵了，因爲已經知道自己的酒原來是以前的大師兌了十倍的水。

所以「淳濃」之法不容易遇見，得要有時節因緣。從元朝以來，這個「淳濃」之酒都只能放在地窖裡，隱密地藏起來。藏了幾百年了？六、七百年有了。元、明、清，清朝三百年，明朝兩百七十七年；元朝呢？所以藏到如今差不多有六、七百年了。你看，窖藏這麼久，這一打開不是很香嗎？所以諸位聞香而來，表示諸位有智慧，能辨別正覺這個三乘菩提有沒有被人家摻了水。至於那一些六識論者都是「捨於淳濃而取糟粕」，他們「取糟粕」究竟好不好？不好是吧？這其實是相對於諸位來說，講他們是不好的；但如果相對於密宗假藏傳佛教把樂空雙運當作報身佛的境界，那他們又算是好的了；因爲他們取得糟粕，還沒有混上泥巴，還沒有長蛆，可是連長蛆的「糟粕」都有人要，就是喇嘛教執著的樂空雙運，他們現在依舊放不下。

所以說，能夠接受「淳濃」的法味，眞是不容易！因爲在正覺裡面，要眞的喝到這「淳濃」的三乘菩提妙法，那是要很辛苦的，所以沒有輕易或隨隨便便就可以得到這個法味的人。但是諸位願意接受而勤勤懇懇來追求，這是不容易的。可是對一個修行人來講，在末法時代，三乘菩提無法實證是很正常的事情，因此他們從來沒有想過要實證。他們的想法是：「誰口才好，能夠說法讓人家追隨，就可以得到名聞利養；所以實證與否與我無干。」這就是他們普遍的想法。因此臺灣二十年來，或者說三十年來的臺灣佛教都在幹嘛？搞環保的就叫作環保菩提，蓋醫院的就叫作醫療菩提；搞寺院觀光是晚近十年的事，他們目前還沒有提出觀光菩提這句話，因為正覺已經把菩提的眞正意涵說明了，他們不敢提出觀光菩提的口號來。

以前搞學術、開研究所或者開佛教大學的，就有兩家；這一些人所追求的是佛教界不同層面的第一，大家都在爭第一。至於他們所謂的法，那就是夾雜著非常多的世間法，甚至錯把世間法當作佛法。其中佛法的成分只有十一分之一，就是只有佛法的名相，把那些佛法名詞依文解義之後來說，認為就是佛法。但是，這一些人在末法時代的現代，個個都在比大：看誰的山頭大，誰的信眾多；因為山頭大、信眾多，背後代表的是非常多的利養。你說有哪個道場搞了名聞之後，不是爲了利養的？找不到！

所以我們正覺是個異類，我們出來弘法，沒有人曾經從同修會、基金會、正覺寺籌修處領過薪水，也不曾領過車馬費。我們也不接受人家金銀錢財珠寶等的供養，包括我個人出資成立的正智出版社盈餘，也不曾分享到自己手上來。我們所印的書，也沒看過我的人頭印在上面，這不叫作異類嗎？有的大師好不容易出了一本書，那書的封面就是他的大頭照。可是咱們的書，找來找去找不到我的相片，因爲怕麻煩。我既沒有侍者，總要外出採買生活資材；如果去到菜市場，人家也禮拜，奉上個紅包，怎麼辦？去到哪裡都是會出現這個情形，麻煩就大了！假使我吃喝不夠用，當然可以開放供養，以每個月可以生活的基本費用就行了；可是我不愁吃喝，何必受人家供養？所以一概免了。

因此，我們的書絕對不印我的大頭照，可有一個後遺症又出現了，大陸佛教界就有一種說法：「正覺同修會那個蕭平實，是正覺同修會的親教師們共同編造出來的一個虛構人物，實際上並不存在。爲什麼呢？因爲不管怎麼找，不但書上沒他的相片，連網路上也找不到他的相片。」還眞講得有道理呢！他們有時看到人家網路上有標題「蕭平實的照片」，趕快點了進去一看，原來是在賣東西，只是藉我的照片爲名義，吸引人家點進他的網頁；聽說全部都把它瀏覽完了，也沒看到我的任何一張照片，所以他們認爲這蕭平實一定是個虛構的人物。唉！沒想到會有這個不可想像的後遺症。但沒關係！就讓那種說法繼續流通也好。也許到了九十五歲臨走前，我出最後一本書時就把大頭照貼出來，讓他們看看：「喔！原來還眞有這個人！」可能再過個幾個月，新聞報導出來說：蕭平實走了！他只好跺腳：「唉呀！早知道，我去見他一回。」可是來不及了！

這就是說，我們不在利養上用心，但是對於利養不生貪著心的人，畢竟是少數。那佛教界還有少數人也是不錯的，他們不貪利養，只是貪名聲，希望有名氣，以後廣受大眾的禮拜。這種人還眞的有，但是比起那些貪著利養的人，算是好的了。如果是貪著利養的人，他們會怎麼想？如來早說了：「我等亦當習是言論。」所以貪著利養的人，看見大師有名氣，利養一大堆，他們就想：「我們也要好好弄出個大名聲來。」所以藉著廣告等手段，把名聲作出來，目的就是爲了得到更廣大的利養。所以他們開始進行宣傳廣告時，就是先起這樣的一個念頭：「**我等亦當習是言論。**」因為總不能口似扁擔無法為人說法呀！

可惜的是這些人，禪門有一句話說得好：「**貪觀天上月，失卻手中珠。**」我把它引申來說這些人：他們為了想要去得到天邊的那個明月，心裡想：「**我這顆夜明珠光亮就只有這樣，遠不如那明月。**」突然間伸手要去把那個明月抓到手裡，這一伸手時手掌不放開了嗎？連手中的夜明珠也失掉了。得到世間法的利養，縱使一生得到一百億元（他一個人就得到這麼多，徒眾還不談），可是相對於另一位不求利養而持戒清淨努力修行，縱使還是個凡夫，這一百億元都遠不如這位凡夫所得的功德，更何況來世要怎麼還給眾生？

另一個人縱使到捨壽為止，都還只是個凡夫，但他不貪利養，即使依文解義努力修行，連初果也證不得，至少來世不失為一個清淨的修行人。可是當他們廣貪利養，他一個人這一世就得到了一百億元，等於是把眾生的福報聚集在自己身上，卻無法利益眾生，未來世怎麼個還法呢？這就好像得到了一塊錢，失去了一千萬元一樣，愚不可及！這一些人為了要得到更多的名聞利養，只好「**捨於無上法寶，墮在邪見**」；為什麼要「**捨於無上法寶**」？因爲不能實證！也因爲拉不下臉皮來見善知識，因此不能實證。身爲一個大師，臉皮比什麼都重要，但我說那是愚癡人。換作是我，如果我今天是某某大山頭的大法師，突然間出了一個正覺，經過十年的觀察研究以後，證實這是眞正的三乘菩提，而且是可實證的。我會這樣想：「好在我有這麼大的山頭，擁有這麼多的資財，我可以拿來用作道糧。」然後去求蕭平實收我爲徒：「我退下來，把這個大山頭請您來發落，因爲以往我沒有什麼功德，誤導眾生的罪過倒是不少，所以請您來發落，就全部捐給您正覺吧！我只想要您蕭平實幫我作個羯磨滅罪，外加一個不情之請：您得幫我開悟，我要作實相懺。」這不是兩全其美嗎？雖然我心中一直沒有這樣的所求，因爲知道這根本不可期待，但是我也沒有否定這個可能性。可是我心中的想法很安分、很老實，這一種大法師可遇不可求，什麼時候可以遇見呢？可能要等驢年到來。

所以不同的人，有不同的想法。我的想法跟人家都不一樣，因此承認自己是個怪人。我從小就被人家說怪，因爲從小我的想法就跟同學們、跟鄰居都不一樣；吃虧就吃虧，無所謂。我認爲在這裡吃了虧，另一邊我至少有相等的收穫等著，我怕什麼吃虧呢？所以有時被親戚倒債，我從不曾開口問一句說：「你什麼時候要還？」絕對不問！何必問？因爲對方不還，我認爲比放高利貸還要好。高利貸你能收多少利錢？也是有限啊！可是被欠債等未來世回收，那是不可限量的。同樣的道理，法上也是如此，所以我都不去計較那一些，我正是一個怪人。

因此，人家要照顧面子、要名聞、要利養，我全都不要。假使誰要捐個廟、捐個山頭給我，我還要先去看過。以前我都是親自去看，先看合不合用；不合用，我就不接受。所以我們拒絕了幾間廟、幾個小山頭，因爲我覺得接收了以後是個累贅。如果用不著，那就是在積聚財富，那我積聚來幹嘛？那是個負擔！如果用得著，我們就接收。所以，我剛出來弘法時的心態就是「客座教授」，我只是想有人可以承接了，我就歸隱山林去。因爲鐘鼎等廟堂上的事，我沒興趣，我喜歡閒雲野鶴一樣。沒想到這個法要送給人家，竟送不出去，因爲人家想：「蕭平實？《大藏經》翻翻看，沒有這名字，這算哪一號人物？我爲什麼要讓他傳法給我？沒得讓我抬舉了他。」原來我要把法送給人家，是人家抬舉我。所以，就這麼因循下來，到後來發覺這個應成派中觀六識論的法師們是在壞法，又發覺密宗假藏傳佛教他們這樣搞，佛教一定不久就被他們滅掉。古時天竺「密教興而佛教亡」的故事，又會在中國重演。這一重演，未來佛教就沒希望，便難救了，所以後來改變了想法。以前是想歸隱山林，腦袋瓜有一幅圖像：「七老八十回到故鄉，蓋個兩層樓房，也可以恢復以前修定的那個進程，然後把很多年沒穿的那件長袍又找出來，洗衣店洗一洗，到了冬天我又穿起來，沒事街上晃一晃，買點水果吃；散步回家了，我就上座打坐，修我的禪定去。」本來腦子裡是這樣一幅圖像，沒想到後來看到佛教沒有未來了，除非咱們好好對治這一些附佛外道；於是發狠眞要去作，就開始作了。

那現在是不是抽不了腿了？我告訴你：不是抽不了腿，我壓根兒沒想要抽腿，因爲我要把它復興起來，就直接作到底。作起來以後，我們有利養可得嗎？都沒有！我們依舊不從同修會裡領薪水、領車馬費，依舊只有付出，沒有所得。至於什麼時候退休？死時退休。那時不退也不行啊！但爲什麼我們可以不在利養上去獲得絲毫，而努力地盡形壽全心全意在這上面作？因爲我們有無上法寶，這是諸方大師之所無，而我們獨有。

他們覺得面子比較重要，但他們的面皮要是揭下來賣，那一張面皮秤不到一兩，可能只有一錢半錢，他可是要價幾百億的。可是我們沒有臉皮，世間人罵人家說：「**你這個人沒有臉、沒有面子。**」或者罵：「**你不要臉！**」說對了，我眞的沒面子，我也不要臉，因爲本來就沒有臉存在，我要什麼臉？那雖然是罵人的話，我們被罵了竟都接受，因爲我從來就沒有面子。請問你們：如來藏何來面子？所以不必管面子。我們有無上法寶在手，還要什麼面子？大師們因爲無上法寶難以取證，可是卻要搞名聞來獲得背後的利養，那他們就必須要標新立異。標新立異的最好作法是什麼？是宣稱證得阿羅漢果，或者宣稱成佛。

不然就像附佛外道達賴喇嘛他們講的：「**我們即身成佛，遠遠勝過你們正覺三大阿僧祇劫才能成佛。**」這樣標新立異、譁眾取寵，才會有一大票愚人跟隨。沒想到標新立異、譁眾取寵的結果，卻是墮在邪見。所以十年前我們《狂密與眞密》印出去，他們買回去讀了以後發覺：「**原來我們密宗的法全都不對。**」他們後來終於瞭解到自己的法都不對，可是已經騎虎難下了；因爲他們教了人家雙身法，印證人家成爲報身佛，那不是一個、兩個人！而且人家被他們印證爲報身佛時很高興，作了大供養；那些供養的錢，他們又花掉了，根本還不起，該怎麼辦？

人家會說：「你騙我！我又不是眞的成佛，連應身佛都不是，什麼報身佛？你把錢還給我！」他們能怎麼辦？還不起啊！所以，他們無法承認以前爲人家印證的報身佛是錯誤的，不敢承認。因爲這一承認，人家就開口：「你既然承認是錯誤的，收了我那麼多錢財，那幾千萬、幾億元，你得要還我吧？還不了全部，還個兩成、三成也行吧？」沒辦法還啊！所以他們絕對不能承認。不能承認的結果，就是要把邪見堅持到底。所以密宗假藏傳佛教現在分成兩大派；現在不是四大派，而是四大派都各分成兩派：一派認爲自己的密法是正確的，正覺誤會了；另一派認爲正覺的說法是對的，自己的密法是錯誤的。兩派現在相持不下。好像沒有騎牆派，就只有這兩派，互相在辯論，正是茶壺裡的風暴。

以前《狂密與眞密》賣得很便宜，卻沒有什麼人要買，現在漲價一冊三百塊錢，反而有人買。你看，是不是很奇特？因爲現在發覺：「它怎麼漲價了？一定寫得很好。」所以現在開始買了。眞怪呵？這表示喇嘛教裡還是有些人能夠自覺，能自我檢討：「人家自始至終都說我們密宗是假藏傳佛教，法錯了，而我們密宗藏傳佛教所有的法王，四大法王不管哪一位，爲什麼都沒有能力回應？人家正覺說我們密宗藏傳佛教不是佛教，說我們的佛法不是佛法，而我們所有法王爲什麼都默不作聲？我們密宗藏傳佛教的雙身法是最究竟最了義的佛法，當人家推翻我們時，爲什麼四大法王都不吭聲？爲什麼都不站出來辯論？」有的人從這裡看出端倪，就說：「我們密宗藏傳佛教的法可能有問題，去把《狂密與眞密》買一套回來研究看看。」然後根據正覺的書籍、正智出版社的書籍去核對《大藏經》，終於知道：「原來正覺講的佛法都沒錯，而我們密法跟《大藏經》講的、跟正覺講的完全不符合。」於是有一部分人開始遠離邪見。

可是假使你來當達賴喇嘛，能承認自己的密法是錯誤的嗎？（有人答話，聽不清楚。）能喔？那是因爲你不是達賴，假使你是達賴，就無法承認了，因爲這等於刨根究底啊！把根挖了、把柢砍光了，那密宗假藏傳佛教又如何繼續存在？所以他就得要繼續堅持邪見。堅持下去的結果，就是玷辱佛門、毀壞正法，根本就不是個出家人，卻又繼續示現出家人的外相，高聲說他是佛門的僧人。這種人就是「沙門旃陀羅」，是出家人中的什麼？不清淨者。

旃陀羅每天三點起床，四點開始幹嘛？殺豬宰羊或者幫人處理遺體。屠宰場那一些屠夫正好就是旃陀羅，不管他們身上穿的衣服、腳下的鞋子，甚至於頭髮皮膚都不清淨，因爲他們殺豬時汙血不免會濺到臉上、頭髮等。所以那些屠夫，狗遠遠看見了就避得遠遠的，逃開了。狗很勢利眼，看到好欺負的，不斷地吠，吠到後來，看那人沒有辦法抵抗，上前就咬。可是那屠夫來了，牠遠遠地嗅見他身上的味道，心想：「這傢伙會殺我！」一溜煙跑了，總是跑到遠遠的地方叫。如果眾生遇到「沙門旃陀羅」，那眞倒楣了！他們的法身慧命只能等著被殺，所以聰明人看見「沙門旃陀羅」，應該跑到遠遠的地方大聲罵他：「不要靠近我！」免得法身慧命被害。眞應該跑到遠遠的地方伸手指著他一直罵，罵他是「沙門旃陀羅」。也就是說，這種人是專門在玷汙佛門，讓出家人蒙羞；這種人往往名聞搞得很成功，求名是他們的手段，目的則是利養。

有許多在家人因爲不知道他們的底細，所以去親近他們。白衣就是指在家人，如同我們以往所說，白衣有理上的白衣，也有事相上的白衣。出家人的衣服都應該染色，染成深的顏色，也許是深的紅土色，深的樹枝褐色，或者用黑泥染成灰色等，總之不能穿白色的。鮮白的衣服是有錢的在家人穿的。譬如現代人講白領階級、藍領階級，白領階級表示他的工作不會接觸到粉塵泥巴，藍領階級爲什麼要穿藍色的衣服呢？因爲從事比較粗重的工作，衣服容易髒，所以要穿較深的顏色，髒了不容易看出來。古印度是有錢人才能穿白衣，因爲粗雜的工作都有下人幫著作，所以白衣講的就是在家人。

那理上的白衣，是說他雖然出家了，但是對佛法不能如實理解，就稱爲白衣。有所實證了就稱爲出家人，因爲已證沙門果了，不叫白衣。不要懷疑我這個說法，譬如說解脫道，還不談佛菩提道，單說解脫道；解脫道從初果到四果，都稱爲沙門果。沙門是指什麼？出家修行的人。證得沙門果，就表示他已證得出家果，在理上已經是出家人了。所以你看摩羅迦舅跟阿支羅迦葉，他們都是在家身，特別是那個阿支羅迦葉還是個牧牛人，行業一點都不高尚；但他聽聞 佛陀一席說法，當場證得阿羅漢果。阿羅漢果是什麼果？是在家果還是出家果？是出家果，所以稱爲沙門果。

他當阿羅漢只當了幾個時辰，被一隻爲了保護小牛的母牛用角觸殺，幾乎是最短命的阿羅漢；最短命的阿羅漢是須跋陀羅，才剛成爲俱解脫阿羅漢，眼看著 佛陀就要入涅槃了，他馬上向 佛陀請求，獲准了就馬上入涅槃，他是最短命的；所以接下來大概就是阿支羅迦葉，才幾個時辰——應該是不到兩個時辰，因爲他耽誤了 佛陀的午齋，強求 佛陀爲他說法。爲了使他成爲阿羅漢，佛陀那一天沒有午餐，就要等到第二天了。

他去牧牛時被母牛用牛角觸殺，後來阿羅漢們來問：「**阿支羅迦葉死後顏色鮮白，他是到哪裡去了？我們用神通找都找不到他。**」佛說：「**你們找不到他的，因爲他已經入無餘涅槃。**」所以交代舍利弗等人要去供養阿支羅迦葉的屍身，然後爲他火化。

連三明六通的大阿羅漢們都奉命要爲在家身的阿支羅迦葉供養荼毗，所以你只要證果了就是出家人。在佛法中只要證果了，不是只有佛菩提道中講的平等，在解脫道中也是平等的；就只看你的果證，不看你這個五蘊的身分。所以你看舍利弗他們是大阿羅漢，何等尊貴，竟然要爲那個牧牛人阿支羅迦葉供養屍身、爲他荼毗，因爲他證得的同樣是阿羅漢這個沙門果，所以他就是出家人。如果沒有證得，達摩祖師說得更難聽：若是沒有實證，縱使剃了髮、燙了戒疤，穿了染色衣住在寺院裡面，還是個白衣。眞難聽！要罵人也不必罵到這樣。可是他已經講了，咱們就不必再講解他的意思。

也就是說，白衣泛指還沒有實證佛法的人，所以容易被假名大師蒙蔽。有許多白衣去到那一個「**捨於無上法寶，墮在邪見**」的「**沙門旃陀羅**」那裡，去到那裡禮拜供養以後，「**如此惡人而爲說法**」；因爲他要顯示證量很高，雖然是個「**沙門旃陀羅**」，根本就是個破壞佛法的惡人，他也故意顯示自己證量高，爲那些白衣說法；因爲說法以後，人家會繼續禮拜供養他。所以他們是「**以利養故稱讚於佛及法與僧**」，爲了利養，就這樣稱讚佛、稱讚法、稱讚僧。

佛是法與僧的根本，沒有　佛陀降生人間度眾就沒有這個法傳下來，沒有　佛把法傳下來就不會有僧寶。所以這個「沙門旃陀羅」很聰明，把　佛跟法拉得很高，極力讚歎，然後說「**我傳的就是佛傳下來的法**」，那自己就跟著水漲船高，這是聰明人。如果是愚癡人，動不動就開口罵：「**我師父差多了，沒辦法跟我一樣。**」當師父被他壓低了以後，他是他師父的徒弟，不也跟著低了嗎？所以佛門有一句話講得好：「**僧讚僧，佛法興。**」所以我對會裡的親教師、對會裡的同修們，也是要求這一點：「僧讚僧，佛法興，你們不許評論會裡的什麼人；如果別的老師有什麼不如法處，應該私下與他溝通、請他改進。但外面那些凡夫大師，由著你們去評論，我沒意見，因為他們在誤導眾生。」

聰明人與愚癡人作法是不同的，密宗假藏傳佛教他們很有世間聰明，他們不互相毀謗，一旦他們的師父、上師、活佛死了以後，都立刻寫文章把他高推，推到非常高。明明他們的師父只有一通——吃了才有通，不吃就不通，但在死後都被高推說六通具足，又說死時如何示現虹光身，如何示現神通，然後死掉。其實根本沒有，都是胡謅，或是變造錄影資料來唬人。他們很聰明，都只讚歎死後的上師。可是我們正覺以前那三批人反過來：「蕭老師那個沒有什麼啦！我的證量遠比他高！」所以二〇〇三年那批人說：「我們證得佛地眞如，蕭老師那個眞如不高，而且那根本不是眞如。」發起法難事件，還拉攏南北許多老師們跟著退轉。所以我們出了好多書，結果證明他們錯了。

但是眞要說起來，我也有一點不對，因為他們於法難發動前多次顯示證量很高時，我都沒有說一句話去責備他們，因為我認為這樣也很好。為什麼好呢？因爲徒弟如果證量很高，不顯示師父更高嗎？所以他們只要不否定正法，我都隨喜；不管誰宣稱他證量多高，我都當作沒聽見，因爲這樣他的學生會更加信受我，道業就會更精進。他們會想：「我們老師證量這麼高，老師的老師證量一定更高。」這樣於我何害？我當然不講話。可是他一旦否定這個法，貶抑我所弘傳的正法時，我就得處理他，這就是我的原則。

換句話說，在正法之中容許僧讚僧，不容許互相評論。你如果要評論，可以評論那一些戕害眾生法身慧命的大師們，我都無意見；因爲這樣是在救護眾生，所以我隨喜。那聰明人即使是個凡夫僧，他也要讚歎佛、讚歎法，把佛與法捧上半天高；那他自己被佛與法拉著，不就也可以在地面飛行了嗎？是應當如此。所以說「以利養故稱讚於佛及法與僧」，這是聰明人。

但這樣的人，他們的本質究竟是什麼？佛說這種人「但求活命，爲財奴僕」，原來只是爲了多得利養可以活命，其實是成了財物的奴僕。活命有不同的狀況，有的人是明日無米以炊，所以他今天得要繼續托缽；有時托缽到很晚，也到夜市去托缽，因爲日子難過，今天米缸已經快見底了，明天可能煮不到一碗飯，只能煮粥，這是「但求活命」的一種。可是有的人已經有一家廟了，也有幾十萬、幾百萬存款，但他還是繼續去托缽，爲什麼呢？因爲他想：「萬一我要是生了大病，沒有錢可以看醫生，那時怎麼辦？」這也是爲活命啊！所以爲活命有不同的層次，咱們不用細說；總之就是「爲財奴僕」，成爲財物的奴僕，最後當個守財奴，因爲怕有個萬一。

這種人假使利養稍微多了一點，就開始「貪重衣食，讚己所樂」。貪重衣食，就是不再吃粗糙的食物了，凡有所食都是精美的；跟世俗人講的「食不厭精，膾不厭細」一樣的道理。所以他們寺裡面一天到晚在討論的是：「這個紅毛苔要怎麼樣才好吃，要怎麼處理。」只要有一點點細沙，他們都厭惡得不得了。再講究衣服要怎麼樣穿；以前對大陸的出家人，我懷著很濃厚的希望，曾經供養過廣州一位法師；那時我是供養了幾萬塊錢臺幣，我現在都忘了，供養他一套僧服；好像一、兩萬元，我忘了。在二十幾年前，臺幣一兩萬塊錢的僧服算是好衣服了，沒想到聽說那法師嫌我這個供養太少，這沒辦法做好衣服。從那一次以後，我就不再看重大陸的出家人。

後來我打聽到，大陸的出家人是怎麼出家的，你們一定沒聽過。他想要去出家時，寺裡住持說：「你去理髮店把頭髮理了來。」他就去街上理髮廳把頭髮理光了，然後到那寺裡去，往常住一報，說：「這就是我們今天新來的出家人。」這樣就叫作僧寶，不用受三壇大戒。燙戒疤？不要說門，窗都沒有！有這樣的出家人在大陸當僧寶，怪不得大陸佛教界的品質是那個模樣。所以後來對大陸的出家人，我會實際上去探究他的實質：值不值得我來尊重他。從那時起就有不同看法，以前是一體尊重的。

像那樣的出家人，你想他們是爲什麼出家？因爲出了家不必幹活，人家自然就會送上門來供養。大不了趕經懺，一場經懺下來，口袋裡麥克麥克，日子好過得很呢！在大陸出家人喝酒不算啥，還可以上妓院去，民眾也是見怪不怪了。那你想，當然會有很多人要出家，所以對大陸的出家人，我們要個別去觀察，不能看見他剃了頭、穿著僧服，我們就供養，要先實地瞭解各人的實質。佛說這一些人「貪重衣食」，這是正常的；因爲臺灣的出家人中，也很多是粥飯僧，早餐才剛剛把缽洗完，已經在討論中午要吃什麼了。所以「貪重衣食」在臺灣佛教界也有，那是受過三壇大戒的比丘、比丘尼都還如此，那麼大陸可想而知了。這一些「貪重衣食」的人，不會讚歎實修實證，他們讚歎的一定是心裡所希望的東西；他們希望的是什麼？錢財趕快來啊！

當他們這樣希望時，該怎麼說？佛都點了出來：「讚己所樂：『若行布施，得生天上。』」世俗人不懂佛法，什麼三乘菩提，根本沒聽過。是正覺出來弘法以後才提出三乘菩提的命題來，我們當然也逐漸把內容鋪陳出來。在這之前沒有誰講過三乘菩提，所以很多人想：「生天是最好的了。」既然想要生天當然要布施了，所以這類比丘就跟白衣們說：「如果好好的修行布施，死後可以生到天上去享福。」享什麼福？他就搬出來講：「身為天人，有五百個天女侍候，每個天女還有七個婢女服侍，各個都漂亮得像世界小姐一樣，你要不要？」那些世俗人一聽，心裡想：「喔？好啊！太棒了！」因為搞不好在人間，他都養小妾了。於是心裡很喜歡，立刻就大肆供養啊！就為了生天。

這是只有佛門如此嗎？不然！你們看一貫道，他們還有一個名字叫什麼道？叫作天道。他們往生了自設的理天以後也是一樣，就是享受欲界的五欲，所以他們就要求信徒布施。我以前也講過，我們早期有一個理光頭的師兄，從一貫道過來學法。他沒有信一貫道以前有三戶公寓，那是將近四十年前的三戶公寓。他親近了一貫道，為了想得到一貫道的佛法，就一戶一戶賣掉供養一貫道。供養了以後，三戶房子都賣光了，他還繼續經營自助餐，也沒有得什麼道。然後來到同修會又離開了，到重慶北路交流道旁的覺修宮修行，不曉得在那裡住多久，現在還在不在，我也不知道。

一貫道收了錢，是不是像我們同修會一樣都在帳上？支出是否都要有憑證？似乎是沒有，各個分堂收了自己用，其中一部分繳給上層的單位，就這樣子。所以一貫道總壇很有錢，但是錢是用在哪裡？他們知道，咱們不知道。這就是喜歡錢財的人，他們就會這麼講：「**若行布施，得生天上。**」因爲沒有三乘菩提可證，也不懂什麼是眞正的佛法，所以就是求生天。有的法師也說：「**你們別愁佛法了，生天以後自然有菩薩會教導，你們只管布施來取得生天的資格就好了。**」於是大家就努力奉獻、努力布施。這有點像一神教裡面的作法，每個月奉獻收入的十分之一。

也有教派是這樣的作法：「**上帝會坐飛碟來接引我們生天，所以你們把錢都奉獻給上帝，飛碟來時我們就跟上帝走。**」沒想到飛碟來了以後，是要自殺了以後「靈魂」才能上飛碟。但是，既然有飛碟實體來了，又何必要自殺？根本不需要，就以這個五陰身體直接上飛碟就好了，爲什麼要自殺？那些人竟然可以這樣被騙。結果自殺以後，那個宣稱要率領他們去上帝那裡的人並沒有自殺，於是那些人所有的錢跑到他口袋裡面去了。可是這樣荒唐的說法也有人信，所以我說不論什麼樣的荒唐說法都有人信，這就是愚癡眾生。那些領頭者之目的是什麼？是錢財。「**大家都把錢財送到我手裡來，讓我個人來用。**」因爲他沒有拿去布施給眾生，沒有拿去爲眾生作事，都留在他自己手裡，就是他自己享用；而大眾傻傻奉獻了以後，是求未來世生天。那些愚癡人奉獻了錢財以後能不能生天，能不能？能！因爲他們畢竟有布施了，只是生天以後不是他們想像的那種天上，也許是四王天或忉利天；而他們也不會是長得很好看、很有威德的天人，只是普普通通的天人，因爲他們種的福田不是好福田，但畢竟還是能生天上。

可是問題來了，教導徒眾布施錢財給他花用的法師，他這樣的作法到底對不對？當然不對。因爲在佛法中，布施是爲正法的實證打基礎，但他把布施讚歎爲至高無上的法，所以是惡人。爲什麼說布施只是打基礎？因爲菩薩六度首先修什麼然後才能持戒？布施。要先布施成爲一種習慣，見到貧窮人就布施個五十元、一百元，見到了癩痢狗餓到排骨都跑出來了，布施個肉包子給牠。要成爲一種習慣，表示他的菩薩心性開始起來了。菩薩心性開始起來以後去受持菩薩戒，才不會覺得綁手綁腳很煩惱；戒能持得好，才談得到修忍；生忍、法忍能夠修了，他才懂得精進修行，然後才談得到修靜慮。這靜慮包括禪定以及參禪的知見與方法等，這個靜慮能修了，才好聞熏般若，最後再來求實證。

所以菩薩六度層次最高的是般若，依次而下，到第六個才是布施。布施說是菩薩六度的首要，首要是指什麼？正是基礎。要是沒有這個基礎，培養不起菩薩性，其他五度就別談了。所以有布施習性的人只是菩薩性的基本，這是六度之中最基礎的法。可是在一般道場，布施認定是最高的法，所以大護法來了，師父隨時接見；如果是小護法來了，告訴侍者說：「**等一等**，我等一下接見他。」這一等，三個鐘頭還不一定接見。你們不要說沒有這回事，因爲我也遭遇過。我初學佛那幾年，就是我離開農禪寺前兩年的事，有一次爲了一個佛法問題，當時我解不開；因爲當初都還不懂佛法，往世的所證還沒回來。請求知客室稟報說：「**這蕭某某想要向師父請示一個佛法問題。**」結果這一等，等了兩個半鐘頭。兩個半鐘頭以後，怎麼沒有召見我？一問，說「師父休息了」。就這樣子，而這是很平常的。

我當然不是大護法，因爲我那時候也不過護持一百多萬元而已，都還沒有護持到幾千萬元，算不上什麼護法，眞的只是他們財產的九牛一毛而已，所以見不著。但我們正覺有沒有這樣？我們沒有。哪位同修有問題，只要登記了就可以見到，也沒有規定你一定得要護持多少錢，然後我才要接見你。有時大陸的人來，也不是同修，也沒有護持過正覺。來請求了，我說：「好，就讓他來見一見。」我也見啊！這就是我們不同的地方。我們不是不看重布施，因爲畢竟布施是菩薩六度的首要，可是我們不以布施爲最上之法。

所以你們看增上班的同修，有的人在增上班已經十幾年了，我判斷他到現在爲止，他對正覺的護持款應該還不到十萬元臺幣，這也有啊！但有的人可能已經捐了幾千萬元，這也有啊！大家一視同仁，因爲我看的是菩薩性夠不夠，不看錢財。因爲大家布施再多的錢來，也沒有一毛錢跑到我口袋裡來，那我爲什麼要因爲說：「他布施很多，我可以分到一成兩成，我趕快接見他。」沒有啊！既然沒有錢跑到我口袋來，我爲什麼要特別看重他？我就是這個看法。但我會不會排斥，說他都在增上班學深妙法十幾年了，竟然還捐不到十萬元？不會。因爲人家的菩薩性夠，有資格在增上班學習。菩薩性夠的人，會努力護持正法，不論是努力作事或大力捐款，我得要讚歎他，也會找適合的執事來重用他，但不會特地來跟大家宣告：「你們看，這位師兄捐了幾千萬元。」如果眞要這樣宣布，言外之意一定是要諸位看齊，多捐一點，我才可以分紅啊！但我們從來不幹這種事，因爲我們看重的是這個人能爲正法作什麼事，不是看重他錢財多少。

所以「**於佛法中，施爲下法，讚以爲最**」，這種法主就是守財奴，這樣的法師不姓釋，他姓錢。這不是我們的門風。這種人會向施主這麼說：「**大施因緣得生天上。**」他心心念念想的就是鼓勵信徒們求生天，想要生天就是要行善，行善最好是在僧寶身上作布施。這是他們的想法，但他們都沒有想到自己根本不屬於僧寶，因爲他們是爲錢財而出家的。佛說這一種人有一個特性：「**不知語言、不解義趣，但知初入淺近下法，貪著我人，捨第一義。**」這種人根本不知道經論中的文字語言到底講的是什麼，不但末法中的佛門中如是，附佛外道更如是。

你們看末法時代，單說一個「我見」就好，「我見」的內涵是一個弘法者必須如實理解的基本知見，但二十世紀和二十一世紀初的現在，有誰把我見的內涵講清楚？諸位之中有人學佛三十幾年了，有人學佛快四十年了，請問你們來正覺之前，有聽過哪個大師小師把我見的內涵講清楚的？沒有！假使有人來我面前說：「有！有人講清楚。」我一定一拳就把他打倒，因爲那些大師們都主張：「離念靈知是眞實的我，離念靈知就是眞如，離念靈知就是如來藏，常住不滅。」這樣的大師怎麼會弄清楚我見的內涵。

那一些人連我見都弄不清楚了，所以單單是經文裡面講的常見、我見、斷見，他們連依文解義都還辦不到。他們眞的「不知語言、不解義趣」，只知道剛剛進入佛門時所應該聽聞的、最淺的、距離凡夫眾生的心境最近的最低下的法，所以講來講去就是依文解義的四聖諦、十二因緣。講到四聖諦這一些名詞，他們都會講，但只會泛泛而談——把世俗法帶進來講四聖諦。而他們講的滅諦是什麼？跟佛法不一樣；佛法裡說的滅諦是蘊處界全部滅了以後，成爲無餘涅槃。而他們的滅諦是說：「你女兒去美國考上了哪個學校，有沒有錢，你都不用擔心，你打坐就打坐，想那麼多幹嘛！能夠把這個煩惱滅掉，你就是證得滅諦了。」這樣一來的話，顯然世間很多人都是阿羅漢，只要看得開就是阿羅漢了。

所以他們連依文解義都作不到，眞的是「**不解義趣**」；所知道的就是很淺近的、最低下的法，就是只知佛法名相概略而且是不正確的道理，就這樣爲信眾講解四聖諦、八正道、十二因緣。然後旁邊有人講起佛法來，他就說：「**佛法我都知道了，不過就是四聖諦、八正道、十二因緣。**」我這一世初學佛時也被這樣誤導，因爲法師們都跟我講：「**佛法就只有四聖諦、八正道、十二因緣，再也沒有了。**」我當時想：「**我學個半年、一年，也全部都懂了。**」後來覺得不對的是，那禪宗的公案不懂。既然不懂，週日便去聽大法師在禪坐會講公案，又覺得他講得好、有道理。因爲是初學，什麼都不懂，人家又是大師，所以他講了，我們從意識的層面依循著他的理路思索，順著他的思惟模式來看，「**對啊！沒有錯啊！**」可是爲什麼這一則公案聽了、懂了，其他的又不懂了。

然後聽說白馬精舍印《大正藏》，以成本價流通作功德，就請一套來讀；心想，既然佛法都懂了，應該讀經典。沒想到寄了來（他們是一箱一箱分批印、分批寄來的），請出第一冊《阿含經》，讀了不懂；連《阿含經》都讀不懂。後來一直讀下去，又讀到大乘經，那更不懂；至於經中講什麼眞如，更不懂了。後來想：「明明佛法都懂了，爲什麼又讀不懂？這有問題！」眞的有問題，所以開始去讀一些天台宗的法義。那時天台宗的傳承人叫作顯明法師，他寫了幾本書。讀了，知道原來佛法還有這一些內容，可是也不能眞懂。後來想：不管了，反正先求悟再說，等證悟了再說。

那時就知道佛法一定不是只有這樣，但是大師都說：「悟了就天下太平了。」古時祖師也有人講：「只要這麼一悟，參學事畢。」那就想，悟了再說吧。沒想到悟後更多事，悟了以後一看：悟了不就成佛嗎？不是說見性成佛嗎？我都找到眞如也看見佛性了，可爲什麼我不像佛？跟佛的層次還是不一樣啊！這時知道有問題，而且見道報告寫出去以後一直都沒下文（作者註：後來知道聖嚴法師根本沒見道，讀不懂我寫的內涵）。隨著悟後開始思惟整理以後，往世的智慧開始出現，然後再來讀經就懂了，才發覺原來他們都沒有悟。他們所謂的佛法都懂了，其實是什麼都不懂。你看！就經過這樣一個轉折，才知道什麼叫作初入佛門的「淺近下法」。

所以我開始弘法以後就變成異類了，我講眞如，跟人家證悟的離念靈知都不一樣，於是佛教界罵我：「人家開悟的都這樣，就你一個人跟大家都不一樣，所以你一定悟錯了。」原來他們的見解是「百萬將軍一個兵」，我正是那個兵，而我認爲應該是「百萬士兵一個大將軍」。但是後來這個兵站出來時，那百萬將軍都跪下了——不敢回應我一個字。因爲他們一天都在耍嘴皮，能打仗的就是我這個兵，他們後來只好聽從我這個兵；所以這個兵下令你們要怎麼樣去打仗——應該怎樣修行才能實證佛法，他們只好聽了；抵抗我的就推到後面去，只好這樣。由於不肯全聽我的，私下繼續搞怪，所以那一些大師不可避免地就要在世間法上搞怪。

但是，凡夫大師在世間法上搞怪並不奇怪，如果智慧深妙，完全不用搞怪。佛教裡有這種想法：「如果當代有一個證悟的人，他的證量比我證悟的師父更高，爲了求自己這一脈可以繼續綿延昌盛，我就得搞怪。」古時有沒有這種例子？有沒有？有啊！兩個善知識都是開悟者，但證量不同而且差異很大，這時證量低的那個善知識的徒弟就得搞怪了。譬如九百年前，天童宏智正覺的徒弟在天童捨壽時，寫傳記是怎麼寫的？他們說天童禪師捨壽時，頭髮牙齒及道具都自然出生舍利。佛陀都沒有自然出生舍利，他竟比佛陀厲害。那大慧宗杲有沒有搞過怪？沒有。他的徒弟根本就不說大慧宗杲有什麼神變，就只是很平實的把正法鋪陳出去，去利樂眾生，都不需要搞怪。可是天童的徒弟就得搞怪，「否則的話，人家會說大慧宗杲證量高，我們師父不及他。人家想：『你師父都遠不如人家，我當然要去依止大慧宗杲，為什麼要去依止你師父？何況你師父已經走了，人家當然不願意追隨。』」這就是搞怪的理由。

佛教界古來有這種事情很正常，等而下之是根本就沒悟，都在利養上用心，這種人最看重的是自我，以及什麼樣的人會供養他們，這就是「貪著我人」。「貪著我人」就會在名聞利養以及眷屬上面用心，所以一天到晚要拉人，把自己信徒拉來壯大聲勢，拉得越多越好，這樣自己在這個寺院裡面就越發地有勢力。對「我人」極力「貪著」的結果一定「捨第一義」，所以當人家出世演繹「第一義」勝妙法時，他們不敢公開抵制，但一定會私下抵制。就好像我剛出來弘法時，農禪寺那一些僧眾怎麼講？往往說：「正覺那個不如法啦！」他們不敢說這是悟錯了，也不敢罵「這是邪魔外道」，就說是不如法。那麼不如法的含義很廣，有的人聽說不如法，那就不要學了。有的人會探討不如法是什麼不如法，是法上不如法，還是他們的形式上不如法，或者弘法的規矩不如法等，就有很多種的解釋，但結果是一樣的，都會導致自己和信眾「捨第一義」。

正因這個緣故，農禪寺的信眾一直都在六識論裡面混，混到現在還在混。第一義諦的法義他們聽了頭痛，因為他們聖嚴師父從來沒講過。蕭平實講那麼多，買一本來看看吧！結果是不懂：「唉呀！這個法義太深了，不要讀。」把書本這一丟，就是下輩子的事了。當他們下輩子來時，咱們下輩子就把網子作大一點，把他們全部罩住，讓他們繼續熏習第一義諦的知見就好，其他就不用管了。至於第一義的實證是諸位的事，不是他們的事。這算不算是激將法？如果激得成功倒也不賴。今天講到這裡。

《佛藏經》我們上週講完二十一頁第一段，今天要從第二段開始：

經文：【「舍利弗！如是說法，或時有人生信出家，與諸惡人而共和合，不能勤求第一深義，有所得者說有我人壽者命者，臆想分別無所有法。於阿毘曇、修多羅中自為議論，或說斷常，或說有作，或說無作；舍利弗！我法

爾時多外道法，令諸眾生正見心壞；如是，舍利弗！我清淨法以是因緣漸漸滅盡；舍利弗！我久在生死受諸苦惱所成菩提，是諸惡人爾時毀壞。舍利弗！若有比丘不能捨是有所得見、我見、人見，不解如來隨宜所說，而言決定有我人法，如是之人我則不聽受一飲水。或時是人得聞空法，信心清淨而不驚疑，即便還應導引眾人入實相義，便應出家受具足戒，何以故？舍利弗！若人不捨如是見者是名外道。」】

講義：這一段的第二行「求第一深義有所得者，」這一個逗點把它往上移四個字，也就是說，正確的斷句應該是：「不能勤求第一深義，有所得者說有我人壽者命者，」改為這樣的斷句。因為《大正藏》的斷句是錯到一塌糊塗，我們當初斷句時，這地方沒留意到就給錯過了。

語譯：【如來又繼續開示說：「舍利弗！像這樣的說法，有時也會有人對他的說法生起信心而跟著出家，於是就與這一些惡人們共同和合而住，都不能般勤地追求無上第一的深義；這一些有所得的人說有我、有人、有壽者、有命者，他們都是用臆測想像的所知來分別無所有法。對於論中所說、經中所說，自己去產生另外一套議論而說出來的，或者是斷見常見，或者說是有所作，是無所作；舍利弗！我的法到那個時候大部分是外道法，使得那時的眾生正見的心毀壞了；就像是這個樣子，舍利弗！我釋迦牟尼的清淨法就因爲這樣的因緣而漸漸滅盡了；舍利弗！我釋迦牟尼久遠劫來在生死中領受過各種的苦惱，努力修行而成就的佛菩提，這一些惡人到那時就把我的妙法毀壞了。舍利弗！如果有比丘不能捨棄這個有所得見、我見、人見，不能理解如來依於方便善巧隨宜所說，而說確實是有我、有人、有種種法，像這樣的人出家以後，我不能讓他們在佛法中接受一點點飲水的供養。有時這一些人有因緣能聽聞到眞實空的法義，信心清淨而沒有驚訝疑惑，這樣的人就應該立即引導大眾進入實相的正義中，然後就應該令他們出家而且受具足戒，爲何這麼說呢？舍利弗啊！如果有人不能夠捨棄有所得的見解，那就是外道。」

講義：這就是說，延續上一段的開示，說的是，有人舌燦蓮花能言善道，講得出一番道理來，但都不能觸及第一義諦，可是因爲他講得比別人好，就得到很多人的崇拜，供養接著就來了；就因爲這個緣故，很多人開始仿效。好比十幾年前(特別是二十年前的臺灣)，大學教授也寫佛法的書籍，政府官員也寫佛法的書籍，已經不只是那一些法師們在寫了，連居士們和寫小說的作家也跟著寫。以當年的情況看來，顯然官員、教授、居士們寫的佛法書籍，比大法師們寫得還要好，大師們寫的反而不如。

不信的話，大家回想看看，那些大師們寫的有關佛法書籍，有沒有印出來以後立刻再刷、三刷、四刷、五刷、八刷、九刷的，有沒有？沒有。可是你們看也有個居士寫的書，什麼鳳眼菩提、清涼菩提，還有其他的菩提很多種，你們大概也猜到是誰，他就是再刷、三刷、四刷、五刷……，看來是居士寫得更好。那時大家可能都大聲讚歎說：「哎呀！臺灣佛教興盛，可以說是佛法盛世了吧！」可是後來出了個正覺，既不搞宣傳，也不到書局去賣，專出結緣書。後來結緣書流通久了，有書店的經理建議說：「你們這書這麼好，這麼大一本這樣印出來送人家，這好可惜啊！」爲什麼他說可惜呢？他解釋說：「我看這本書，那些大師們都及不上。你們這麼大一本七百多頁送給人家，人家一看就會說這個沒價值。」就因爲他的建議，我才去成立正智出版社，把它分成上下冊兩本，叫作《禪—悟前與悟後》。沒想到也成了臺灣佛教界的暢銷書。

後來《心經密意》是最暢銷的，其他曾經註解《心經》的人要賣那麼多，大概也不容易。可是我們這一些書還沒有出版時，當初才不過那四、五本結緣書時，大家一看到就說：「**這個蕭平實，哼！**」書本一丟就不理了。那時只有很少數的人知道這是眞正的佛法，因爲他們讀了以後說：「**正覺這些結緣書，根本就是佛法的工具書。**」因爲一般講佛法時都是純理論，純理論就是猜測臆想的；但正覺這些書不是這樣，是有理論也有次第的，是一步一步可以讓你走到預定的境界去，修學者可以自己檢查「**我現在修到了哪一個階段**」，看出門道了，所以一頭栽進來。

但是坊間那些用很多漂亮的詞句堆砌起來的，一大本又一大本的所謂佛法書籍，在各大書店宗教類書櫃都是擺在最顯眼的地方。那時我有看見某某山的書，在書櫃最顯眼的地方整整放兩排。我想看自己的書是放在哪裡，從上面看下來都沒有，看到最下面一格時驚喜說：「**啊！在這裡。**」看來識貨的人不多啊！之前剛開始寫《公案拈提》第一輯時，我想：「**這麼棒的書，可以使人證悟的書，這一印出來，縱使沒能達到洛陽紙貴的地步，至少應該一年半載就得再刷了。**」沒想到五千本印出來，一年賣不到一千本，大出預料之外！因爲當時我想：「這要是有因緣的人讀了，一下子悟了，可眞不得了！」所以我故意把它定價五百塊錢。五百塊錢說貴是很貴，但比起密宗假藏傳佛教言不及義的書籍來其實不貴。

沒想到一年賣不到一千本，這一下終於醒悟了；不是開悟，而是醒悟了：「原來臺灣佛教界這一些大師、小師、學人們的根器還差那麼遠。」因爲他們都讀不懂，或是都不識得法寶。認清楚了，就開始走比較切實際的路線，以後印量減少了，一次兩千本。那《公案拈提》當然就一輯一輯繼續寫出來，因爲光出版一輯沒有作用的，所以一年出一輯。爲什麼剛開始我們的書很難賣？就像一匹千里馬沒有遇到伯樂，無可奈何！所以那時佛教界風行的，就是：誰比較有名氣、誰的道場大，我們就買誰的書來讀。如果有人推薦蕭平實的書，他們會說：「蕭平實何許人？」再問一下：「他是出家人還是在家人？」明明就寫著蕭平實，不是釋平實，還問出家人或是在家人幹嘛？

後來我們親教師會議時，老師們決議說：「不行！爲了讓眾生對正法生起信心，以後所有書籍作者名稱要把蕭字砍掉，後面加上導師二字。」所以後來才全面改版。但依舊有一些孤陋寡聞的人看到「平實導師」四字，他們想：「什麼時候又出了一個導師？」因爲當時釋印順還在，「怎麼現在又有一個新的導師出現了，平實導師他是在家還是出家？」又繼續問。他聽到是在家人，丟了不看，就是這樣子啊！所以那時大家都看表相，誰著作多，誰在臺灣佛教界地位高，誰道場大……。因此說，當年臺灣四大山頭都在爭第一，所以有寺院蓋最多的，全球都有寺院的第一；另外就是信徒最多的第一，然後也有寺院第一高的第一，還有一個搞所謂的學術，他們宣稱是學術第一。

但這個搞學術的大山頭是一個佛學研究所的所長，竟然連所知障都不懂；但是無所謂，因爲名氣大，所以書都很好賣，但也不過賣個二刷、三刷，二刷三刷以後就賣不掉了，沒有書店再叫貨了；所以他們要跟書店租特別位置的櫃子，要額外加付租金，讓自己的書放在書架上最明顯的地方。給書店賺錢還要付租金，就是最顯眼的那一格要多少租金，再下一格又是多少租金。我們的書剛開始時數量很少，不像現在很多；可是總經銷賣了一年多，他們有講：「你們的書不錯，都有人陸陸續續再叫貨。他們那一些書不管名氣多大，賣個二刷、三刷，是信徒來買了以後就沒有人再買，不會再叫貨了。」有一次問我們出版社：「有人要買某一本書，數量二十本，你們還有沒有貨？」

我們當然回答說：「有啊！」我們是剩下三百本時就趕快再交印了，所以不管哪一本書都有貨。

這就是說，臺灣佛教界到後來才開始改變，因爲先有幾個識貨的人把道理講了出來，然後他們周遭的親朋好友或同修們聽了，也跟著去買來看看。讀完了才知道原來以前學法三十年、四十年不懂什麼才是佛法，佛教界掛在嘴上的一句話很有名：「三藏十二部經浩如煙海，無從下手。」大家都這麼講，不說「大家」，甚至於有個佛學專家，把《大正藏》讀了六遍都還自己承認不知道什麼是眞正的佛法，直到讀了正智的書籍才說：「原來如此！」所以正覺這個法開始浮出檯面，正智出版社的書好賣，正覺的結緣書也開始不斷地有人想要。但是在此之前，局面完全不同，大多是看這個人有沒有名氣，這個人是不是出家人。

當時的佛法，講來講去都是在意識層面繞來繞去，大家都在這個層次裡面。我們出來弘法卻不在這個層次裡面，我們講的是眞如與佛性，佛教界的大師們沒人講過，所以各大山頭都是同樣的話來抵制：「大家開悟的內容都一樣，偏偏蕭平實開悟的跟人家都不一樣，所以他有問題。」既然如此，咱們就開始說明法義加以評論。評論以後，各大山頭的信徒們開始問：「師父啊！蕭平實這本書好像在說您，師父您也回應回應吧！不然我們怎麼辦，寺裡信徒走光了，怎麼辦？」那能怎麼辦？只能搪塞一下：「好！我研究看看，過一段時間我再來回應。」然後沒了下文。

所以當時佛教界都是講一些花言巧語，把世間法用佛法的名相來說，大家就聽得很歡喜、很高興。不說大家聽得高興，我當年破參之前也聽得很高興，也讀得很高興；我也去買來讀，跟大家一樣。只是後來發覺說：「奇怪了，我這看話頭功夫天下少有，」因為當時看來看去沒有誰會看話頭，就只有我一個人會，「可是我為什麼用他們的方法坐禪那麼久了，都沒辦法悟入？閉關吧！」這一閉關十九天，沒下文就是沒下文。到第十九天下午，還坐在那邊在等著開悟。因為功夫都到了，見山不是山的功夫也很深厚，現在就是等著開悟。

用他們的方法就是只有在那邊等悟境現前，等到下午三點時覺得不對，心想：「開悟一定是有個什麼要我們證才對，怎麼可能是教我們呆在這邊等？功夫再好也只是定境而已，繼續等，恐怕驢年到來都還悟不了。」後來把聖嚴法師教的丟了，不要了，就從「明心見性」四個字下手。重新下手到結束，那也不過十來分鐘、二十分鐘的事，因為心裡想：「明心時所明的心，一定不是我們現前知道境界的心；這個心大家都知道，還需要悟個什麼。阿貓阿狗都知道自己有這個心，如果是悟得這樣的心，明心開悟了還能叫聖人？那聖人不是跟凡夫一樣嗎？」然後馬上就有一念起來：「啊！原來是這個。」就解決了。

這算不算參禪？不算！參禪一定是要在那個狀況裡面，然後有人給你一個方向要你去尋找什麼；但我不是，我是想：「一定不是這個我們現前所知的心，那麼究竟是要悟得哪個心？」然後馬上就知道：「啊！是這個心。」這樣叫參禪喔？那時想：「這個心看起來也沒什麼，太平凡。」那時剛把往世所悟找回來，還沒有想到祂很實在。那時只想到祂太平凡，沒什麼，不稀奇。可是還有個「見性」，「明心」解決了，後面還有「見性」二個字，那麼就參：「見性是見個什麼性？總不會是我們這個能見聞覺知的自性吧？一定是見佛性。」緊接著「佛性」是什麼？然後也是突然知道佛性就是什麼，接著就大大地不一樣了。就這麼一念起來時全都變了，整個世界就變了。這樣算不算參禪？也不算！這也不是參禪，只是把往世實證的法找回來罷了。所以那時就單純地想：「我現在跟大師們應該都一樣了，大師們都悟了，我現在所悟應該也是一樣。」所以那時我都不批評大師們，不論人家問哪個大法師，我都說：「有啦！他有悟。」「那某乙大法師呢？」「有啦！都有悟。」我說他們都有悟，結果他們都說我沒有悟，這倒奇怪了。我的想法是說：「如果他們有悟，我也有悟，悟的內容一定相同，所悟只會有一個，不會是各人所悟都不同。既然悟的實相內容相同，他們說我沒有悟，顯然他們所謂的悟跟我一定不一樣。」於是我才開始探討他們到底落在哪裡。探討了以後大失所望，那時很苦惱，你們知道嗎？爲什麼呢？本來以爲有很多的同參道友，一個個都可以結交的；沒想到現在我變成孤家寡人一個，你說我當時可憐不可憐。

所以說，當年可想而知，大家都是尋文逐義，然後堆砌一大堆的佛法名相組織起來，看起來很像眞有證悟這回事，可是他們「悟後」講的東西都是世間法。就這樣讓他們混了四、五十年，直到正覺正式浮上檯面之後，終結了他們的好時光。可是佛教界學人們的好時光也就跟著開始了，因爲他們有好時光，表示學人都被他們籠罩，學人當然就沒有好時光。學人有好時光，就表示大家知道他們悟錯了，他們當然就沒有好時光。於是大家才開始漸漸懂得什麼叫作佛菩提，什麼叫作二乘菩提；才開始懂得區分：這是解脫道，這是佛菩提道。

以前大家都是把錯誤的、無法實證而誤會後的解脫道當成佛菩提道，所以他們的境界都是「有所得」的境界，因爲都是在意識心的層面打轉。正因爲所有的大道場大法師們所說的佛法，都是在意識心、都是在識陰的層面打轉，才給了喇嘛教有機會在臺灣拓展。因爲喇嘛教同樣是識陰境界，但更敢誇曰、還搞神祕，所以當年大家趨之若鶩，高官富賈都追隨喇嘛們；因爲那是有所得法，凡夫們很相應。但我們講的是「無所得法」，凡夫們實證以後也難安忍，所以我們會裡前後共有三批退轉的人，不爲無因。

因爲正覺這是「無所得法」，他們的心性還不夠去適應眞如無所得的境界，所以最後又退回到有所得法的意識境界去了。因此當年眞正是末法時代，而我們現在正覺裡面是正法時代；可是那些大道場現在已經從末法時代提升到像法時代了，因爲以前講的是常見、斷見、有所得的內涵，現在也開始講「無所得」，說要斷我見，這不是到了像法時代嗎？看起來已經跟佛法很相似了，已經不再講顚倒的假佛法了。所以，現在沒有人敢出來講「意識是常住不滅的」，已經沒有了。以前大家都公開講意識是常住不滅的，還有教禪聞名的大法師說：「**阿賴耶識是虛妄識，應該要把祂消滅，把祂滅了才能開悟。**」也許有人還不知道那是誰寫的，我說那是教禪聞名的大法師。然而，想要滅阿賴耶識，是不是要先把祂找出來才有辦法滅祂？但他沒有找到阿賴耶識，要怎麼滅祂？還示現爲證悟的人。

香港還有個月溪法師，寫了書流通，書中說要把阿賴耶識一槌搗碎，然後「嘩」的一聲就開悟了。假使哪天有因緣遇到了，他還問說：「你寫了《護法集》說我不對，說我悟錯了，但我現在想開悟，要怎麼樣才能開悟？」我就說：「耳朵準備好，小心聽了！嘩！」他可不能罵我，對吧？他要是罵我，我說：「對呀！你書中不是講『嘩』的一聲就開悟了嗎？我現在跟你『嘩』的一聲，你應該開悟了。」他說：「你不是說我這樣錯了嗎？爲什麼還用我的方法？」我說：「同樣叫作汽車，可是產品不一樣，你那是鐵桶造成的玩具車，我這輛可是勞斯萊斯。」他不服氣，我就拉著他的耳朵告訴他：「三十年後去說給行家聽。」一掌把他推走。

所以當時佛教界都是在識陰境界打轉。正因爲大師們都在識陰境界打轉，才給密宗假藏傳佛教有可乘之機；如果大家都講如來藏離見聞覺知，才是證悟之標的，覺知心是識陰境界，樂空雙運是識陰境界，是有所得法，是生滅法，請問密宗假藏傳佛教這樂空雙運要怎麼雙運？他還能講樂嗎？要講苦了。所以有所得法眾生很相應。現在可好，他們不再講識陰是眞實我，也不再講意識是眞實我，也跟著講苦、空、無我、無常，說我見應該要斷除，如果想要求開悟就要證如來藏；弟子如果問：「師父！如來藏要怎麼證？」師父說：「你去正覺。」就這樣打發掉。但至少講的法是跟實證的法相像，因爲相像所以就拉回到像法時代了，不是淪墮到末法時代去，這個現象是可喜的。

你可別以爲只有臺灣如此，事實不然！大陸也是一樣，所以大陸也有弘揚密法的大師，被淨空法師極力讚歎的。如今他也在講斷三縛結、斷我見，可是講後整理出來貼上網，人家一讀：「啊？這是《阿含正義》裡面寫的內容呀！」有人問我說：「導師！要不要破他？」我說：「不要破，讓他繼續講，我們裝迷糊就好。」爲什麼呢？因爲你讓他繼續講，他好好把《阿含正義》裡面斷我見的內涵講出去以後，徒眾們就會開始好大一個question mark在腦海中出現了：「師父！這樂空雙運的境界，看起來是色陰、識陰的境界，這是在我見的範圍裡面。斷我見時這個就要摒除掉，那怎麼辦？」他們後來一定會想到這一點。可惜他講沒多久，後來又不講了，一定是信徒、弟子們有問過他這個問題。

所以你看，他們不是也要讀咱們正覺的書嗎？不是也要開始講一些禪宗開悟的內涵嗎？他們講了就會漸漸靠近佛法，雖然無法實證，只能依文解義，但終究還是從末法時代回到像法時代了，因爲所講的法已經很像佛法了。他們也是不能不走這一條路，因爲現在如來藏阿賴耶識的實證，這個理論已經變成佛教界的顯學了，大家都知道：「開悟般若就是要證如來藏，如來藏就是阿賴耶識。」他們若不跟上來，人家信眾會說：「我們師父落伍了，我們去找比較進步的道場，看看有沒有像正覺那樣的道場。」聽到人家有在講如來藏，趕快去聽，就不跟他了，所以他非得跟上來不行。可是跟上來也有個苦處，因爲他講久了以後，人家終究會問：「師父！那請問，我們該怎麼證？如來藏在哪裡？」這就是正覺出現在人間害人不淺的原因。

這段經文中 如來講的正是這個情況，所以 如來很早就預記末法時代會是這個狀況：大家在講一堆佛法名詞，說得很好聽，但都不是佛法，所以他們若不是說常見法，就是說斷見法。因此，那一些口才很好的、讀很多經論、懂得很多佛法名相的人，講起來滔滔不絕頭頭是道，因爲大家都不懂佛法就由著他們講。像他們這樣子說法，講的都是「我、人」中的法，都跟第一義不相干；也都是很淺近的最低下之法，類似於解脫道又不是眞正的解脫道，這就是末法時代的情況；這情況徵之於二十世紀末的臺灣，乃至已經二十一世紀的大陸，昭昭不爽而眞實不異。

臺灣的這一類人現在還很猖狂，她們長久這樣子說法，是因爲民眾聽不懂、學佛的人聽不懂，所以就信受了，信受了以後就會跟著她們出家。如來說這一句話時，諸位有沒有想到這是現在什麼道場的寫照，哪一個「導師」的門下？想到了呵！就是這樣。你們看《華雨集》、《妙雲集》寫的那一些東西，大家都讀不懂：「哇！這書太棒了，太深了，一定是證量很高。」然後就跟著她們去出家了，所以她們的出家人很多，對她們深信就跟著出家了。

印順法師這一類人，不就是前一段經文 佛陀說的那一種人嗎？講起來好像很深妙、很殊勝的樣子，大家都及不上他。當然現在臺灣佛教界很多人都知道，其實他自己也不懂，寫出來的東西、印出來的書籍，他自己也不懂，但是讓大家讀不懂就以爲他很了不得。所以印順的思想不用研究，我們讀了就知道，只有那些不懂的人才需要研究——每年開學術研討會研究。我們一讀馬上知道他的落處，立即指出來是什麼地方錯了、爲何錯了，依現量、聖教量、比量把他舉證出來加以辨正，而他和信徒只有閱讀的分，沒有評論或回應的分。

可是那些信徒們不懂印順的著作，讀了以後覺得很深奧，因此而「生信出家」，於是「與諸惡人而共和合」。諸位想想看，跟隨她們出家是不是「與諸惡人而共和合」？佛陀早說這種人是惡人，但我以前沒有罵過她們是「惡人」，今天我也跟隨 如來說她們眞是惡人。我是依什麼理由說她們是「惡人」？依《阿含經》中的定義，凡是非佛所說而指稱爲佛法，就是謗佛；那諸位想想看，首先她們說的根本不是 佛所說的法，偏偏都誣賴說她們講的外道法是 佛講的，所以叫作「佛法」，那不是謗佛嗎？那就是「惡人」啊！

再從另一方面來說，人家好好把女兒撫養長大，那也是十月懷胎辛苦生下來，然後含辛茹苦撫養長大，並且送去教育好了割愛讓女兒去出家，結果她們怎麼樣對待人家的掌上明珠？

她們是怎麼樣對待人家的？人家很辛苦養大、教育好了，讓女兒去她們那裡出家，結果她們把人家的法身慧命都給宰了，那不是 佛說的「惡人」嗎？眞正是「惡人」啊！所以這樣深信她們說法的人「生信出家」，其實是無知而被動地「與諸惡人而共和合」，那當然「不能勤求第一深義」，因爲她們從來不講「第一深義」，所講出來的雖然號稱是「第一深義」，其實都是在講二乘解脫道；講解脫道倒也罷了，偏偏她們講的解脫道不是眞正的解脫道，全都是外道所墮的意識境界。墮入意識的境界中，正是禪師們說的「黑山鬼窟」，哪能解脫啊？所以這一些人跟著她們和合共住，當然「不能勤求第一深義」。

「第一深義」說的是二個重要意涵：「第一」以及「深義」。這就有內涵可說了。來到正覺以前，聽到某一個道場說他們弘揚的是「第一深義」，另一個道場也說是「第一深義」，幾乎大家都這麼說；也都宣稱他們開悟了，開悟的是最深妙的法，又說開悟後就成佛了。可是問題來了：成佛了爲什麼還沒有佛的功德？又爲什麼沒有佛的威德？下至佛的最淺般若智，他們爲何連點滴都沒有？所以，我們有時不免開玩笑說：「二十世紀末、二十一世紀初，是佛教有史以來佛入涅槃最多人數的年代。」因爲臺灣或大陸都有好多的「佛」從人間不見了。

以前都各自認爲已經成佛，甚至我們正覺剛開始寫的書，說悟了是第七住位——禪宗的開悟是第七住位。他們都罵翻了說：「蕭平實竟然敢說開悟不是成佛，只是第七住位，這是明揚禪宗、暗貶禪宗。又說什麼『悟後起修』，誰講悟後起修，他就是沒有開悟；因爲《壇經》早就講過了：『一悟即至佛地。』所以悟了就是成佛。」還振振有詞把六祖的方便說當作究竟說。可是等我們書出得多了，他們偷偷讀過以後，趕快「入涅槃」去了，再也沒有看見誰是佛了。目前只剩下不讀正覺書籍的外道還在自稱是佛，那是完全不懂佛法的外道，其實只是三歲小兒，咱們不必和他一樣見識，就不理會他。

所以「第一」一定有第一的道理，「深義」一定也有深義的道理，可不能口中自稱「第一」、自稱「深義」，就算是「第一深義」了。「第一」顧名思義就是沒有人能超越它，它排在第一位。也許有人今天因為好奇而從密宗假藏傳佛教過來正覺聽經，第一次聽了心想：「你們正統佛教所謂的『第一』，其實不是真的『第一』，我們密宗藏傳佛教的法才真是『第一』。」也許密宗假藏傳佛教人士這麼想，事實上也這麼講；我們舉個例，宗喀巴那個文抄公，寫了兩部《廣論》，那一部《菩提道次第廣論》不是講了三士道嗎？他的三士道怎麼說？是把三乘菩提叫作中士道，再把雙身法說為上士道，說般若乘及唯識增上慧學都只是中士道，金剛乘才叫作上士道。可是問題來了，他們的上士道，是連正統佛教中的下士道資格都沒有，因為那是外道凡夫沉淪欲界三惡道的境界，與佛法完全不相干，連斷我見證初果都不可得，就別提禪宗的開悟明心與眼見佛性了。

而他們說的中士道是大乘佛法，但大乘佛法是一入門就要斷我見，斷我見時就必須把五蘊十八界一一推翻，推翻以後具足如實的觀行，證明五陰十八界中沒有一法是真實的；具足推翻以後還不算是初果，還得要有未到地定的定力相應，也要能轉依他所觀行的結果，真的斷除身見了才能夠說他叫作初果，否則都只叫作知識。可是他們上士道金剛乘所謂的成佛境界，其實只是阿貓、阿狗也懂的境界。我們《狂密與眞密》書中明明白白寫出來：既然你們密宗假藏傳佛教說必須要把顯教的法學好了、修好了，才能學密教、才能修密法，我現在檢討你們所謂顯教的法，你們都沒有修學，實證就別提了。你們對三乘佛法連入門都沒，因爲顯教的法入門第一就是斷我見、證初果，結果你們都在五陰裡面執著，還執著五陰的我所樂空雙運，永遠不離色陰、識陰與淫觸覺受。

我也說：這兩陰就附帶著受想行三陰，正是五陰具足；你們連下下乘都沒有證得，依照你們自己《廣論》中說的道理，必須要先回來修學顯教這一些法，你們都沒有資格修金剛乘。他們喇嘛教至今沒有誰敢出來公開答腔，我書中明明白白寫著，他們都不敢出來公開應答一句。你看這聲聞乘、緣覺乘，在佛法中說它叫作小乘與中乘，結果他們連小乘的入門都沒有，就別提阿羅漢果與緣覺果；般若大乘就更別提了，連入門都沒有，這就是宗喀巴的《菩提道次第廣論》自己講的矛盾之說。

然後所謂的中士道之一，他講的是大乘佛法，叫作般若波羅蜜多大乘，但般若到底悟個什麼，證般若時何謂之證，這首先要探究。既然說他已經把顯教的法修好了，那他有沒有實證，當然要來問問看：證般若時到底是證什麼？他又不懂。宗喀巴講的般若乘的實證，自始至終語焉不詳；而且更可笑的是，般若乘應該要實證的是如來藏、是阿賴耶識，他竟然把如來藏阿賴耶識推翻掉。他都把阿賴耶識否定了，說阿賴耶識就只是一個名詞，沒有阿賴耶識可證。「名詞」的意思是什麼？是說阿賴耶識如來藏是不可實證的，只是在語言文字上說有。印順也是一樣的說法，爲什麼呢？因爲印順的成佛之道就是從《菩提道次第廣論》抄來的，所以印順也是個文抄公。

宗喀巴沒有著作權，因爲他死太久了；著作權只有五十年，他死太久了也沒有辦法要權利金，就由著印順抄，抄好了編輯一下改個名字叫作《成佛之道》出書了；印順只是把《菩提道次第廣論》後面二篇的止與觀去掉，改用白話再編輯一下就出書了，叫作《成佛之道》；所以他也是說「阿賴耶識如來藏只是個名言施設，它的異名就是緣起性空」，有時又說「所以阿賴耶識就是種子的聚合體」，沒有心體存在。印順是這麼講的啊！可是問題來了，佛陀明明說一切有情五陰十八界都是如來藏阿賴耶識所生，能生的法怎麼會是虛妄的、怎會是施設的名詞呢？怎麼會只是名言施設？所以釋印順抄襲了宗喀巴，而宗喀巴也是個文抄公，他自己也不懂，只是把喇嘛們各家所說集合起來整理了以後，寫成那部《菩提道次第廣論》。

言歸正傳，這般若乘應該要實證的就是如來藏阿賴耶識，而他否定了，那請問宗喀巴有沒有證得般若？也沒有啊！既然沒有，憑什麼把人家貶低叫作中士道？他完全不懂般若，怎麼可以定位人家是上士、中士或者下士呢？要把人家定位時得要先實證了，能夠現觀時才能夠比較而作定位；結果他否定了般若的實證標的，正是公開顯示他沒有實證般若。沒有實證，憑什麼把人家定位在他自創的金剛乘之下？

而且大乘佛法不是只有般若，還有一切種智；沒有一切種智的具足實證就不能成佛，而一切種智講的就是八識心王所含攝的一切法。偏偏他又把第七識、第八識都否定了，專講六識心，當然不是實證者，而釋印順跟著吃他的臭口水，就說一切種智叫作「虛妄唯識」，那麼在他的著作中，一切種智中的「眞實唯識門」就不見了，因爲被他否定了。那麼他們這樣一來還能懂唯識嗎？不懂！不懂一切種智，連我見都具足存在的凡夫，偏要把最勝妙的佛法貶抑說「唯識法門是方便法、不究竟法」。據以成佛的一切種智最勝妙法，竟然被他們貶爲方便法，顯然他們兩人是完全不懂三乘菩提的凡夫！完全不懂的人才會說：「密宗藏傳佛教喇嘛教的樂空雙運、大樂光明、無上瑜伽是上士道。」但我公開給他們正確的定位：叫作無下士的惡道，因爲再也沒有人比他們的邪法更低下了。

密宗假藏傳佛教喇嘛教的樂空雙運法，不是只有夫妻可以修，師兄姊之間也可以修，必要時父女可以合修，媽媽也可以跟兒子修雙身法；這是宗喀巴的《密宗道次第廣論》中明文倡議的，也在《菩提道次第廣論》的止觀二篇中，以隱密語說明過的。從這個本質來說，我們只能說他們的密法叫作禽獸不如！你看禽獸們，譬如獅子好了，公獅如果長大了，母獅就把牠趕出門，牠不可以在兄弟姊妹之中亂搞，更不可以跟母獅搞起來，所以母獅把牠趕出門。禽獸都知道如此，結果他們密宗假藏傳佛教貴爲人類，卻是連母親及舅媽都可以拿來修雙身法。在臺灣習俗中——這也是從大陸流傳過來的古時習俗——有一句河洛話說：「母舅大過天。」有沒有聽過？說母舅比天還要大，要恭恭敬敬的奉侍，竟然可以拿舅媽來修雙身法，那眞叫作禽獸不如。禽獸不如的法竟然可以自稱上士道，還眞奇特！所以我說宗喀巴完全不懂佛法，這樣的人憑什麼說密法是「第一」呢？「第一」就表示萬法因祂而生，無有一法能出其上，那個法才能叫作「第一」。

所以《阿含經》中佛說明阿賴耶識時，說探究十因緣時來到名色，名色再往前探究時就是第八識；在十因緣的最後就說：「齊識而還，不能過彼。」又說名色是從第八識中出生的，所以說「名色緣識生」，意謂這個第八識才是萬法的根源，只有這個識才是「第一」。所以你證得第八識時，你的所證就是「第一」之法，因爲一切法從此而生，所以《金剛經》、《法華經》都把此識說爲「此經」，說一切法（含一切有情）、諸如來、眞如、佛性、三十七道品……等「皆從此經出」，這才能叫作「第一」。那麼回頭看《廣論》那個上士道，連下士道人天乘的入門都達不到。至於他所謂的中士道的入門，他自己也沒有辦法實證，而且還公然推翻般若的根本如來藏識，這樣憑什麼自稱是「第一」？

講過「第一」，再來說「深義」。「深義」一定是很難理解的；既是「深義」就不可能讓你一讀即懂；假使一讀就懂，人家會說「這太簡單了」。佛經的義理，大家都說不懂，不容易懂才能叫作「深義」。印順就懂這個道理，所以他的書中把道理寫得亂七八糟讓人家讀不懂，老實說是連他自己也不懂，大家便說「**這是深義**」。但佛經不是他那個亂寫亂講，佛經講的是有條有理、按部就班，是可以次第實證的，只因眾生被無明所遮而讀不懂，所以叫作「**深義**」。

佛教界所有人士寫的書，最深的莫過於印順法師了，可是我們一讀就懂，並且還具體加以引述及評論。但我的書，印順老法師讀不懂，就像無字天書一般（應該叫作有字天書，因爲有字），可是他不懂我在講什麼，但你們悟了都讀懂，這樣才能叫作「**深法**」，因爲不是亂寫而使人迷亂。密宗假藏傳佛教講的那些所謂密法，他們的密法之密究竟密在何處，很深嗎？不深啊！他們的密法之所以稱爲密，是因爲不可告人所以叫作密。

我記得剛取得《大正藏》時，有一天好奇說：「**這悟也就悟了，甚深般若就懂了，爲什麼開悟的法講過以後，佛還要講密法呢？**」心裡好奇，就把密教部拿出來，從目錄開始讀。我是先讀目錄的，裡面的密經那麼多，哪有時間一一讀，因此我先讀目錄；但是讀來讀去都是在講什麼咒語、儀軌等。後來看到《**三昧耶身雙身大聖歡喜天菩薩修行祕密法儀軌**》時，以及其他所謂「大聖……歡喜」什麼修法等，我一讀，就知道「原來是搞雙身法的東西」。我一讀就知道了，內文都還沒讀，只讀到經名而已。後來也讀過《大日經》等密教部的經典，更確定那是外道法。

當然那時並不知道爲什麼自己會知道，後來爲了寫《狂密與眞密》，有一天讀到土觀．羅桑卻吉尼瑪寫的《土觀宗派源流》，看到裡面寫的他空見後，那一天晚上因爲女兒出嫁不久，我就拿她的房間當書房，讀後就想：「這麼晚了，睡了，睡了。」那時時間還算充裕，所以睡前都會先進入等持位看看有什麼景象可以瞧，沒想到就看見了四百年前，咱們覺囊派被滅的那些事情。然後我就知道，原來我那時候曾經跟他們在西藏對幹，他們要幹掉我，我要轉化他們，水火不容，現在要寫書時當然要知道他們到底在搞什麼。而我們在西藏不是只有一世，我們剛開始表面上也跟著弘傳時輪金剛，看起來好像我們也有在傳雙身法，但那是一個表面的模樣，實際上我們講的是如來藏，關起門來就破密宗假藏傳佛教了。後來他們知道了，就把我們給滅了，當然這是後來才知道的事。

可是他們講的內容，不管哪一本所謂的密續，我們拿來一讀就懂；但我們往世講的他空見，他們完全不懂，這樣才能叫作「深義」。他們所謂的無上祕密，我們一讀就懂了，哪裡有深？當然不能叫作「深義」；「深」也沒有，「義」也沒有。一定是正理才叫作「義」，歪理不能叫作「義」。那雙身法明明是沉淪的、下墜的，怎麼可以叫作「義」呢？而且不深，一看就懂了。所以你看，喇嘛們來臺灣性侵女信徒等，後來那些民間信仰的神壇不也跟著學嗎？可見神壇的住持們讀了也懂，所以不叫「深」，只是不可告人而已。

以前新竹鳳山寺日常法師，他跟徒弟們都笑那些學《廣論》的人，甚至於當著學員的面講：「你們居士都是一壺永遠燒不開的水。」很多人聽過，可是換我們說他們才是永遠燒不開的水時，他們爲什麼不敢應聲？可是日常法師這樣講是有原因的，因爲《廣論》後面兩章的止與觀，他們絕對不跟學《廣論》的信徒們開講。那個止觀，你可千萬別當作是佛法中說的奢摩他、毗缽舍那，絕對不是佛法所講的止觀，那是雙身法的止觀。他們的作法一向是：「你佛法有止有觀，我密宗藏傳佛教就有止有觀，但不是你佛法講的那個止觀，是我講的雙身法中的止與觀。」

那麼日常法師不教給學《廣論》的人「止、觀」二章的法，當然他們永遠不能「成佛」，因爲他們密宗假藏傳佛教所謂的成佛，就是樂空雙運到第四喜叫作「成佛」。他不教，學《廣論》的居士們怎麼能「成佛」？所以他說居士們都是一壺永遠燒不開的水，還眞有道理。因爲「你得要學樂空雙運的止觀才能『成佛』，我不教給你們，你們又如何能『成佛』」。可是今天我們說他那樣講是歪理，因爲非義——那不是成佛之義，而他們自己宣稱那是成佛之義，我當然要說他非義。

眞正的成佛，是八識心王一切種子無有不知，因此具足了一切種智，所以擁有十力。他們別說一力，半力也無；還不如宋七力，至少人家有七力——當然也是開玩笑的七力。所以不論他是《密宗道次第廣論》或者《菩提道次第廣論》，所說全部非義，這是事實，沒有人能推翻的。我們很早就講了，所以那二部論所說都是「非義」而且不深。你看，我們有一位徐義雄，也就是正雄居士，當年他才破參，我便叫他寫《廣論之平議》，因爲他在廣論班混了十幾年，也當上講師了。剛一破參，他就知道那些法不對；因爲一破參，我就問他：「你說說看，學了十幾年的《廣論》，那些法到底對不對？」他說：「全部都錯了。」我說：「那好！你來寫一本平議。」

那是因爲我叫一位禪三剛破參的法師寫，那法師怕了，不敢寫；我一給他金剛寶印，他馬上跟我說「莎喲娜啦」；他不敢寫，他怕，壓力很大，乾脆向我告長假不來共修了，連悟後起修的重要課程也不想來上。可是這位徐義雄居士，回去就開始寫了，還不到一年就交卷；在《正覺電子報》連載到現在已經六、七年了，都還沒有連載完，你看多豐富。他是個居士，以前被日常法師說是永遠燒不開的水，現在不但燒開了，而且那個水蒸氣不斷把日常法師的《廣論》快要蒸爛了，但他們鳳山寺敢回應一篇文字嗎？從來不敢。

所以我說，宗喀巴的兩部《廣論》都不深，也都不是正義，談不上「深義」，徐居士才剛剛破參就可以寫《廣論之平議》破他了，至於宗喀巴或其他喇嘛教祖師的著作，那就更淺了。因爲宗喀巴最深的著作就是兩部《廣論》，結果咱們同修才破參就動筆破斥完了，證明不是「深義」，更談不上「第一」。這樣看來，他們所謂的上士道，我給它的定位叫作「無下士沉淪之道」，沒有冤枉他吧？因爲那樣子搞下去的結果就是來世下墮三惡道，還有什麼「上士道」可以講的？

可是「第一深義」所證的法是無上之法，連一般有智之士都讀不懂的；

而他們所謂的「報身佛」第四喜的境界，就是識陰的樂受境界，然後自以爲那裡面受樂的覺知心一念不生時就是空性，所以叫作樂空雙運，這全是凡夫的境界。而那樂空雙運的境界是依什麼而有的呢？依色陰、識陰而產生的受陰、想陰、行陰，要依這五陰才有樂空雙運的樂與誤會後的空，才有大樂光明那個無上瑜伽境界；但那已經是五陰的我所，還及不上五陰內涵的自身。

五陰又是從哪裡來的？從如來藏來。諸經中也說一切法、一切有情、一切世間乃至所有佛法「皆從此經出」，「此經」正是第八識如來藏；過了如來藏這個法，就無一法可得，哪來的樂空雙運境界？還能說是無上之法？因爲諸法皆從如來藏生，證得如來藏時所起的智慧才能夠叫作「第一」。而這樣的法，實證者之間互相心知肚明，寫了出來、說了出來以後他們都讀不懂，連哲學大師也讀不懂，而密宗假藏傳佛教所有的法王們也都讀不懂，這樣才叫作「第一」。但密宗假藏傳佛教的雙身法是害人來世下墮，這一些人要叫作「惡人」，因爲斷人法身慧命；人家辛苦將養二十幾年的兒子女兒，送去他們那裡出家，結果被他們戕害了法身慧命，來世下墮惡道中，我說他們眞正是「惡人」。

而這一些人跟著「惡人」出家以後，一定「不能勤求第一深義」；如果有誰說他想要求開悟、想要證如來藏，一定被罵：「如來藏是外道神我，你爲什麼要證如來藏？你是想要變成外道嗎？」一定被罵。「不能勤求第一深義」的結果，繼續跟著他們出家和合共住，那就是落入「有所得者」的境界。

「有所得者」爲什麼稱爲「有所得」？有兩個意涵，第一個意涵「求世間名」，釋印順就是這類人，他不貪財不好色，就是求名。爲了令名，一生安分守己過他的出家生活，寫了許多書誤導大眾，這是求名。第二種人求利，就有很多種利可求：不動產的利、錢財的利、眷屬的利，等而上之求佛教界最高地位之利，但這些都是「有所得」。當他們號稱無所得時，都是在有所得法中不斷地鑽研。這些「有所得」的人不會跟你講無我、苦、空、無常，你看密宗假藏傳佛教法王們有誰在講苦、空、無我、無常？沒聽過，反而教信徒們大樂光明、樂空雙運，都是要追求淫欲下樂，不知道自己是苦中作樂。

但現在他們晚上睡覺前都在想：「蕭平實說我們死後會下墮三惡道，我們眞的會下墮三惡道嗎？」每天睡覺時都在想這個。所以現在密宗假藏傳佛教裡面也是兩派在諍論：「我們要不要把雙身法丟棄，要不要來斷我見、證如來藏，因為我們覺得正覺的法對，我們這個法就像他講的都是五陰的境界，三乘菩提俱無其一。」這些人可能有救。但是另一派人其實心裡也知道密法的不對，可是不願意改；因為如果改了，馬上要面對問題；第一個問題是：「顯然我們密宗藏傳佛教——我們這個無上乘、金剛乘——遠不如正覺。」他們馬上要面對。第二個問題：「這初果要怎麼證？」這是馬上必須面對、無法逃避的。第三個問題：「假使哪天我們眞的證初果了，我們還得要開悟才行。我們如果不開悟的話，哪能跟正覺對話，我們不是矮了一大截了嗎？」這還不是一小截，眞是一大截。

後來把正覺的書越讀越多以後發現說：「不得了，就算我們開悟了，還是沒辦法跟正覺平起平坐，因為在正覺開悟後只是入門，後面悟後起修的課程更深妙，我們想都無法想。糟了！怎麼辦？」你說他們可憐不可憐？不可憐喔？可憐喔？其實有人講「不可憐」也對啦：「可憐」是想要實證三乘菩提之一遙遙無期，「不可憐」是因為咎由自取。所以那一派人只好繼續堅持說：「我們密宗藏傳佛教才是無上法，一定正確、絕對沒錯；蕭平實講錯了，因為他不懂密法。」可是「蕭平實不懂密法」這句話講出來時，其實心裡很虛，因爲心中想：「《狂密與眞密》把我們連法王都不懂的，他都寫出來了。」因爲這樣，以前臺灣密宗假藏傳佛教跟中國大陸的禪宗，都有人罵蕭平實不懂佛法，現在不罵了。以前大陸八大修行人的徒弟也罵說：「這個離念靈知境界，蕭平實都不懂，所以才會說我們不對。」你們當然都知道，懂離念靈知的人不懂無相念佛、不懂得看話頭，但會看話頭的人只要把話頭丟了，不就是離念靈知嗎？人人都會，而且是很長時間的離念靈知；而他們只能夠一秒鐘、五秒鐘離念，那算什麼？所以如今他們不罵了。不罵以後有一段時間密宗假藏傳佛教有些道場主人改罵：「正覺是阿賴耶外道。」我說：「佛陀悟的也是這個第八識，那他是在罵佛陀也是外道嗎？那他還可以叫作佛教？」好像這兩年他們連這句話也不罵了，不曉得他們以後還可以罵什麼，大概找不到什麼可以罵正覺的了。找不到話來罵，現在就罵我們是「症絕」同修會，他那個「正」是罹患病症的那個「症」，「覺」是絕對的「絕」。這樣罵也不錯，我們所有的病都絕跡了，連生死病也一道跟著絕跡，這樣的同修會有什麼不好？所以我覺得他讚歎正覺也還不錯。這樣看來，他們想要罵讓我生氣還眞難。

這就是說，他們的境界都是「有所得」的境界，「有所得」的境界不外乎五陰或者五陰的我所。我所，或者內我所、或者外我所，不過如此，再無別法了。這一些人在所謂的佛法中，所謂的弘揚正法時，他們說的一定依於五陰這個「我」來講，因爲他們貪求我所。外我所，例如眷屬、名聲、利養、徒眾，然後看山頭是不是一百公頃建妥以後，還可以再買個一百公頃，越多越好，信徒也是越多越好。又例如：「如果我們這家全球最高的佛寺蓋好以後，裡面存放的骨董是否能夠越來越多、越來越名貴，就可以招來更多陸客觀光，賺更多，更有勢力。」就這樣子，這就是他們的想法，這是外我所。

內我所，例如密宗假藏傳佛教是個現成的例子，就是屬於內我所，因爲是識陰的樂受境界以及意識想像的空性境界，這都是六識心中的法，叫作內我所。如果比較清淨的內我所，例如某些大山頭所謂的開悟境界，是說打坐坐到一念不生就是開悟，那個也是內我所，因爲那個離念靈知正好是識陰的境界，只是比喇嘛教的樂空雙運清淨些而已，同樣是我所的境界，都叫作內我所；因爲同樣不離內六入，而且還夾雜著外六入在裡面，因爲他們都沒有實證初禪、二禪的境界。

執著於內我所、外我所的人，他們是以什麼爲中心而執著我所？是以自我爲中心。自我的具體表現是什麼？就是「我喜歡、我討厭，我要、我不要」。這個「我」到底是依什麼而說「我」？把它粗分叫作五陰——色受想行識，這就是眾生所執著的我。這個五陰我如果再細分一點，就叫作六根、六塵與六識。每一個人都有六根、有六塵也有六識，這十八界組合起來成爲五陰，就稱之爲世間人的「我」。因爲不懂三乘菩提的緣故，所以他們雖然讀過佛經、讀過善知識的開示說五陰的我是虛假的，但他們最多只是把色陰否定，還不肯否定六塵。

他們只是否定五色根而已，色陰都沒有全部否定，爲什麼呢？因爲他們看見了：孩子出生後會長大，是變異；長大以後會老，是變異；老了以後會死，也是變異；死後不見了，總不能說色身是眞實我，於是說這個色身我是虛假的。然後不能接受五陰我是虛假，就得虛設一個我是眞實的，就講：「這個能見能聞能覺能知的我是眞實的。」於是就說：「我要好好修學佛法，死後下一世繼續修學佛法還是我這個心，是同一個見聞覺知。」可是問題來了，聰明人會想：「有些人專幹惡事被抓到了，即將砍頭了，他狂語說：『老子不怕死，頭砍掉了碗大一個疤，二十年後依舊是一條英雄好漢。』當然不可能是英雄好漢，一定要下三惡道去。」但是他想：「我學佛不造惡業，不下三惡道，來世仍然是個人。」他的想法跟大法師的想法不就是一樣嗎？二十年後還是這個覺知心。原來他們所知的佛法跟世俗法一樣，那還能叫佛法？

所以他們學佛時所說的，其實就是世間法，落在五陰我裡面。因爲不相信有個眞實法常住不滅，就害怕這十八界、五陰滅盡以後不再去投胎、去重新出生，就會變成斷滅空，怕的就是這個。那麼我們書中也都寫過了，開示也都講過了，很多人就像焰摩迦成爲阿羅漢之前那樣「因外有恐怖、因內有恐怖」，總是怕證解脫以後「不受後有」時，五陰斷滅而不再重新受生以後變成斷滅空。但是 佛陀說死後五陰全部捨棄，不再去三界中受生而入涅槃成爲「不受後有」時，那不是斷滅空，因爲還有自己的本際常住不滅，那本際叫作識——能生名色的第八識。可是他們不信，疑心病重：「佛說有這個本際恆存不滅，而我不知道本際是不是眞的存在。」他不敢斷我見，於是又落到五陰我裡面。

你們看，末法時代的釋印順號稱是導師，聽說他把《阿含經》讀到經本邊邊都起毛了，所以他早就知道阿羅漢入涅槃是「不受後有」，他知道入涅槃後是十八界全部滅盡，不再有未來世的意識我或覺知心我，這一點他不好推翻。不好推翻，又怕落入斷滅空，他想不落入斷滅空就只好承認有如來藏；偏偏他又因為如來藏證不得，不能承認有如來藏，已經把祂否定了；否定以後又不能接受「不受後有」以後是斷滅空，怎麼辦呢？他聰明，特立獨行，發明了佛教界沒有人發明過的東西，叫作細意識；主張細意識常住，以為這樣就不會落入斷滅空了。

但細意識不就是意識細分出來的嗎？他也承認是從意識中細分出來的，但這還是意識細心。他說細意識常住不滅，然後自以為聰明說：禪宗開悟就是悟那個直覺，直覺就是細意識。言下就是這個意思。古來那些禪宗祖師是到彌勒內院去了，不然每天晚上都要入夢來敲他的頭。人家明明證的是如來藏，他偏說禪宗祖師悟的都是直覺。他為了怕落入斷滅空，只好建立細意識常住說。我不知道他《阿含經》是怎麼讀的，佛早就講在前頭等著他了，說諸所有意識，不論是哪一種意識：「……**若內若外、若粗若細、若好若醜、若遠若近，彼一切悉皆無常。**」在這一句之下就講遠意識、近意識、現意識，粗意識、細意識，不論什麼樣的意識，各種意識都無常。另一部《阿含經》又作個總結說：「諸所有意識，彼一切皆意、法因緣生故。」我不信他沒讀過這聖教，但他就可以昧著良心誤導眾生說「細意識常住不滅」。

探究他這樣作的原因，就是他被宗喀巴害了，依宗喀巴的主張把意根、如來藏否定了以後，十八界那六識總共就只有六個，他只好再去建立一個「不可知不可證的細意識常住」。由於他說「不可說的細意識是不可知不可證的」，所以阿羅漢滅了五陰十八界入了無餘涅槃，涅槃裡面到底是什麼？他就說：「不可說、不可說，涅槃是不可知的。」他在《妙雲集》有這麼講，言下之意是說「涅槃是不可知的」；所以後來我把涅槃裡面到底是什麼講了，他一定很生氣：「我明明說涅槃是不可知的，怎麼你蕭平實說是可知的，我偏又無法把你推翻。」不過他忍辱功夫不錯，繼續忍，還活到一百零一歲。

那麼我們講的是「無所得」的境界，他們因為不信受有這個「無所得法」、「無名相法」，不信受的結果只好一直在十八界裡面轉、一直在五陰裡面轉；而五陰十八界中最重要的就是意識，所以他只好建立一個細意識常住的說法。但這個說法寫出來以後，臺灣佛教界都信，所以後山那個老比丘尼不也跟著講「意識卻是不滅的」，還寫在書中流通。可是我們拈提了以後她就不敢吭聲了，因此我就說他們那個法都是「有所得法」。「有所得法」的人所說一定是有我，所以你想要聽他們講無我，難啦！既然講的都是有我的法，那問題又來了：「『我』難道是一個獨立的、非相對的法嗎？」心中起疑。一定是因為有別人才會說有我，如果只有你一個人存在人間，譬如你生下來就是孤家寡人一個，沒有父母兄弟姊妹也沒有同類，那你在思惟時會不會說：「唉呀！今天我餓了，好像沒食物給我吃。」你會說這兩個「我」字嗎？不會！一定是相對於同類其餘的人才會說「你、我」。

有你有我，所以當你跟我說話時講到另一個第三人，那人就叫作「他」。因此，「說有我」的人一定會說有「人」，「人」就是其他人。但這個「人」不是單單講人類，而是指補特伽羅——就是講有情。所以，「人」字包括其他種類的有情在內。譬如說，你看見一群狗打架，你通常不會說：「這隻狗最惡劣，一天到晚專咬『別狗』。」你會說「牠專咬別人」，你所指的那個「別人」其實是別的狗。我沒聽過有人說「專咬別狗」，你們有聽過嗎？也是沒有，所以這個「人」字就是指有情。

當他認爲「『我』是眞實存在」時，我們假使有機會遇見了，要問他：「你是一個人，你說你『這個意識是眞實存在的』，或者說『我的細意識是常住不滅的』，我請問你：牆角下躺著的癩痢狗，牠有沒有細意識？」他要考慮一下才會回答吧！說「有」時，顯然人跟癩痢狗是平等的；可是明明知道不平等，要如何說個平等的道理？難了！所以，那一些人，你要聽他講人跟狗平等，根本聽不見，因爲不論粗細意識的層面都不會平等。但是我們可以講平等啊！你看，我們有的師姊見道報告（那時還在石城辦的），她被一隻蜈蚣爬了上來，一撥之後才看見說「啊！原來是蜈蚣菩薩。」竟然稱牠爲菩薩。平常看見了蜈蚣：「媽呀！」一直叫，逃之夭夭；那時竟然不叫也不怕了：「喔！原來是蜈蚣菩薩。」

也有人稱蚊子菩薩、蟑螂菩薩，牠們什麼時候都變菩薩了？好奇怪哦！爲什麼把牠們稱作爲菩薩？因爲平等；而平等是因爲所見各自的如來藏沒有差別，沒有差別就平等。可是意識不論多麼細，永遠都知道自己與別人的細意識、粗意識不平等，所以他們不會講一切有情平等平等。他們有時依文解義說一切有情平等平等，你突然間冒出一句問他們說：「你跟狗平等不平等？」他就愣住了。愣住了，是因爲意識的層面一定不平等，意識一定會了知各種五陰層面的不平等，所以當他落在意識而在深心中認爲「有我」時就會有「人」，也就是相對於其他有情的人我了。

有我、有人，一定會有壽命，所以一切有情都有壽命，只是長短差別而已。那蜉蝣從水中冒上來飛到天空，牠的壽命是一天；最長的非非想天，如果不中夭，可以存在八萬大劫，也是壽命。只要是三界中的有情莫不有壽命，所以落在「我」之中時一定有「人」，也有「壽命」。可是證悟如來藏以後，譬如有個禪師見到皇帝，皇帝問他說：「貴庚多少？」問他是幾歲了，他說：「不憶。」說「我不記得」，爲什麼不記得？因爲根本都無法記，要怎麼記得？因爲他轉依如來藏，如來藏沒有歲數。

意識卻是有歲數的，因爲意識不從前世來，也不去後世，所以意識有歲數。爲什麼意識有歲數呢？因爲必須依於這個色陰而存在。如果非非想天等四空天呢？依於定力而存在壽命。所以有歲數時，當然就有壽命，有「壽命」就可以算得出來他活多久，叫作「壽算」。但菩薩的所證是第八識如來藏，如來藏既沒有歲數而且也不知道歲數，你跟祂說：「如來藏老兄啊，你眞不得了，你眞是無量壽！」祂不會跟你回答說：「唉呀！你眞懂得讚歎我嘛！」不會啦！祂都沒聽見，祂也都不知道。所以人可以活多久，就像算命師掐著指頭算：子丑寅卯辰巳午未。這樣就可以算了，所以叫作「壽算」。

如果有時某一個人，你覺得這個人「是不是命中該死，所以今天死了」？把他的八字拿到祖傳的命相館去，人家幫他命盤排一排說：「這個人你還拿來問我？都已經沒命了，你還問我，你是來找我麻煩啊？」他反而罵你，對吧？對啊！可是有的人經他一算：「這個人至少還活個兩、三年，你問他幹什麼？」你如果說他死了，他還罵你。表示什麼？表示每一個人窮通壽夭各有其命，依什麼而有？依命根。然而命根其實是由第八識、壽量、身暖來成就的。這就是說，他上一輩子轉到這一世時，這一輩子的命根就已經定在那邊了，因爲第八識中的種子已經確定他這一世的壽量了。

除非你是菩薩，算命師就會算走眼，大多數會失手，算不準。如果是一個根本不重要的凡夫菩薩，他們一定算得很準，絕對逃不過。如果你成爲重要菩薩或證悟菩薩時，那不是他們能算的，那是由 佛依著佛法弘揚的需要來決定的。如果一般人，他們當然可以算得出來這個人壽算多少。因爲他上一輩子的因緣果報來到這一世，就是該活這麼多年，原則上會是什麼樣的依報，這就是他的命根與福德。因爲他的命，根據往世所造的業而定；而這一世該得到什麼異熟果，這個異熟果就是他的命根。那命根，是由壽、暖、識三個來組成。壽就是說可以活多久，這是命根的一部分。但還得要有暖觸，人類一定要有暖觸，如果沒暖觸，把你冷凍了，凍上五天、八天，就別想要再活過來，五天、八天就死了。其實只要一天就死定了，因爲暖不在了，表示識離開了；這阿賴耶識一離開，你就沒有命了。

所以說，命根是由三個東西組成：阿賴耶識（或者說無垢識、異熟識），再來就是壽算以及身上的暖觸，就是人類的命根。就是因爲有這個色陰的存在就必須有暖，而色陰能夠存在多久，是由壽命來決定；而壽命只是命根中的一部分，這個「壽算」能夠活多少年，這三法各是命根中的一部分。但命根其實是由阿賴耶識所收藏的種子來決定的，但他們不懂，只說是命定的，就依他有多少「壽算」而說他還有命在。然而命在的目的是爲什麼呢？是爲了享受、同時造業，這就是「有所得」的人必然會墮入的境界。今天講到這裡。

如今的世界好像在玩遊戲一般，政治人物都是充滿了算計，他們只看眼前的利益，不看有沒有道理，也不考慮是否會危害臺灣民眾，特別是學密者的家庭；他們只想選上個□□□就好，什麼手段都可以用，咱們就不談它，還是回到《佛藏經》來。上一週講到二十一頁第二段第二行：「**有所得者說有我人壽者命者。**」這一些人他們當然也是在佛門中，那麼在佛門中，因爲經中說的都是在講無所得法，因爲他們既然是示現爲佛弟子的模樣，請下經典來爲大眾宣說時，至少得要依文解義，所以他們講的法都是有我、有人、有壽者、有命者，但是嘴裡依舊在說無我、無所得。

他們究竟有沒有發覺自己的所說跟經文不符合？都沒有發覺！最明顯、最具有代表性的例子就是釋印順了，包括釋印順的老祖宗宗喀巴都一樣；你們看釋印順的《妙雲集》、《華雨集》，長篇累牘都是在講無我、講緣起性空，然而實際上他講緣起性空時，又同時主張細意識常住，那不就是「我」嗎？因爲不外於意識啊！他連意根都還不懂，又誤認細意識是無我的。但不管粗細意識、遠近意識，佛早說了：「**彼一切悉皆無常。**」又說：「**諸所有意識，彼一切皆意、法因緣生故。**」所以他落在意識「我」裡面，還不知道這個五陰我的內涵。他既然如此，那麼奉他為導師的全臺灣各大山頭，不也同樣都是落在這個「我」中嗎？否則怎麼會認同他呢？所以他們共同稱他為導師。

至於釋印順的老祖宗宗喀巴，他的兩部《廣論》，不論是哪一部《廣論》都一樣，全部都在我與我所上面用心。但宗喀巴也自稱斷我見，可是他所謂的斷我見不是佛門講的斷我見，而是認為：「我見」這一個佛法名詞到底是什麼，你把它瞭解了，然後把它的語言文字或認知全部丟棄了，就叫作斷我見；但五蘊卻是眞實的，不是虛妄的。那不是像個傻瓜嗎？譬如他要成就自己為世界第一，然後就說：有一個從來都沒有人知道的東西叫作我見，我現在知道了，然後我把它丟了，那我就是斷我見；而你們所有的天下人都沒有斷我見，只有我斷我見，我是世界第一。

又好像有一個世間人說：「**我可以十方世界來來去去，我是證量最高的人，世界第一。**」但這來去的方法，是他自己施設一個方法，比如自己設一個十方世界的模型，自己在那大模型上走來走去，就認為自己能在十方世界自由來去了。然後又說：「**我都把它丟了，根本就不想要那個法，所以我超**

越於你們一切人。」就等於施設一個假的東西，然後把它丟了，就說他已經把它斷了。好比有一個愚癡人自作聰明，宣稱他是世界唯一的屠龍大師，就想像有一條惡龍到處噴火燒人家房子，到處噴水淹死人家，然後他觀想把牠殺了，宣布說這條龍不存在，所以牠死了。這等於是我認爲不存在就不存在，所以牠死了，就是被我殺掉的，全世界只有我一個人能夠把這一條惡龍給屠殺了，所以我是唯一的天下屠龍高手。

就像這樣子可笑，先施設一個假的東西，然後把它丟了說我已經斷了對它的執著。宗喀巴就是這樣子作，那釋印順也跟著學，只是學不透。宗喀巴這一招很高明，騙得天下學密的人團團轉，但印順沒有學到這一招。然而印順卻更大膽，他認爲：我用不著這個，因爲我成佛了，還需要談斷我見的事嗎？所以他思惟以後認爲自己證得滅相眞如，就是成佛了。但佛法中古今十方一切諸佛，有誰講過滅相眞如？從釋迦老爸到現在，也沒有人講過滅相眞如；就只有他一個人發明一個不存在的東西，說「只有我證得，所以我成佛了」。而他的徒弟就跟著學，所以後山那個老比丘尼不跟著學了嗎？才會變成宇宙大覺者而被諸方指責！

就是有這麼奇怪的想法，他們自己不覺得奇怪，還講得理直氣壯，他們就這樣子臆想經中的所說：「因爲經中都說無所得，無所得時所證的法就是『無所有法』。」可是「無所有法」他們究竟知不知道？其實依舊不知，都是靠思惟猜測，然後當作是眞的，所以這一類人都是「臆想分別無所有法」。

釋印順的書中不是在講無我嗎？可是他的本質卻是有我，他也講無所得、無所有，可是他的本質卻是有所得，卻是有法，不是「無所有法」。然後他的徒弟，一個比丘尼反過來指責說：「你蕭平實說有如來藏就是自性見外道。」原來 如來也是自性見外道，因爲 如來說有如來藏，諸佛是證如來藏而明心見道，悟後修到究竟位還是同一個如來藏心體。那這樣子被罵了，我到底該不該氣？不用氣，因爲她的意思等於認爲我跟 如來是一樣的，那我有什麼好氣的？我本來就是 如來家的人，永遠跟 如來同一鼻孔出氣。可是我得救她，所以回信說：如來藏是無我的，這不是自性見外道，如來藏是出生自性見外道所說任何自性的心，怎麼會是自性見外道？外道的神我不過是識陰的範圍之內，從來不外於識陰。識陰是如來藏所生的，識陰才是自性見外道說的自性；祂出生了自性見外道所說的自性，祂怎麼會是自性見外道的自性？

所以，她也就閉口不言，才會顧左右而言他，其實是想求和，所以怎麼回我呢？「**我一向是很尊重你的，我是不想評論你，所以……。**」沒想到我不吃這一套，繼續回信。也就是說，她們那一些人把眞實不壞的金剛心如來藏——「**無名相法**」、「**無所得法**」否定之後，又怕落入斷滅空，只好再去建立一個所謂的無我、所謂的「**無所有法**」，回墮意識境界中，結果都成爲「**臆想分別**」。可是他們不知道、也不承認，但這是事實，正是 如來說的「**臆想分別無所有法**」的人。

接著說：「**於阿毘曇、修多羅中自爲議論，或說斷常，或說有作，或說無作；**」在論裡面或者經裡面，他們自己發明一套議論，不是依照論或經中的本意來爲人解說，而是「**自爲議論**」，就是自己另外弄一套議論。這一類人除了印順、宗喀巴作代表以外，古今密宗假藏傳佛教的那些人不都是這樣嗎？佛法中說有什麼果位，他們密宗假藏傳佛教就有什麼果位；你有什麼佛法名相，他們就有什麼佛法名相，但他們對果位和佛法名相的解釋都跟如來不一樣。因爲不一樣，當人家指正出來了，他們就要把人家消滅；他們消滅了誰？消滅了覺囊達瑪（Jonang Dharma），眞藏傳佛教從此就消失了。他們爲什麼要消滅掉覺囊派？因爲覺囊派把密宗假藏傳佛教的瘡疤給揭開了，他們受不了。

覺囊派證明他們說的都不是佛法，所以他們辯經辯不贏就來打你、殺你，辯輸一次就來打殺一次，連續六、七次以後消滅了覺囊派，西藏天下就是他們的了。他們的法義和覺囊派不一樣，因爲他們是「自爲議論」，覺囊派講出來的佛法跟他們不一樣。同一個佛法的名相，同一個佛法的果位，同一個佛法的修證內涵，雙方講出來不一樣時就無法和平相處。所以我說這就是我的宿命，往世我們想跟那些佛門外道和平共存，辦不到，因爲我們的法與他們不同，他們就說我們是邪魔外道。這一世同樣的情形繼續發生，我們初期不批評任何大師小師，有人來問時，我們都隨喜讚歎，可是他們卻不斷說我們這個法不對，口頭上還指責說我們是邪魔外道。所以我每一世要當老好人都當不成，眞可憐！

當老好人本來是隨便都當得成的，世間法一定是如此，偏偏我在佛教界當不成，眞叫作歹命！所以被殺就被殺，被趕就被趕，被罵也就被罵，如今很習慣，不論怎麼捏造假事實罵我，反正我就一笑置之；因爲我覺得那很可笑，甚至密宗假藏傳佛教道場也有人罵我是阿賴耶外道，那個道場最可笑了！他都不知道自己是罵佛，所以我不生氣，因爲已經習慣了。

由於我們不是「**自為議論**」，全部依照 佛的本意加以演繹，所以我們不說斷、常，而他們所說的總是不離斷、常兩邊。當他們說細意識非斷非常，我們卻說細意識是斷壞之法，有生有滅，五位必斷，所以他們氣我氣得不得了。當他們說細意識是常住的，我們說細意識是生滅法，不是常住法。當他們指責說：「**你講如來藏性如金剛永遠不壞，你就是常見外道，也是自性見外道。**」我們說：常見外道說的常是外道神我，不外乎識陰六個識；特別是你們講的細意識，那就是常見外道；如來藏不是十八界法，能生十八界法，細意識也是如來藏所生，而如來藏非常非斷。

後來因爲那時《成唯識論》剛講完，我乾脆把裡面的非斷非常整理一下，不就有那一本《眞假開悟之簡易辨正法》嗎？印了出來，他們不敢再罵如來藏是常見外道法；因爲那本小冊子的法義，老實講，他們每一個字都看懂，可是到底在講什麼，他們根本就不懂！因爲他們把自己所謂的開悟境界，用那個辨正法套進去時，永遠都在那斷常兩邊，每一邊都逃不掉。他們當年心裡的痛苦可想而知：本來是佛，現在一文不值，卻又無可奈何。怎麼辦？只好私下聯合各大山頭抵制。本來是敵對的山頭，為了抵制正覺，也可以聯合起來，一起在口頭上共同辱罵這蕭平實是邪魔外道，因為他們都不離斷、常兩邊，無可奈何。

這類人既然不離斷、常兩邊，顯然他們所說的必定無法遠離「作」與「無作」。所以「或說有作，或說無作」。有作就是在人間或三界中有所作為，就是有作。有所作為時一定得要五陰十八界來作，沒有了五陰十八界，他們還能作什麼呢？所以即使是號稱導師的釋印順，他講的緣起性空依舊不離「有作」，然後為了迎合中道，又講了一個滅相眞如，看起來好像「無作」，可是他說的「無作」恰恰是落到另一邊的「無作」——斷滅邊。因為他的「滅相眞如」其實是想賦予緣起性空具備非常非滅的中道性，然而本質上卻是斷滅空，因為五陰十八界在現象上的緣起性空就是空無，這樣不就是「無作」了嗎？但如果是完全「無作」，就不能修行了，請問：不能修行時要如何成佛？請問如何成佛？

「無作」是不可能成佛的，譬如將來諸位成佛時，要不要度眾生？要，那麼度眾生是「無作」嗎？是有作？小心喔！不能隨便答，就是落到另一邊去了，所以不能夠說「無作」。有作、無作，都是在兩邊。請問增上班的同修們：你們今天來正覺講堂聽經，我來正覺講堂說法，到底是「有作」還是「無作」？你們說對了，「非有作非無作」。我在這裡嘰哩呱啦，有時怕人家錯過了某一句，還打了手勢出來強調，這不就是「有作」嗎？對啊！我講經說法時總不能像佛像那樣不動吧。可是我們講經時，我這個五蘊到底是「有作」還是「無作」？有作？我的如來藏到底是「有作」還是「無作」？無作？我告訴你，我這個五蘊也是「非有作非無作」，至於緣何如此，你就別問我，因爲這是無上甚深般若密意，如來都不明講了，我怎麼可以明講！但你要是拿到我給的金剛寶印了，自然知道我在講什麼，咱們心有靈犀一點通，其餘就觸類旁通。

你看！佛法就是這樣，所以你要是悟得眞，這經典上說的都是可以印證的。因爲他們不懂、不見實相，所以全部都是五陰所作，那就是「有作」。如果入了涅槃，十八界俱滅，全部斷滅空，就叫作「無作」。問題來了，他們的認知，自以爲沒有人可以攻破，沒想到一個剛悟的菩薩問他們：「我請問你們，涅槃中是『有作』還是『無作』？」糟了，沒想到菩薩會出這個問題。一個七住菩薩提出了這個問題，他們措手不及，因爲他們沒有想過這個問題：涅槃究竟是有作還是無作？不知道該怎麼答，愣住了，因爲他們對涅槃無所知。

可是七住菩薩在善知識的指導下，次第觀行後，可以現觀阿羅漢在無餘涅槃中究竟是怎麼回事：阿羅漢的五蘊十八界滅盡了，無餘涅槃中是沒有任何一法存在的。這七住菩薩懂，現前就可以觀察，不必等到入了無餘涅槃。菩薩的現觀，說無餘涅槃其實現在就存在，不用滅了五陰去入無餘涅槃，因爲滅了五陰入無餘涅槃後還是這個如來藏獨存；而如來藏現在的境界跟入無餘涅槃中，其實有所差別，也沒有差別，眞的叫作非有差別、非無差別。所以現代佛教界那些所謂的佛、所謂的阿羅漢被問倒了，後來好奇：「請問菩薩！您問說涅槃是『有作』還是『無作』呢？到底是『有作』還是『無作』？」菩薩簡簡單單地突然給他一掌就走了，他覺得很難過：「被當眾羞辱，還打我一掌。」

沒想到他有一天訴苦時，被訴苦的對象是正覺增上班的同修，那同修就拉著他的耳朵說：「你誤會了，他那麼老婆為你，你還罵他。」話才剛說完，又一掌給他了。他百思不解，眞難過，夜不知眠，食不知味，有一天又找上門來問菩薩，菩薩說：「你就問啊！」他就問：「請問涅槃是『有作』還是『無作』？」菩薩就告訴他：「涅槃非有作、非無作。」轉身又走了，也不跟他解釋。有一天，他想想不對，又來問增上班那位同修：「菩薩說涅槃非有作、非無作，是什麼意思？」沒想到這位同修，話才剛聽完就戳著他的鼻子罵：「你這個渾蛋，這麼笨，這樣還不懂。」然後又轉身走了，已經為他明講了，他依舊不會，所以正覺講堂這個法不好聞、不容易聞。

那麼到底是「有作」、「無作」？或者「非有作、非無作」？哪一天他突然想到：「我知道了，就是非有作、非無作。」我依舊戳著他的鼻子罵：「誰告訴你非有作、非無作？」然後他不服氣又來問，只好搖頭告訴他：「沒想到你這麼笨，朽木不可雕也！」只好放過，等未來世了，不然能奈他何？所以凡是說「有作」或者說「無作」，最多就只是二乘菩提，大部分都是「臆想分別無所有法」，然後跟著誤導眾生，瞎掰亂扯一通。可是等到哪天他有因緣去打禪三時，告訴我說如來藏非有作、非無作，我一棍就把他打出去，因為當他開口時早是「有作」了。

如何說得一個非有作、非無作底道理？在宗門下可不是那麼容易的事；得要真實通過宗門這個考驗，才會懂得：原來禪師說、菩薩說、佛說非有作、非無作時，不是在說非有作、非無作。這個法難會吧？難！可是在座有很多人會心微笑，這麼多位「大迦葉」在座，我現在這樣說法跟當年 佛陀拈花時豈不是一樣嗎？真的一樣啊！所以我們才會有那麼多「大迦葉」。你們是我的「大迦葉」，但我要是去外面也這樣說法，會怎麼樣？大家都離席了。他們一定想：「這蕭平實精神有問題！」一出講堂門外就互相議論、就罵起來了。所以我只能在正覺講這個法，不能到外面去說，否則被罵神經病時不能怪別人，只能怪我自己。因此，千里馬還得要有伯樂，諸位正是我的伯樂，否則我說給誰聽去。因此，凡是「臆想分別無所有法」的人，永遠不脫如來的授記：「或說有作，或說無作。」

如來講到這裡接著又開示說：「舍利弗！我法爾時多外道法，令諸眾生正見心壞；如是，舍利弗！我清淨法以是因緣漸漸滅盡；」就是告訴舍利弗說：「我釋迦牟尼的正法中，到了末法時代大部分是外道法，」末法時代眞正宣說正法的人是極少數。你們看，從天竺以來，記錄上寫的演說如來正法的菩薩究竟有多少？最有名的是馬鳴菩薩，寫《中論》的龍樹和他的弟子提婆，還有鳩摩羅什，以及無著、世親兩位菩薩，然後護法菩薩、戒賢菩薩，接下來就是中土玄奘，然後潙山靈祐、克勤圓悟、大慧宗杲等；這些人有很多是同一人一世一世轉生下來的。至於沒記錄的有多少？把它乘十好了，也不過才這麼多人，這些都是菩薩。那麼其他說法最多的、寫論寫最多的，就是從上座部分裂出來的那些聲聞凡夫僧；後來這一些分裂出來的聲聞部派又繼續分裂，後來上座部與大眾部又有一批、二批繼續分裂出來，總共成爲十八個部派，那全都是聲聞人。

很多人都寫論，只是沒辦法流傳下來。就像二十世紀末，有很多大法師寫很多書，未來不會留下來；因此有的大師心有恐懼，把他寫的那一些雜七雜八的世間論，當作佛法的論，向信眾推銷；推銷了不打緊，還特地每一本都製成精裝本，弄成整套推銷給信徒，還用責任制來派發。這樣子下來，他的書將來就能流傳下去嗎？不見得！而我們的書不一樣，我們不推銷。常常有人建議我：「老師！您這些書，這一套出版完了就製成精裝版，讓人家留作紀念。」我說：「不了！你想留作紀念，那是你，不是佛教界大眾都想留作紀念。他們讀得很刺眼，還會留作紀念？才怪！」我說：「那麼從另一方面來講，假使我眞的把它製成精裝本一整套，還附送個精美的盒套，請問：你留作紀念，是因為它是精裝本嗎？還是因為它的法義好？」是法義好，不因為它是精裝本。如果法義很好，精裝本以後就會比較好嗎？也沒有！精裝本的法義跟平裝本是一樣的法義。如果是因為精裝的法義就比較好，那些大師們的精裝本，你都全部要買了。所以我們不想作精裝本。

這樣看來，佛法到了末世，佛教界所說的法絕大部分都屬於外道法，末法時代就是這樣。像法時代與末法時代的差別，就在於像法時代的法師們還會依文解義，只差沒辦法實證；但所演說的法在表面上還會跟經典一樣，不會違背，所以才叫作像法，因為與佛所說很相像。可是末法時期，就是法師們用了很多佛法名相來解說佛法，解說出來時卻是外道法的內容。所以像法時期，不會有人宣稱開悟而內容卻是外道的落處。在像法時代，眞學大乘法或弘法的人都不會大妄語，都知道自己沒有實證，只是乖乖地依文解義，根本不會說「阿賴耶識是外道法」、「阿賴耶識是外道神我」、「如來藏是外道神我」，絕對不會；更不會說「離念靈知、細意識就是眞如」，因爲這是常見外道法。可是末法時代的弘法者就會把外道法帶進來，用外道法的內涵來解釋佛法的內容，因此，所說的看來是佛法，其實都是外道法。因此，佛陀早就預計了：「**我法爾時多外道法。**」

注意喔！佛陀不是說「**我法爾時『都』是外道法**」，而是說多少的「多」：「**我法爾時『多』是外道法**」，也就是大部分是外道法。到了末法時代，當大師們都說外道法時宣稱那就是佛法，一定會把眾生的「**正見心**」給毀壞了。眾生學佛希望有正見，本來是以正見的心來修學，希望從正見的過程之中步步提升，最後得以實證，卻沒想到大師們教的都是外道法。看來都是佛法：四聖諦、八正道、十二因緣，都是佛法，可是解說後的內容都跟 佛陀的原意不一樣，大部分都是外道法，只有極少數的人是菩薩再來，繼續演說正道之法。

既然那一些大師們絕大多數講的都是外道法，一定會把眾生的正見心毀壞。所以我們弘法早期那十年才會那麼辛苦，不斷地被各大道場抵制毀謗說是邪魔外道，這導致我們不得不開始破邪顯正。破邪就是把邪見加以摧破，然後顯示正法與邪法不同的地方，那就是當惡人了。我這個人不是惡脾氣的人，你們有誰看過我生氣罵人？不說生氣罵人，只說有沒有誰看過我瞪人？有沒有？沒有！二十幾年沒罵人、沒瞪人。即使退轉了，我也不罵，我也不瞪。像這樣的一個人，沒想到卻當上了指說諸方全都悟錯了的「惡人」，只能夠說是時勢所逼，不得不然；我只能兩手一攤說「無奈」，不然還能說什麼？我也不想當惡人，但他們逼著我非要當惡人。我若再退一步，正法就是死路了，只好出來當惡人，把他們一一喝退。怎麼喝？獅子吼啊！正法因此才能延續到今天。

那麼眾生的「正見心」既然被他們所壞，我們現在要作的就是重新建立眾生的「正見心」，所以該當惡人時就當吧！該摧邪顯正就摧邪顯正吧！因爲我想與人爲善，而人不與我爲善；這不是我主動要幹惡人，眞是被逼上梁山。可是逼上梁山不是當強梁，而是當菩薩，接下來開始弭平天下。咱們不接受招安，因爲被外道法招安就是死路一條，而咱們現在就這樣把佛教天下打平了。可是將來邪見會不會繼續滋長？會的。因爲眾生很容易跟邪見相應，卻跟正見很難相應；爲什麼？因爲佛法跟世俗法是背道而馳，所以才說：「清濁異流……忠佞相讐。」我不仇視他們，他們卻一定會仇視我，無可奈何啊！既然如此，如果我們沒有把正法的正知見、正法的一切內涵，繼續流傳下去、繼續推廣下去，當眾生「正見心壞」，佛法就會開始漸漸滅盡，因此如來說：「如是，舍利弗！我清淨法以是因緣漸漸滅盡。」

如來在《阿含經》中有這麼說過：「到了後末世，我釋迦如來的正法不會頓時滅盡，」不會像一艘船由於載上很多石頭而過載時頓時沉沒；如來說：「正法不會像這樣頓滅，而是漸漸滅盡。」那麼漸漸滅盡的原因到底是什麼呢？有兩個因素：第一、就是三乘菩提—特別是佛菩提—的實證很困難，如果環境不允許，菩薩無法出世弘法時，相似像法大量弘傳，正法就會滅盡；第二個原因，菩薩把究竟法的宗門密意濫傳，那就會很快滅盡。不要在心裡想：「你講的不對吧？傳給更多的人，當非常多的人都證悟了，天下人都證悟時，天下人心全都是正法，應該永遠不會滅盡。」可是事實不是這樣，因爲這個法甚深難信，而且難解難證；之所以難解難證、之所以甚深難信的原因，是因爲太現成、太平實，不然我出世弘法時怎麼要自己叫作蕭平實？

而且眾生不能信受、不能接受這個「無所得、無所有法」，也就是當眾生知道是這第八識無生的時候，心中無法生忍。眾生都愛「有」：欲界有、色界有、無色界有，所以當證悟的因緣—也就是證悟的條件—還沒有成熟時，你幫他們證悟了，其實等於才剛懷胎一個月就生產出來，結果就是死光光。我這一世剛出來弘法時，忘了過去世的事情，所以只要來跟我親近的人我幫他們統統開悟，結果幾乎死光光，剩下來的三朝元老，十根指頭數不完，多可憐！都是早產死掉。一個月就生下來的不應該叫早產，應該叫作流產。正因為這樣，所以大家不信正法，群起而攻，全面否定，證悟者也沒有辦法出來弘法。

日本曹洞宗不就是這樣滅的嗎？所以日本的佛教，到如今全面都是眞言宗的天下，眞言宗有專門誦持眞言求平安等的宗派，也有私下由出家弘傳雙身法的宗派，就跟《廣論》日常法師他們一樣。日常法師他們那《廣論》的後兩章所說止、觀，只傳給出家人，不傳給在家人，所以才公開說：「你們在家人永遠都是一壺燒不開的水。」但其實不能怪在家人，是他不傳雙身法的止、觀，所以在家人都不能成就他們所認為的「佛」，當然是永遠燒不開的水，因他沒有給在家信徒們慾火，怎能燒開？而日常法師他們有一些出家人燒開了，所以他們成就密宗假藏傳佛教的「佛」了，他是用慾火把他燒開了。

現在有個問題讓諸位思索看看，這日常法師把《廣論》的團體交給了誰？交給了黑龍江來的一個女人，還算有姿色，留著長頭髮，還去拜望星雲法師對談一席話，她年輕時應該是很清新的模樣。這樣一個女人，他們所有僧眾都被要求跟隨她，他不是說在家人永遠都是一壺燒不開的水嗎？請問那位眞如女上師燒開了沒有？一定是燒開了，日常法師才會把團體交給她。你爲什麼會搖頭？不然爲什麼命令僧眾要跟她學？那她到底是怎麼「燒開」的？又是誰幫她「燒開」的？諸位想想看：是誰幫她「燒開」而值得率領廣論團體的僧俗二眾？（有人答話，聽不清楚。）我沒有講，那是你講的。這是可以用膝蓋就想出來的問題，只是大家沒注意到。

正是因爲這一些邪法邪見不斷滲入佛門中，菩薩如果正好又遇到外在環境不許弘揚如來藏正法，那時　如來的清淨法就會因爲這樣的因緣漸漸滅盡了。所以你看，四百年前咱們在西藏幾乎要成功了，最後功敗垂成，因爲雍正大力打壓如來藏正法，這樣一來就眞的滅盡了。滅盡之後好不容易來到臺灣，有個廣老住持正法，但是有沒有傳下來？沒有！是他吝嗇嗎？不是！他只是遵守禪門的規矩。他又不是沒有示現機鋒，也不是沒有開示指導，是他的弟子們悟不了，不能怪人。以前老是有個疑惑：爲何他的弟子們一個個悟不了？後來看到林覺非先生寫的〈廣老年譜〉，記錄了廣老來到臺灣的一生。我恍然大悟了：原來如此，怪不得他們悟不了。廣老又不是沒指導。

然後就是釋印順猖狂的日子，猖狂到後來眞的不像話了，竟然連淨土經中說的極樂世界、東方琉璃光如來的世界全都否定，他也眞敢作。氣得汐止那位慈航老法師故意找了一套《妙雲集》來，當眾焚毀放話：「**將來自會有人收拾他。**」這個臺灣佛教歷史說起來，眞是慘痛不堪，竟還有人怪罪廣老說：「**你悟了，爲什麼不傳給徒弟？**」問題是廣老若是眞的傳了，可是徒弟拿來承接他所傳法的那些竹簍，不論接到什麼都會漏掉，承接不住，能怪誰？想要承接人家給的法水甘露，總得用一個不會漏失的盆子；他們沒有不漏的盆子，沒有大水缸，至少拿個水杯也可以承接一點。偏偏他們不是，都是用人家養雞養鴨的竹簍子接，哪能承接得住？

你們看，廣老是怎麼樣老婆心切？人家說：「老和尚！您要走了，我們怎樣爲您作功德？」他說：「這個容易，你們爲我誦經。」聽到誦經，大家眼睛一亮：「這可以，這可以。」然後就問：「誦哪一部經？」廣老說「總誦」，閩南語說的「總誦」就是全部誦。好了！闔寺上下大家七手八腳，經架上所有的經典都請下來，一個人一部就開始誦了；然後廣老一個人怎麼樣？他笑一笑，回他的寮房去了。當時看大家都不懂，他能怎麼辦？又不許明講，他能怎麼辦？這夠老婆了吧？每一個人拿經典時七手八腳，然後「如是我聞……」等一直誦下去。廣老看看他們不會，只好走開了，不然怎麼辦？眞的不能怪廣老。

後來我看到他的年譜才想到：廣老還眞有智慧。因爲他要是太過老婆，幫其中哪一個悟了，保不定第二天就上來質疑了：「老和尚！這個怎麼可能叫作眞如？」那時他怎麼辦？他若是想要拿經典來印證：這裡有講啊！這裡也有講啊！問題是他不識字。縱使有人識字，但不信受而起質疑時，廣老又沒道種智，怎麼攝受弟子們？所以他眞的要等待有因緣的人，偏偏有因緣的人見不著。

我這一世剛學佛時，開了車子兩次要去他那裡歸依，歸依不成，兩次都遇到塞車。後來終於知道爲什麼見不了，有一句河洛話倒是講得好：王不見王。所以他走了，我才能出來；他沒走，我還不能出來。因爲我如果跟他同時出世，在那種年代，不必兩年我就沒命了。他守得住，所以他活到七老八十。我這種個性，叫我忍著不傳，不可能啊！那時只要有誰否定正法，我一定會辨正。那時有好多大法師都是國民黨中央委員，他們只要給當時警備總部一通電話，三更半夜把我提溜了去，最後會到哪裡去，一定不知道；很可能就像陳文成博士那樣，那眞的對眾生不利啊！所以有廣老就夠了，我慢慢等；等到因緣熟了再上來，正好百花齊放、百家爭鳴都沒事，這才又把「無所得」的「無名相法」如來藏正法延續下來。

但是將來外在環境會怎麼樣變，還眞的難說。好在現在臺灣有一部憲法在，臺灣絕對不可能再走回以前老蔣那個專制的年代了。所以誰執政對我來講都一樣，我不涉入政治，只講佛法，跟政治無關，而我希望的是：「佛的清淨法以是因緣漸漸興盛。」不是「漸漸滅盡」。興盛了，眾生得救了，誰最高興？老爸最高興了——釋迦老子最高興了。所以你看，末法時代之所以異於像法時代，就是因爲末法時代的大師們很會營造聲勢，所說的法多是外道法，難得有一個講的是正法。所以這四百年來有誰講了正法？你可別搖頭，有欸！只是沒有出世而已。我上一世在江、浙，好歹也收了十幾個徒弟，也傳了正法，只是不能出世而已。但是你搖頭也對，因爲沒有出世弘法，所以沒有人出世宣講正法。

但這也不能怪我，因爲元朝皇帝都修「演揲兒法」，也就是雙身法。明朝好不容易朱元璋一、二代是信奉正統佛教的，到了明朝中葉，皇帝有一后二妃……比如三宮六院七十二嬪妃，他不修雙身法，你叫他幹嘛！所以又開始搞雙身法了。到了清朝，只有康熙知道雙身法是有問題的，他跟順治知道有問題；接著雍正是大修特修雙身法的，怪不得他短命；白天國事繁忙，晚上還要努力修雙身法保持密宗假佛的境界；蠟燭兩頭燒，在位十幾年就死了，好處就留給乾隆。乾隆正少年，不斷地下江南物色明妃。你們看電影拍出來，乾隆每次下江南都有女人愛上他，情景好像好美、好美喔！才不美！進了宮就知道，只是當他的明妃而已。

就這樣一代一代，後面的清朝皇帝都信雙身法。不但清朝如是，之前的元朝及明朝的中期以後，皇帝也都修雙身法，抵制第八識正法，咱們眞的沒辦法，能怎麼辦？去西藏！但最後也是功敗垂成。好在佛菩薩眼光獨到，看到當年臺灣那個鳥不生蛋的地方，將來大有可爲，所以叫我們來到這裡，如今果然有所作爲。可是末法時代像這種情況不多見的，因此大部分的大法師都是講外道法，說正法的人永遠都是少數，因此 如來說：「我清淨法以是因緣漸漸滅盡；」又說：「舍利弗！我久在生死受諸苦惱所成菩提，是諸惡人爾時毀壞。」不是眞的給他們毀壞了嗎？假使不是我們出來扭正回來，早就毀壞了。

我們希望正法不被毀壞，首先要作的事情就是破斥佛門內的常見外道法，把常見外道法破斥了，相似像法無法流傳時，附佛法外道的密宗假藏傳佛教才會失去立足之地。所以我說印順明著貶抑密宗假藏傳佛教，其實是暗地裡支持密宗假藏傳佛教的，因爲他建立了一個意識不滅的說法。既然意識不滅，那密宗假藏傳佛教的法就可以存在了，因爲那是意識境界；密宗假藏傳佛教的樂空雙運、大樂光明、無上瑜伽、大手印，就是建立在意識的境界上；正因爲印順認爲意識是常住的，所以附佛法外道的密宗假藏傳佛教就可以繼續生存在佛門中，這就是印順的過失；如來久在生死受諸苦惱所成的菩提，就是被釋印順與密宗假藏傳佛教這些惡人毀壞的。我大概是這十來年罵人罵慣了，所以現在講了這麼多，才突然警覺我似乎又罵人了。然而這是罵人嗎？不是，這只是法義的辨正。

如來所傳的佛菩提道，確實是「久在生死受諸苦惱所成菩提」；我們講過《法華經》了，釋迦如來在多久以前成佛？是「無量無邊百千萬億那由他劫」之前成佛；可是當時祂成佛之前，沒有多少佛成佛，所以那時大家都是經過長期摸索的時間。禪宗祖師說的本初佛威音王佛，在成佛之前開始修行，釋迦如來大約也是那時開始修行佛道，但是威音王佛是目前經典中所能找到最早成佛的一位。當時大家都是在摸索的過程中修行，那要花費的時間非常之久；直到有佛成佛以後，有緣跟祂接觸的人才可以三大阿僧祇劫內成佛。釋迦如來以前也是摸索過很長的時間，直到威音王佛成佛之後，祂的成佛之道才加速的；在那之前都是要修行很久的，不是三個阿僧祇劫，所以如來說「我久在生死受諸苦惱所成菩提」，這是眞話。

可別說：「那不過是三大阿僧祇劫的事吧！」不能這樣說。老實說，就算只有三個阿僧祇劫，那也是「**久在生死**」。想想看，這個地球還可以存在多久？現在是住劫，而且會有千佛成佛，現在才只是第四佛成佛，那麼這一個大劫時間是多久？已經很難想像了。地球形成到現在是幾年了？據科學家說，地上隨便撿一顆石頭，碳十四的方法一鑑定就是四十六億年。四十六億年，表示地球至少已經存在四十六億年，現在才成佛四位，還有九百九十六位要來成佛，那麼地球還會存在多久？以前科學家的說法一直在修改；上帝說這個地球被創造出來到現在是六千多年，可是被科學家推翻了；科學家最早說是二十幾億年，後來說是四十六億年，但我這個印象是得之於二十幾年前，也許現在科學家又修改了，我不曉得是幾億年。你想，我們這個世界到底還會存在多久？包括毀壞的過程以及滅盡的過程，全都加進來才算是一個大劫；那麼這世界該存在多少億年？這才只是一個大劫，成佛卻是三個無量數劫，那到底是多久？也夠長久了吧！所以三大阿僧祇劫成佛，一樣是「**久在生死**」。但釋迦老爸以前成佛，那是摸索非常多、非常多的阿僧祇劫，絕不是三大阿僧祇劫，所以眞的是「**久在生死**」。

既是「**久在生死**」，所受的苦惱一定很多，所以祂若要講自己成佛過程的全部經歷，我看沒有人有那麼長的命可以聽完。你們看，祂在《本生經》說的，都是因爲弟子們發生了某一件事情，人家來問這是什麼原因，爲什麼這樣奇怪，然後 如來把往世的事講出來。這都還沒有把所有弟子全部的事情講出來，只是講幾件事情的緣由，那就已經是成就《本生經》了。如果像祂那樣，不曉得多少大阿僧祇劫才能成就佛道，所受的苦惱會有多少？不能想像啊！這就可見，釋迦如來所成就的佛菩提是很珍貴的。那麼第一尊佛成佛以後，所有人的成佛都是依第一尊佛的教導而次第成佛的，所以祖師才說：「威音王佛之後自修成佛的，都是天然外道。」這是有道理的。全都是外道，因爲既然有佛了，就一定會被佛所度化，不可能再是自己成佛的。

但是可不能夠說：「這樣看來，釋迦如來也是天然外道了，因爲祂自己成佛的啊！」可是這道理不成立，因爲佛法不是只講一世，既然說是「威音王佛之後」，請問：威音王佛是什麼時候成佛？是「過無量無邊不可思議阿僧祇劫」之前。既然講的是那麼久遠以前的 威音王佛到現在，怎麼會是只講一世？所以密宗假藏傳佛教道場那些人罵我說：「你蕭平實自悟成道，沒有老師教導，那我告訴你：威音王佛以後自修成道的人都是天然外道。」所以我們有同修問他們說：「你是講：你的成佛之道只講一世，還是三大阿僧祇劫？」他們還算聰明，閉嘴不回應了。所以 如來所成就的佛菩提，那眞是「久在生死受諸苦惱」，是千辛萬苦才能夠成就的。

這是非常珍貴的法，這麼珍貴的佛菩提道，如來不幸而言中：「是諸惡人爾時毀壞。」四百多年來，不就是被這一些人毀壞的嗎？一直到我們來到臺灣。咱們眞的要感謝 如來慈悲，安排我們生到臺灣來，有機會把它延續下來。在我們還沒有出來弘法之前，臺灣的正法也是被那一些人給毀壞了。到底是哪些人毀壞的？就是諸大法師、密宗假藏傳佛教諸大法王，全都叫作大，越大的毀壞越嚴重。這一些人是應該歸類爲什麼人？（有人答話，聽不清楚。）對了！諸位講得好，這才是跟 如來同一鼻孔出氣，因爲 如來說他們叫作「惡人」。所以凡是毀壞 如來正教的人，都叫作「惡人」，不管他們有沒有穿僧衣、有沒有剃頭髮、有沒有燙戒疤，全都一樣；不管他們穿的是灰色僧服或者紅色外道服，全都叫作「惡人」。

這一些人毀壞了 如來「久在生死受諸苦惱所成菩提」，那麼珍貴的菩提，他們就忍心加以毀壞。也許有人爲他們辯解說：「他們也不是故意要毀壞的，蕭老師您爲什麼要這樣罵他們？」問題來了，既然不是故意要毀壞如來的正法，我寫書出來公開流通，書中廣說正法之後，他們的信徒買了去送給他們讀；而他們每天安板以後，門窗關起來，窗簾拉緊了，開了檯燈偷偷讀，讀了以後知道自己錯了，可爲什麼不認錯？爲什麼繼續在抵制正法？到底他們是故意的？或者非故意？（有人答話，聽不清楚。）對了！就是故意。

故意的原因說來也很簡單，無非就是顧慮名聞利養。這樣的人不聰明，現在已經這麼有名了，利養也存夠多了吧？接下來再生存十年、二十年，最多不過再活三十年吧？也帶不走。所以爲了這一些名聞利養來抵制正法，賺得這三十年名聞利養，賠了未來無量世，划得來嗎？划不來啊！所以我說你們有智慧。別看他們信徒那麼多，在佛教界好像很有名望，其實愚癡，因爲佛陀都說這種人叫作「惡人」，一定是愚癡才肯去幹「惡人」。我這個他們口中說的惡人可不愚癡，所以我不作 如來口中說的「惡人」，我要來復興正教。

那麼 如來對這一些人自然也有一種態度，教導我們應該要怎麼面對這一些人，就開示說：「舍利弗！若有比丘不能捨是有所得見、我見、人見，不解如來隨宜所說，而言決定有我人法，如是之人我則不聽受一飲水。」這是向舍利弗說：「如果有比丘不能捨棄這個有所得見、我見、人見，這樣的人不能理解我釋迦如來隨著善巧方便而為大眾所說的正法，而去主張說蘊處界等法中一定有眞我、眞人，像這樣的人，他在僧團中連一滴水都不應該喝；假使有誰要給他喝一滴水，我也不允許。」

諸位！把如來這樣的開示拿來放在各大山頭，會成為什麼樣的結果？渴死一堆人！連一滴水都不許喝，喝粥就甭提了；至於吃飯呢？還配菜喔？全都不行！連水都不許喝，一滴也不可以。所以有的人心腸太好，剛到同修會來時心裡想：「我們蕭老師為什麼老要說別人不對？聽經時聽到他講我師父不對，我心裡眞不是滋味。」聽了好幾週忍不住了，來跟我講：「老師！您能不能別再講我師父不對？」我說：「你都來正覺好幾週了，他還是你師父喔？如果是這樣，你乾脆回去跟你師父學吧！」他說：「我就是因為認為蕭老師您的法正確，我才要來啊！」「那請問：你師父的法對不對？」「不對！」「既不對，你還要學他的法？還不許我說他不對？那你會繼續留著他那些錯誤的法義在腦袋裡，將來要怎麼悟？」「喔！原來如此喔？」還一臉無辜。

我弘法早期就是這樣啊！以前還沒有成立正覺同修會，在三個地方說法時，其中有一個道場主人還規定我：「你不可以講某某師父不對。」我說：「好啦！我不講。」只好這樣，不然能怎麼辦？人在矮簷下，不能不低頭啊！可是後來成立正覺同修會，他們不來共修了，我就如鳥出籠，當然開始說明白，大家就能分辨相似像法與正法的差別了。也就是說，這樣的佛菩提道難信難解、不可思議，凡夫大師們都不會隨順的；他們不隨順也就罷了，但是不要用外道法來解釋佛法。

可是因爲大家縱容，所以外道法就在佛門裡面猖獗了起來。因此，如來得要對治這個現象，所以開示給大家說：「如果有比丘不能捨離那個有所得見、我見跟人見，這樣的人就是不理解如來爲大眾權宜所說的法，」如來說法很多時候都是權宜說法，譬如 如來講人天善法，這人天善法乃至二乘的解脫法就是權宜所說，是爲了接引大眾可以有修學二乘菩提的基礎，能引入二乘菩提中來，所以先講人天法，但那人天法其實不究竟。引入二乘菩提來了，但是無法實證，所以 如來得要爲大家講五停心觀；五停心觀是對治法，是權宜方便的說法，不能把它當作究竟法。

譬如說，有一個很有名的道場，大家耳熟能詳，他們禪坐會都講數息法，打禪七時也是數息。在那裡學的人，假使三十歲開始學，學到九十歲時也還是在數息，說數息可以開悟；但數息法只是五停心觀中的一種，是方便法、對治法，是因爲心靜不下來，無法好好用功，所以教他數息，讓他把心靜下來，但心靜下來不等於開悟。心靜下來只是個開悟條件之一，然後可以好好修學定力了。定力修起來以後可以參禪了，參禪也是方便法；如來傳的究竟法不是參禪，而是參禪所悟的內涵。所以，把方便當作究竟，就是末法時代大師們的正常現象，這樣的人就是「不解如來隨宜所說」。

接著，還有人說「解脫道修成了就是成佛」，可是這個解脫道並不是成佛之道，是因爲眾生畏懼生死，不能一開始就跟他們講解成佛之道，因爲他們若聽到三大阿僧祇劫才能成佛，心裡會怕：「我這一世受的痛苦還不夠多嗎？還教我繼續三大阿僧祇劫不斷的生死，那我要受多少苦惱？」眾生怕死了，所以先要教他們怎麼樣出離三界生死苦；大眾一聽可以出離三界生死，好棒！好棒！於是就來學了。

學得二乘菩提，證得阿羅漢果，確定自己「不受後有」了，心裡不就篤定了嗎？這時就可以爲他們演說般若跟一切種智嗎？不行！還不能要求他們實證，只可以爲他們演說，還不可以勸他們說：「你們要發菩薩心，要繼續盡未來際自度度他。」否則這一聽，嚇死了：「我來這裡學法，目的是要求解脫生死，你還叫我繼續生死？」他們嚇死了，所以如來也不講這一些事，就是接著教導怎麼樣證悟佛菩提，只要看到是有菩薩種性的就教導。然後先講般若，二十九年說完了（註），繼續講解唯識一切種智。全部都講完了，他們懂得什麼是成佛之道了，再來講《法華》，先拿一個弟子來授記。授記了以後，大家想：「我這師兄可以成佛，我也可以成佛吧？」這時才能夠爲他們授記，授記成佛以後才使他們全部都篤定留下來，不入無餘涅槃。所以你看，這是很難的事情。（註：《佛說仁王般若波羅蜜經》卷一〈序品一〉：「爾時，諸大眾俱共僉然生疑，各相謂言：「四無所畏、十八不共法、五眼法身大覺世尊，前已爲我等大眾，二十九年說摩訶般若波羅蜜、金剛般若波羅蜜、天王問般若波羅蜜、光讚般若波羅蜜。今日如來放大光明，斯作何事？」」）

所以說，那一些人錯把二乘菩提當作是究竟法，且不說他們講的二乘菩提是錯誤的，就算是正確的，也一樣是「不解如來隨宜所說」；因爲二乘菩提修學十二年，才等於大富長者那個挑糞子挑糞二十年的代價，所以十二年修學解脫道證得阿羅漢果，在菩薩看來才只是一日之資、一日之價；菩薩每天賺很多錢，一生可以賺多少錢？而這些聲聞人修學十二年的二乘菩提之後證得二乘解脫，在菩薩看來這只是一生所賺的那麼多錢中的一日之價而已，而菩薩們每天都賺那麼多錢，一生下來是賺多少呢？而聲聞緣覺剛開始時以爲自己的解脫果是最究竟的，其實只是菩薩的一日之資而已，是多麼渺小！

假使有人賺了十二年的錢，他覺得：「我好有錢，你看我買了好幾戶公寓。」賺十二年就算很行了，可是菩薩看著說：「滿城都是我的房子，你說你多有錢？」因爲菩薩一天就賺他十二年所賺的錢。所以二乘菩提，從菩薩眼中來看，不過是一日之價；那一日之價等於是在佛菩提道中幹什麼？除糞。就像那個大富長者的兒子除糞二十年。所以主張二乘菩提是究竟法的人，正是如來所說的「不解如來隨宜所說」；二乘解脫只是誘引大眾進入佛菩提的一個方便，不是究竟法。所以「不解如來隨宜所說」的人，「而言決定有我人法」，正是末法時代這些大法師們的寫照，猶如活生生的一幅照片把他們拍攝出來，給我們用經典來印證。

這樣的大法師們如今在各大山頭的金鑾寶殿裡面當什麼？當國王。他們通常有好多明妃，我就講到這裡打住。這樣的人每天是錦衣玉食，可是如來說：「如是之人我則不聽受一飲水。」在佛的寺院中連喝一口水都不行，也就是說要把他們驅擯，不應該讓他們留在佛教界中。我說：如來這樣講，我把它解釋了，將來整理成文字流通出去，那時怎麼辦？到底他們是要罵我、還是罵 如來？還眞兩難哪！要罵我的話，這明明是 如來講的，我只是解釋而已，也沒有曲解；可是不罵我，心有不甘，還是得罵，因爲不敢罵 如來，所以我將來肯定又要挨罵了。

但是沒關係，那些罵聲我都聽不見，他們不會當面來罵我，網路上我也沒時間上去看，由著他們要罵就罵吧！也許他們罵了以後，跟我結了這個惡緣，未來世幾百劫回來人間正好被你們度了；因爲有結了緣，將來還會相遇。「冤家路窄」不是嗎？總是會再遇上，遇上就該你們度了。所以也不用恨他們，我覺得這個很正常。既然是正常，你要怎麼氣得起來？因爲這是正常事，你就沒得氣啊！沒得氣也好，將來度的人就多。

接下來，世尊說：「或時是人得聞空法，信心清淨而不驚疑，即便還應導引眾人入實相義，便應出家受具足戒。」先講這一段。假使有時這一類人之中，有些人有因緣可以聽聞到這個勝義空的正法，剛好那時他的信心已經生起來、不懷疑而得清淨了，他對甚深空法不驚不怖、不恐不懼，這時他就應該被引導進入實相義中；當他進入以後，所帶領的那一大票人就應該由他來負責，他「即便還應導引眾人入實相義」。所以，只要是有因緣願意捨棄以前的邪知邪見，願意消滅以前謗法的惡業等，我都接受。我沒有拒絕過任何一位來跟我懺悔，說以前罵過我，網路上怎麼罵我，或者怎麼樣否定如來藏妙法的人，而我拒絕他的懺悔，從來沒有。

我從來不拒絕這樣的人，因爲這樣的人才是我眞正要度的人。知過能改，善莫大焉，這很不容易的，這樣的人可以叫作好漢。妳可別說：「我留著長髮、還燙了頭髮，能叫作好漢嗎？我是個女人。」但我認爲妳就是好漢，因爲一般男子也作不到。你看佛教界到現在才出過一個好漢而已，叫作李元松，此外就沒有第二條好漢了！到現在還沒有看見第二條好漢，我認爲他不輸給印宗法師。很多人認爲：印宗法師不得了，願意歸依惠能居士。我告訴你：惠能南來，傳聞十五年了，而且還有衣鉢爲憑。所以我認爲印宗與李元松，都眞正是一條好漢。有沒有第二條好漢會再出現？現在還沒看見，我想未來大概也難見，所以我說這樣的人是我們應該要度的人。今天講到這裡。

我想諸位今天大概已經聽說，有家報社登了我們的廣告。我們從來沒有接受本國外國政府的任何資助，這都是我們大家的錢，包括我捐的、你們捐的，是大家一起捐的錢。所以這個護法的功德以及福德，不會有哪一個政府可以分得到，全部都是我們大家共有，因爲這是大家共同贊助的錢來作的。如果以不堅固的世間財一塊錢，可以換得堅固的未來世法財一百塊錢，這個生意到底要不要作？（大眾回答：要！）何況未來世不只一百塊錢的法財，所以只要有這個機會出現，我們得要把握住，絕對不能輕易放過。

也許有人想：「我這一世福報就是不夠。」但下一世不用擔心，因爲這個護法的大功德、大福德，你已經參與了一分；這不是百倍千倍之報，因爲護持了義究竟正法的福德與功德最大，都是無量報。即使你在同修會捐不到十萬塊錢，一樣會有大福德，因爲這件護法的福德跟功德最大。想想看，施給一個持戒不犯者，來世得十萬報；施給外道離欲證初禪的人，來世都還得百萬報；那你想，如今施給了義正法的道場，來世無量報，自己來世將是多有福報。所以明天拿起報紙來，看到咱們正覺這個廣告，泡一杯茶來，慢慢喝，慢慢欣賞；讀完了，喝完了，就是浮一大白。這就是慶祝的方式之一，是說「咱家未來世有福了」。

當然，有一些爲大家未來世的福德應該著想的，我們都會去設想到。如果有臨時送上門來的福田，是良福田、善福田，我們當然要爲大家種。對一般的貧窮人加以救濟，那也是福田，但那叫作種貧窮田。護持了義究竟正法，這是功德田，這功德田是有大福報的。那麼我們護法，所種的這個田也是報恩田，因爲將來能否成佛，以及成佛的快或慢，也都要依靠這個法。你護持這個法，這也就是報恩田，應該於法報恩！所以既是功德田又是報恩田，這眞是好田，有機會就要把握，所以一定要心裡隨喜。回家累了沒關係，明天早上把報紙拿起來讀一讀：「不錯！有我一分。」應當要隨喜。

我們講《法華經》時有講過隨喜的功德，這個隨喜的功德，就算你來同修會到現在都沒有捐過一毛錢，此時就來賺隨喜的功德也行。這隨喜功德也不小，所以跟著隨喜就好了。因此千萬不要生起煩惱：「唉呀！怎麼這個錢要用到那裡去？」不要生起煩惱，一定要隨喜，於是隨喜的福德又增加了。既然知道這是功德田、也是報恩田，當然是要生起歡喜心來。歡喜接受時，未來世回收這個大福德，也是歡喜回收。如果捐了款而不能隨喜，未來世終於要回收這個福德時，就得苦苦惱惱地回收，因爲他這一世不是隨喜而是起煩惱，將來要得到這一部分的福報時，也是要住在煩惱中得，何苦來哉！所以這個道理，諸位要記得。

回到《佛藏經》來，上週講到二十二頁第三行第一句：「還應導引眾人入實相義，」那麼我們要繼續從這一句再講。這是說：「假使有這麼一位比丘，聽聞到第一義這個空法，他心中清淨不驚不疑，不但自己深入理解，還應該要引導眾人進入實相的正義中，」自心清淨而不驚疑，並沒有說到他已經有所實證，只是「信心清淨而不驚疑」。但是不驚不疑就表示他對於第一義眞實空的法義，已有思惟層面的理解，所以才能不驚不疑。既然他本身「信心清淨而不驚疑」，當然應該引導大眾們跟他一樣進入實相正義的理解之中。大眾理解之後，他也應該設法引導有因緣的人，在佛教中出家受具足戒，能夠接引幾個人就算幾個人。接引有正信、正見、正思惟的人來佛法中出家受具足戒很重要，因爲一般眾生只能從表相上接受佛法，很難不理會表相而光看善知識的本質去信受的。

所以打從我弘法以來，不論有哪一位出家人來問我說：「將來悟後，我還俗好了。」我一定反對說：「你不應該還俗，既然都出家了，不管你有沒有證得這個法，應該繼續維持你的出家身相不要改變，因為度眾生時以出家相最容易。」所以我一向反對出家後又去還俗。但是可能有人想：「您蕭老師不也是在家相嗎？我還俗了有什麼關係？」我就說：「大有關係！因為我不是你，我是異類。假使你將來有道種智了，想要還俗，我也沒有異議。」我不會表示任何一點點的意見來反對他，因為如果他有道種智的話，橫說豎說長說短說都行！說上五年人家不信，說十年也會有人信；十年不信，二十年後也會有人信，所以在那情況下我不反對他還俗。當然有個例外，就是：假使他今年已經八十了，我就反對他。因為他一個在家身沒有個十五年、二十年廣說了義法，人家很難信受的；如今他都七老八十了，再還俗去弘法時能幹得了什麼事？眞的不濟事！

這就是說，以出家相來弘揚了義正法，眾生很容易信受。所以能夠為人解說這第一義甚深空法，有很多人信受時，接著就應該度這一些人出家，可不能自己卻還俗了。所以雖然我這一世現在家相，但我還是要蓋個寺院，希望多一些有因緣的人、適合的人來出家。出家受具足戒後，那就有兩種：一種是受比丘戒或比丘尼戒，加上菩薩戒；另一種是只受菩薩戒的出家人。因爲出家戒和菩薩戒是沒有多分受、少分受的，一定都是具足受。有的人以在家菩薩相來出家，就像 文殊菩薩以及當年 觀世音菩薩一樣，也是出家菩薩但不穿壞色衣，表面看來就是個在家人，其實是出家人；這樣的人不受聲聞戒，也就是不受比丘、比丘尼戒，只受菩薩戒；因爲他們受菩薩戒時一定是全分受，所以也叫作「受具足戒」。

這是從事相上來說明，如果從了義法上來說，就是說：聽到這個第一義的甚深空法以後，信心已經清淨了，都不驚疑，那是由於他已經進入實相的境界中，才能夠不驚疑。沒有進入實相境界中，就算是聽聞善知識講得再清楚，心中終究會有一分、兩分或者多分的驚疑，因爲這個法不同流俗、很難相信。所以從理上來說，他的信心既然清淨了，表示他有「證信」——因爲實證而生起了大信，導致他都不驚疑。既然到了這個地步，接著當然應該返身來導引眾人跟他一樣進入實相的正義中。進入實相的正義中就是有所實證，然後也度大眾同樣實證，不觀大眾的身分尊卑貴賤，但看有緣無緣。這樣子引導眾人進入實相的正義中，就應該出家，出什麼家？（有人答話，聽不清楚。）出三界家，諸位答對了。

證悟而在理上出三界家，同時還得受菩薩具足戒，那麼這樣一來，就沒有所謂在家出家的差別，因爲至少有一分出三界家的能力了。如果接著斷了我執，那更有資格說已經出三界家。能出三界家的人，到底他有沒有具足戒？有沒有具足戒？爲何這麼小聲呀？（大眾回答：有！）對啊！譬如聲聞戒，受聲聞具足戒的目的是爲了什麼？爲了出三界家，所以他去受了聲聞具足戒。這個人假使只受五戒，經由聞法實修的結果證得出三界果，譬如那個在家人摩羅迦舅，他只是三歸五戒而已，但他證得出三界果以後，佛陀爲他授第一記。還有個牧牛人叫什麼名字？（編案：阿支羅迦葉。）他也一樣，佛陀爲他演說了正法以後，他在佛前三歸五戒，自說「盡形壽爲優婆塞，持五戒」。結果他這個優婆塞才當了半會兒，就被護犢的母牛觸殺；阿羅漢們來向佛陀報告，說他死了，佛陀卻爲他授第一記，那他到底有沒有具足戒？有啊！也是「受具足戒」。

所以從實證的正理上來說，假使證得出三界果，就是聲聞法中的「受具

足戒」了。假使有人一世又一世在人間，有道種智，他是每一世死時都能出三界的；爲了照顧眾生，所以他沒出三界去，這個人到底有沒有「**受具足戒**」？（大眾回答：有。）這個「**受具足戒**」，再來分成兩個層面說：他到底有沒有聲聞法中的「**出家受具足戒**」？（大眾回答，聽不清楚。）怎麼變小聲了？當然有啊！他可以出三界，當然是有具足戒。那他有沒有具足另一個菩薩戒？當然有！所以他也是「**出家受具足戒**」，這就是持戒的了義說。

接著 佛陀講理由了：「**何以故？舍利弗！若人不捨如是見者是名外道。**」「**如是見者**」就是落在我、人、壽命中的人。以前我們書上有寫，說這樣見解的人就是外道。卻有好多人罵：「**這蕭平實都罵人家是『外道』，佛陀從來不罵人是『外道』。**」到底 佛陀有沒有罵人是「外道」？（大眾回答：有。）沒有啦！不是「罵」，是「講」。（大眾笑…）佛陀說什麼樣的人叫作「外道」？凡是心外求法——外於眞實心而求法，就是「外道」。而且你們看，佛陀在這裡講的「外道」兩字，還是講佛門中的比丘，不單單是講外教那一些邪見者。所以有些佛門中人眞是不懂，偏要裝懂亂講一氣，口業不曉得造下多少了，實在也是可憐。

那密宗假藏傳佛教的信徒，他們目的只是為了要激怒我，他們想：「我罵得越兇，那蕭平實一定越是氣死了。」然後暗地裡高興，他不曉得我不會生氣，我早就超越三界境界了，哪來的氣？只會覺得他們可憐，他們更不曉得的是：我根本沒時間上網去讀他們罵我的話，根本讀不到。所以他們造了那些口業沒有辦法激怒到蕭平實，只會讓很多人讀了被他們誤導，讀的人越多，他們的業就越重；唉呀！這些人眞笨，好可憐呵！

話說回來，如果出家後不能捨棄「有所得見、我見、人見」，卻又口說無我，他心裡所思所想，口行和身行看起來就統統有我，這個人就叫作「不捨如是見者」；佛陀說這種「不捨如是見者」叫作什麼？（大眾回答：外道。）講得好！換你們在罵他們「外道」了。（大眾笑…）事實上有沒有罵？（大眾答：沒有！）沒有！眞的叫作異口同聲。只是說這樣的人叫「外道」，並不是罵。只有起了瞋心惡口來說時，才能叫作罵；現在只是把它如實講出來，這就不是罵。

這樣看來，「外道」很普遍。在外教中，依佛法來看他們時，全都是心外求法者，正是「外道」。外教中人依附佛法的也是「外道」，甚至於現代佛門中好多比丘、比丘尼也是「外道」。這一下糟了，請諸位把臺灣的所有佛教道場從北到南，從基隆到鵝鑾鼻；再從東邊到西邊，你可以從花蓮到彰化、臺中，把所有法師們統統檢查一遍，看他們到底是不是外道？（大眾回答：是。）眞的喔？我怎麼不知道他們都是「外道」？可是諸位講得沒錯，因爲他們都落在我裡面，除了部分道場正在漸漸改變中，我們都隨喜。但還有許多大山頭仍不願改變，咱們說「無我」法、說「無所得法」，而他們都不接受，都是口裡說「無我」，作的事情都是有我、有我所的，仍在求名、求利，仍在堅持粗意識、細意識常住。

正因爲有我，所以每年要辦印順思想研討會，繼續討論印順的細意識常住思想；所以公司越開越多，廟越蓋越大，生意越作越大，甚至於現在全臺灣導遊都知道有些佛教道場是陸客必到之處，都已經列爲陸客必到了。這就是說，因爲有我，所以就會落在我所裡面去計較。如果無我的話，道場有香火就有香火吧，沒香火也就沒香火吧，米少了吃粥；有米吃飯時，炒飯、油飯都行，沒米喝粥也行。古時阿羅漢們每天只吃一餐，多的是第二天托不到缽，一樣照過。現在那些大道場出了家，每天非要三餐，而且餐餐都要珍饈美饌，眞的叫作錦衣玉食，比我過得好。

但是追究最後的原因，他們之所以如此，都是因爲有我，有我的緣故就會在我所上面斤斤計較。這心性不一樣，這要換了我，我一定想：「一片山頭這麼大，徒眾這麼多，可是已經有個道場證明佛法是可以實證的，而我們被指點是落在我、我所裡面，那我得要自我檢查；檢查的結果證明確實落在我與我所裡面，而人家又可以實證，那我應該封山，自修三年；三年後若沒有辦法突破，我就老著臉皮乖乖去跟人家拜師求證了吧！」一定會如此，這是本來應該作的事。豈不聞古人道：「出家所爲何事？」出家不就是爲了了生脫死然後利益眾生嗎？結果出家了，到後來滿懷的理想全部無影無蹤，跟著在那些世間法上瞎混，失去了當年出家的初衷，多可惜啊！

到最後，經典讀了以後不懂，再讀了正覺同修會書籍中的解釋，才發覺說：「原來我這樣的境界正是外道。」那是不是晚上睡得不安穩？心裡面就要想：「我該怎麼彌補？」現在那一些大山頭，他們對這一點完全不在乎，在乎的是這一世的名聞利養。不曉得他們到底是聰明還是傻瓜？你要說他們是傻瓜，偏偏他們都可以弄得一大片山頭，大雄寶殿裝飾得金碧輝煌，信眾又那麼多，笨人絕對辦不到。可是你如果要說他們聰明，他們可又想不通正理，在那不堅固的一世名聞利養上用心，於佛道的實證竟然思不及此，那到底該說他們聰明還是愚癡呢？想不通！所以佛門中的「外道」比比皆是。

我們弘法早期純粹說法，人家不當一回事也就罷了，偏偏還要指責我們是邪魔外道。其中有一個大山頭講得比較客氣：「蕭平實的法義不如法。」算是比較客氣，沒有說正覺的法義有毒。可是既說不如法或者有毒，他們是出家的大法師，難道不應該有一分慈愍心來救這個蕭平實邪魔外道？應該要救！可沒有一個人肯來救我。他們說我走了岔路，又說我講的法義有毒，那總該救救我吧！可都沒有。縱使不救我，覺得我這個人大惡，至少正覺同修會這麼多人在學，他們也該發發心來救吧！也沒有。所以我眞不知道他們是無慈無愍，或者他們眞的要繼續自外於佛法，成爲眞正的「外道」，這就有待後代的佛學學術研究者，研究佛教史的人們去研究吧！

這樣看來，好像遍地是「外道」了！喔！很嚴重。我們不能學他們無慈無悲，縱然救不了大法師們，至少得要救他們門下的那些信徒們吧！所以我剛開始弘法時不評論他們、心存善念也沒有用，人家硬要說我是邪魔外道。

那我就開始拈提吧！一分力氣拈提了沒有用，我就變成兩分力氣來拈提，然後又漸漸增加力道——每年出一本公案拈提。後來覺得那樣拈提也沒有用，眞的要像中國古人講的「針砭」。針灸聽過吧？灸就不談了，「針」是把針刺進穴道裡面，拈一拈，看要補還是要洩，讓他痠麻得不得了，他就警覺了。

如果針還不夠，繼之以砭。針與砭是二種方法，砭是什麼意思呢？把石頭弄成薄片再磨成尖尖的，用來捶、來扎，這叫作砭。這比針扎更痛，所以現在就是要用「針砭」來對治佛門中的「外道」。那些密宗假藏傳佛教信徒，你用針扎是沒有什麼效果的，還要繼之以砭，要針砭二者俱行才會有作用，否則救不了他們。這倒讓我想起那個網路投票的事，他們密宗假藏傳佛教跟那位某某委員，不是說密宗假藏傳佛教有一百萬信徒嗎？那一百萬信徒都不肯投票支持達賴來臺，很奇怪！由此可見他們人數已經沒有一百萬了。那達賴基金會的董事長達瓦才仁說他們有二十萬信徒，也不來投票支持達賴，你們看到底誰說謊？我也不知道。

他們宣稱有一百萬信徒、有二十萬信徒，我們如今說他們根本剩不到十萬，因爲大家一提起來說到學密，都不敢講出來；現在只敢講什麼？「我學

《廣論》，沒學密宗假藏傳佛教。」因爲是學《廣論》，他們覺得說：「你看！我學這個很正當，我們沒有講、沒有教雙身修法，這是很正當的，講的都是佛法。」只是他們不明白，日常法師講的：「你們居士都是一壺永遠燒不開的水。」爲什麼燒不開？這道理他們不懂，是因爲日常法師他們不傳給在家人雙身法，所以《廣論》前半部讀完了，後半部的「止、觀」二章都不講，又從頭開始繼續讀。所以有人讀了十五年的《廣論》，還在讀前面那幾章，後面的止與觀永遠都學不到，因此《廣論》一生永遠學不完；即使學完了，所學依舊永遠停留在不離我、人、壽命等世間法中，學不到佛法。

但我們一位破參的徐居士，來正覺前學過很多年的《廣論》，也當上講解《廣論》的老師，來正覺才剛破參後就寫出來評論了，而他們學到十五年還在學《廣論》，所以一提起佛法來，什麼都不懂。那一些人中也有中學的老師，也有大學畢業、碩士畢業，還有讀博士的人都有，沒想到竟然都看不出《廣論》裡的法義都是外道法。他們的智慧在哪裡？我不知道。所以溫言軟語對他們沒有作用，因爲整個佛門幾乎都是「外道」了，所以我們現在就得用針砭的方式，希望能夠多救一些人回來，不要繼續混在「外道」法裡面。

所以「外道」這名詞是 佛陀早就說過的，不是我這一世才來講的。因此我們要作的事情，一方面要接引很多人來實證，一方面要對「外道」法加以針砭，讓他們心裡覺得很受傷。當他們心裡覺得很受傷時，我們說那叫作大受刺激，然後他們有一天發憤：「你既然敢說我是『外道』，我就要從你的書中找出證據，證明你蕭平實才是『外道』。」於是他們願意趕快買我的書回去讀，然後找出問題來寫。但他們不斷地寫，寫出一個「問題」駁斥了以後，讀到後面一看又沒有錯，於是揉掉丟到字紙簍，重新再讀再找問題。能這樣找我的碴，讀上我寫的十本書以後他就得救了；我就希望是這樣，就是要讓他們大受刺激。如果沒傷他們的心，他們還會繼續安心在「外道」法裡面過得很開心。這就是今天我們要作的事，救他們的事不是只有這麼一天就可以完成，要持之以恆，後續的動作就要諸位繼續去作。這也是一方福田，福田要多開一些，免得繼續有人抱怨說：「導師！您只有這幾方福田，並不適合我，那我要種什麼福田？」如今我又開了這一方福田，以後別再抱怨了。

佛陀開示完了，還會繼續再演說了義法，以及對於這個了義法的不可思議的道理，所以我們接著再來聆聽 佛陀的開示：

經文：【「舍利弗！我以世俗因緣假說有我，非第一義。若有人言我亦復以世俗因緣而說有我，是人若能通達無生無滅無相之法，與我所說不相違者，是我弟子。舍利弗！若有人言：『如來何故隨世因緣，於無我法而說有我？如來不應爲世間故作不實語。又諸經中多說有我，佛所說者不應虛也。』舍利弗！應答是人：『佛說諸法皆空寂，無主無性；但是虛妄，非第一義。如來不以第一義故說有我人。』聖人言說無所貪著，無智慧人無與佛等，亦無過者；舍利弗！如來智慧不可思議，以是智慧知眾生心，寧當有人與佛等者？佛爲大龍、大法之王，不應難言：『佛說有人。』一切世間常共我諍，我常不與世間共諍；舍利弗！說有我者甚可哀愍，此中無法，亦無有我；多有眾生不解如來隨宜所說，違逆法實，多墮惡趣。」】

語譯：【世尊開示說：「舍利弗！我是由於世俗上的因緣而假名方便說有我，這不是第一義。如果有人說我也同樣以世俗因緣而說有我，這個人如果能夠通達無生無滅無相的法，和我所說的第一義並不相違的話，這個人就是我的弟子。舍利弗！如果有人說：『如來是什麼樣的緣故而隨順於世間的因緣，於無我的法中而說有我呢？如來不應該為世間的緣故而作出不眞實的言語。而且很多部的經文中大部分都說有我，然而佛所說的不應該虛妄。』舍利弗！應該回答這個人說：『佛說的諸法全部空寂，沒有作主者，也沒有常住的自性；都只是虛妄，而不是第一義。如來不會因為第一義的緣故而說有眞實的蘊處界我或人常住不壞。』聖人所說的言語，在言說之中並沒有任何的貪著，沒有智慧的人不會有人可以和如來相等，也不會有人能超過如來。舍利弗！如來的智慧不可思議，由於這個智慧能夠了知眾生一切心，難道還可能有人與佛平等嗎？佛是大龍、是大法之王，不應該質難說：『佛陀說有眞實不壞的人。』一切世間永遠與我諍論，而我永遠不與世間人共相諍論；舍利弗！說有眞實我的人是很值得哀愍的，在這實相境界中連法都沒有，也不可能有我；但是有很多的眾生不能理解如來隨著權宜所說，違逆了法實，死後大部分墮於惡趣之中。」】

講義：記得以前跟諸位談過說，將近二十年前的臺灣佛教界（應該不止了，差不多有二十一、二年了），那時現代禪正興盛，有些法師跟現代禪互諍。其中一個諍點就是「到底有我、還是無我」？諍論了大約一年多，那一段時間臺灣佛教界都不自稱「我」，連「方便說我」都不存在，都說「我們是這樣講、我們這樣講……」明明只有他一個人講，他也說「我們講」，因爲不可以說「我講」，不可以講「我說」，所以都是「我們說、我們講」。在指責別人時就說：「你怎麼說……。」那問題是，爲什麼會有這樣的諍論？

那時我還沒有把往日的所悟恢復過來，可是把諸家所說讀來讀去，不管是哪一家所說，我都覺得有問題。後來我記得好像是聖嚴法師出來打圓場，他打那個圓場，我倒覺得不壞，因爲他說：「佛法中說的是無我，但是言語之中無妨就方便說我。」這個說法，我就接受，要這樣才對。因爲佛法是無我的，但你證得無我以後，你這個五陰還在人間；五陰既然在人間，在面對別人時，你就得要方便說我。總不能夠早上見了老爸，當你正要出差時就說：「出差去臺中。」那老爸說：「是你要出差，還是我要出差？」

又譬如說，到了該用齋的時間說：「去吃飯。」到底是要誰去吃飯？可是也許他早上吃得太少了，匆匆忙忙出門，十一點已經餓壞了，結果不能說我、不能說你，他只能說：「肚子餓了要吃飯。」那人家會說：「是你肚子餓要吃飯，還是別人肚子餓要吃飯？」人家要問清楚啊！假使他肚子餓了去吃飯，他默默離開去吃，不能講，因為要避免說「我」餓了。那是不是老闆要問他：「現在早上十一點，你又沒有公幹，你離開座位幹什麼？為什麼離開那麼久？」他該怎麼答，他只能說「餓了要去吃飯」，不能說「我餓了要去吃飯」，老闆會怎麼看他？

如果兩個人對某一個企劃案中的某一點有不同的見解，那該怎麼溝通？不能夠說：「你錯了，你的看法不圓滿。」不能講的，那就說：「不圓滿，要改。」那是誰的部分不圓滿，是誰應該改？人家問：「你是說你這個企劃案不圓滿要改？」這時候他怎麼辦，不能說「你、我」，他得要這樣指著別人，是不是要這樣？那就完了，在世間法上談都沒得談，不要說雙方要好好去討論了。所以既然證得阿羅漢以後，他所證是無我的，但是與眾生相處時何妨說我、說你，這無所謂。

就像佛陀的時代，有人誹謗某一位阿羅漢，這位阿羅漢怕他死後下地獄，就告訴他：「我真是阿羅漢，你要趕快懺悔。」沒想到那凡夫比丘竟然罵他：「你既然是阿羅漢無我，為什麼還說『我』是阿羅漢。」他還跑去跟 佛陀告狀。後來 佛陀把阿羅漢找來，在他面前，叫那阿羅漢為他解說：為什麼要聲明我是阿羅漢。那比丘才終於懂：原來是爲了我，當他說「我是阿羅漢」時，那是方便說「我」，他不是眞的還有「我」。因爲他都證得無我法可以出離三界生死了，怎麼還會有我呢？所以阿羅漢或者菩薩乃至諸佛如來，既然示現在人間證得無我法，可是五蘊還在，要跟眾生有所接觸，當然要依世間的因緣來假說有我。

假使 如來不依世俗因緣假說有我，當弟子誤會了佛法時，如來想要告訴他說「我不曾這樣講過」時，那該怎麼說？把我省略掉說：「不曾這樣講過。」那究竟是我、是你、是他不曾這樣講過呢？大家都要猜一猜了；結果說法時都要變成猜謎大會了，這還能說法嗎？所以如來以世俗因緣假說有我時，要知道那時所說那個我並非第一義，那是方便說我。如來所說的法永遠是無我的，叫作人無我、法無我。可是在第一義中是永遠無我的，因此這個我與無我，還眞難理解。

所以我們正覺同修會弘法早期，有一次借了士林區公所頂樓的會議廳，在新春聚會時我才講了「我與無我」的題目，然後整理成那一本書。可是我後來想，這要出版了，封面該設計個什麼？我在想，佛教界那一些法師們很難度，不理他，我來試試看能不能從道家度一些人。我就想，弄個太極圖也不錯，那太極陰中有陽、陽中有陰，陰就是五陰，陽就是如來藏，然而陰中有陽、陽中有陰，也就是我中有無我、無我中有我，兩者和合混在一起。所以太極有沒有我？其實是沒有，因為如來藏獨住時就沒有太極了。當陰陽區分出來了，陽中有陰、陰中有陽時，就有了五陰，才說有我；但如果太極沒有黑的那一半時還能叫作太極嗎？從另一面來說，如果只有如來藏時還能有我嗎？也沒了！所以當初就畫了太極圖。

當年佛教界有好多人剛拿到這本書時說：「這個是道教的，我不要讀。」眞是誤會呵！可是後來好像也沒有看到多少個道教的信徒過來，因為道教其實沒有什麼眞正的修行人，他們只有信仰，這是題外話。所以說，既然還有這個五蘊在人間，就不能不說我；而這個我只是一個權宜所說，不是究竟義，因此不關第一義。

如來又說：「如果有人說我釋迦牟尼也同樣以世俗的因緣而說有我，而這個人如果能通達我所說的無生無滅又無相的法，他所通達的能跟我所說的相符相契而不違背，這就是我釋迦牟尼的弟子。」聽到這樣的開示，又覺得

要當　如來的弟子還眞不容易。諸位想想看，如果依這句話來作狹義解釋，現在全球佛教界，在正覺之外有沒有　如來弟子？（大眾說：沒有。）眞的如同諸位所說：沒有！因爲這裡　如來所定義的佛弟子，得要同樣主張　如來也是以世俗因緣而說有我，但如來所證的法、所開示的法、引導弟子所證的法，都是無生無滅無相之法，而這樣的弟子是能夠把這個無生無滅無相之法加以通達的。但想要通達是很難的，所以　如來這裡說的「**是我弟子**」，到底是指什麼階位？是初地。

這就像《華嚴經》講的「**生如來家，住菩薩地**」，這和另外一部經講的「**成佛子住**」一樣，是名佛子。所以這裡的定義，層次是很高的，要能通達，而不是實證了如來藏就算數。所以《華嚴經》講的佛子，那個定義就是至少入了初地，才叫作眞實的佛子，這個不容易。爲什麼《華嚴經》要這樣定義？因爲在《華嚴經》裡面，所定義的佛子是要能夠挑起　如來的家業，也是要超出聲聞、緣覺境界的。所以古來也有菩薩講過並寫在論中，說一個世界中，只要有一位初地菩薩就足夠住持正法了。那是因爲他通達般若了，沒有人可以推翻他。即使這個初地菩薩沒有神通都無所謂，因爲他有無生法忍這就夠了。

那麼這樣想來，咱們在這個地球上，這兩千五百多年來入地的祖師大德可不在少數，這應該算是我們的福報；因爲有時某些世界就只有一位初地菩薩，就這樣住持正法一萬年；可是我們那麼長久以來，地上菩薩是有很多位的，所以說起來諸位應該慶幸：咱們眞的很幸福。可是初地菩薩住持正法於人間，是不是每一個人都度很多人證悟？不一定，那也得看時節因緣。假使佛教界始終承平安樂，外道法很少來滲透打擊正法，初地菩薩只要不斷地講經說法就好了，不用度很多人開悟，一生度上十來個也夠了。例如古時禪師很多，他們往往打定主意一生只要度一個人開悟，可以傳承他的法脈就夠了；因爲佛教界沒有什麼橫逆，佛法住世無虞，他們不必擔心什麼。

如果來到另一個年代，外道滲透得很厲害，這時你當佛弟子到底好不好？（有人答話，聽不清楚。）爲什麼好？爲什麼有好有壞？對了！你們都懂這個道理。所以佛法即將滅亡的時節不見得都是壞事，假使佛教界始終是承平安樂到處笙歌，也就是說，到處都在演述正法，善知識不用急著出來復興佛教，那麼大家就熏習再繼續熏習，有特殊因緣時悟了就悟了，可是大部分人只能夠仰望說：「喔！又一個人悟了，但我要等到什麼時候呢？不知道！」所以生在那個時候雖然幸福，非眞幸福，因爲道業增長很慢。

如果到了末法時代，沒有善知識出現於世間，那不是大壞嗎？眞是大壞啊！然而那太極圖的兩儀八卦，不是有一卦顯示「否極泰來」嗎？當最糟的那一卦經過頂點以後，到來的就是「泰」的時節了。大不了讓你倒楣個三世、五世吧！一旦有因緣可以復興佛教時，善知識出現了；以前是躲著沒辦法出來弘法，現在因緣時節來了，可以復興了，於是善知識出現了；他要復興佛教，得要用很多人，這時跟他學佛的人到底好不好？好？很辛苦又會累死人，(有人回答：不怕。)不怕？眞的是菩薩子！看看我們有這麼多的菩薩子，這眞是天下一大樂；善知識出於人間，要是沒有很多菩薩子，又能夠幹啥？也是無法成其大業。

所以生在末法時代惡劣因緣之下，不見得是壞事；只要善知識出於人間，他想要復興如來家業時，不可能一個人獨挑，一定要有很多人幫忙來挑，可是這一些來幫忙挑擔子的人，如果個個都病歪歪的，走路都有困難，如何幫他挑？他就得要想方設法幫大家強健體魄，因此給你好的食物，再加補藥給你，然後又拉著你不斷的去運動，對不對？這樣個個都身體健康了，就可以幫他一起來挑了。所以有擔子給咱們挑，我們應該要歡喜，不要老是抱怨說：「善知識！您給我這個擔子未免太重了吧！」他要你挑這麼重的擔子，當然就要幫你鍛鍊到體魄很強健，足以荷擔這個擔子；所以平常要怎麼樣給諸位好食物呢？講經、說法、多印書出來給大家來讀，這叫作「法食」。

有足夠的法食了，開始長一點肉，也還不夠，還要吃點補藥——打禪三進補。如果不是去打禪三，儘管禪淨班的課、進階班的課上完了，你知道禪到底怎麼回事？還難！補藥都有了，不懷疑，那就表示你吃下肚了；心中懷疑就是沒有吃進去，等於把補藥給丟了。接著要運動，怎麼運動？時常派你任務；給你這個任務，又給你那個任務去作，作到後來忘了「我自己到底在幹什麼」，就是一心去作，都把自我給忘了，忘了自我就是專心爲法。到了專心爲法時，道業就應該成就了，這就是運動的譬喻。所以有時去作那個義工，有時去作這個義工，有時去掃街發文宣，都是運動。

飲食豐足，有補藥，也有運動，體魄強健，這時心志雄猛：「我應當要求悟了。」求悟時就表示說：「我有力氣，先挑幾個小擔子。」將來開悟時就是鍛鍊的過程完成了，結果法身慧命生出來，這時可以挑起更重的擔子了。

這就是說，想要當眞正的佛子並不容易。若是不能當眞正的佛子，至少當個 如來座下的少年也行吧！當少年也可以挑小擔子，可別像幼稚園的孩子那樣，哪能挑什麼小擔子？走路都走不好，也跟不上隊伍。終於證悟了，增上班學個幾年，就好像那擔子挑一挑、放一放，再挑一挑、放一放，磨鍊久了終於也可以挑起來走遠路了，那就是眞佛子，所以當佛弟子也有各種層次差別。

就好比菩薩五十二個階位，諸位算算看：十信位圓滿是十歲吧，十歲能幹什麼？幹不了多少事。如果十住位圓滿時就是二十歲，這時成年了可以幹很多事；但能不能把公司交給他？還不成，所以在十行位繼續努力，到十行位滿心時等於三十歲，可以當營業部經理、推展部經理等，因爲都歷練到三十歲了。如果十迴向位圓滿了呢？相當於四十歲了，可以給他當總經理；當上總經理時就能對外獨當一面，除非有大事，他不用找董事長，這個總經理就可以自行裁決了，因爲都四十歲了。如果董事長不在了，這時要掌管整個公司，那得要怎麼辦？得要四十一歲、四十二歲、四十三歲才行，就是初地、二地、三地了。

越往上爬速度越慢，在十信位，快的話一個大劫完成，慢的話一萬大劫，等於十千個大劫。可是越到後面就越慢，因爲越後面升遷越難。在前面升遷時可以很快，除非你沒有遇到善知識；可是眞正要成爲這一家佛法大公司的董事長需要幾歲？五十二歲。五十二歲時準備要接班了。

那你們想，自己現在到底是幾歲？你們可別笑，算算看。得這樣想：「我一定十歲過完了，才有辦法進到正覺來吧！」初住位，老師教了，我也努力去作好了。初住位修什麼？布施。二住位呢？老師教了，我也去作好了。二住位幹嘛？持戒精嚴。三住位忍辱，四住位精進，五住位靜慮，六住位般若，我也都學了，所以我如今住在進階班。這樣算一算，十信位的十歲加上外門六度萬行的六歲，總共是十六歲：「我是個少年了，我可以幫忙作很多事。」就好像中國人古時說及笄之年是十五歲，現在則是二十歲成年。以前都是綁兩個沖天的頭髮，這時候不了，這時合爲一個而綁成髮髻，可以帶個寶冠了。

假使明心不退而轉依成功，這時是十七歲了。古人十七歲可以結婚，也可以養育孩子了，有時父母可能會給他一部分家業。佛菩提道中的十七歲是哪個位階？是第七住位。所以明心證悟般若時的第七住菩薩不可小看，因為可以幫忙荷擔家業了。那如果到第十住圓滿，就是滿二十歲了。佛法中這個譬喻就好像世間法一樣，這時更有力氣，可以挑起更大的家業，擔子挑的越重越大了，因為已經有這個能力。有的人已經到了初行、二行、三行、四行位，所以你們看這些老師們，能夠作那麼好的事情，不簡單啊！你要是去外面看，大概都還沒滿十歲。事實是如此，我不是說了讓諸位高興的。

這也就是說，當　如來的兒子並不容易，因為眞實義的如來子——也就是「佛子」，得要四十一歲入地，可以為　如來出去辦事情，那才眞的叫作佛子。如果還要住在家裡面，還沒辦法出去辦事的，就不是眞正的佛子，因為還只是這個佛法大家庭中的少年、青年。如果有人才不過十三、四歲就誇大口：「**我可以出去為整個佛法家庭辦事。**」然後他就出門去了，不多久怎麼樣？遭遇橫禍而死——他的法身慧命完了，就是遭遇橫禍而死。

這個道理順便講給諸位聽，這是切身的利害關係；一步走錯、一念想差了，自顧自出門去，不聽家裡父母或長輩勸解，自以為是的結果就是壞了法身慧命。就算他十七歲了，堂上老父說：「**你的歷練還不夠，此時不要出遠**

門辦事，在家裡幫忙辦事就好。」他偏不聽就出門去了，會怎麼樣？若不是撞得滿頭包回來，就是橫屍野外；因爲外面大野狼很多，所以有的被外面那些大野狼給矇騙，法身慧命就死掉了。對啊！有些人會退轉就是這樣來的。所以要「通達無生無滅無相之法」，並且不是自以爲通達，而是 如來說的「與我所說不相違者」，才是 如來的眞弟子。

那問題是：怎樣是不相違？什麼叫無生？什麼叫無滅？什麼叫無相？這是根本的關鍵。我們弘法之前，一直都有很多道場說他們證得無生，或是說他證得這個無滅之法而說是常住的。所以那一些人自稱開悟，說他們證的是常住法，無生無滅。可是檢驗的結果，都還在五陰的境界裡面，特別是識陰六識具足。識陰六識具足時，根本就是有生有滅之法，並且時時刻刻顯示眾生相，因爲他們都不離我相人相。可是他們並不懂這個道理，因此自己犯了大妄語業也就罷了，還帶著一大群弟子共同犯下大妄語業。所以佛法中害弟子們犯大妄語業的大師不乏其人，但最多的還是附佛外道的密宗假藏傳佛教；自己大妄語，戕害了弟子同犯大妄語業，那倒也罷了，竟然還惹到 如來頭上說：「釋迦牟尼佛沒有證報身佛境界，不如我們抱著女人享受快樂的果報——抱身佛境界。」那是連帶著把弟子一起帶入地獄去。

所以通達與否且先不談，先說「無生無滅無相之法」他們到底有沒有實證？如果眞的有實證，並且不違背 如來的開示時，接著再來探討有沒有通達的事。而這個通達的道理，即使講了，聽的人也不一定懂。也許這時有人想：「那是我還沒有開悟，哪天我要是悟了，你一講，我一定懂。」一定有人這樣想的。但我告訴諸位：不是這個道理。舉個眞實的例子，同修會裡面早期證悟的人，我曾爲他們講了《成唯識論》。《成唯識論》裡面把什麼是眞見道、相見道，什麼是通達位的道理具足講了；我講解四年才講完《成唯識論》，所以我不是隨便簡單的講一講。可是他們後來竟然會退轉，然後說他們證得佛地眞如，卻是回墮離念靈知識陰境界。

我能如實宣演《成唯識論》，但我從來不敢說我已證佛地眞如，他們竟然公開說：「我們證得佛地眞如，你蕭老師證阿賴耶識，不是眞的開悟。」後來他們寫出了所謂的兩本書，我們同修們都說那不是書，因爲他們又沒有寫出他們對所舉經文論文的看法或解釋，也沒有他們對佛法實證的內涵說明，就是剪一些經文貼上去，再剪一些論中的文字貼上去，就說是他們著作的。所以當年同修們都說：「那叫作經文剪貼簿，不是書。」而且他們書中舉示出來的法義，都是證明我們的說法正確，他們卻拿來證明我們錯，也有這樣的事！

然而見道分爲眞見道、相見道，以及怎麼樣叫作通達，包括眞見道之後要到通達位時應該具足什麼條件，這些我在講解《成唯識論》時都講了。並且平常講經時也有講：有時眞見道講一些，有時相見道講一些，有時通達位的內容也講一些，但不論在講解《成唯識論》或講經時講的，他們都沒有辦法聽懂，才會有二〇〇三年發生的法難事件。所以，通達不是那麼容易的事。我這個人出來弘法，東指一點、西指一點，南捻一捻、北捻一捻，上下我也罵一罵，從來不怕什麼人；看來我沒怕過誰，但其實我這個人對佛法很謹愼，可是在佛教界大家都說：「這蕭平實是個惡人，人見人怕。」只差沒有罵我作「鬼見愁」。

可是我說眞的，鬼見了我也愁。一定愁，因爲我要問他說：「你何時才能得解脫？」他不就愁容滿面了嗎？但問題是，我不是爲了跟人家爭高下，也不是發脾氣罵人。所以外面很多人都以爲說：「這蕭平實講經時總是說誰不對、又說誰的不對，他講經一定是氣憤填膺。」但你們看過我講經時氣憤填膺嗎？當我說人家何處有過失時，還是笑臉盈盈。這就是說，我會在法義上到處指點，如果指點了不聽，我就指戳，但是沒有人敢講話。你們看見誰寫了一篇文字出來，指責蕭平實而有道理的？沒有啊！只有不懂佛法的，例如慧廣那一種人才可能寫文章來亂指責。至於那些上得了檯面的人，沒有一個人敢回應。

這原因在哪裡？不但是因爲我們有「無生無滅無相之法」的實證，還有通達的智慧與功德。他們質疑了以後，發現質疑一點時，我會回答他們三點、五點；再質疑另一點時，我一樣回答他們三點、五點，結果有聖教量依據，也有比量、現量，他們讀了也無可奈何，這就是通達位的功德。所以悟後想要通達並不是容易的事，千萬要記住；尤其禪三又快到了，假使這一回上山去，拿到了我的金剛寶印，可不要想：「我悟後，可就跟你蕭老師一樣了。」以前就有同修想：「我這一次上山，要一次連過兩關，那我就跟蕭老師一樣了。」沒想到一關也過不了，第一關就得上山三次、四次、五次才能通過。所以通達與否，在佛法中是一個很大的轉捩點，但通達是很困難的事。

其實在他們退轉之前，我們不也講了一些內涵嗎？我常常在講經時插進來講，說你想要入地得通達位的功德，必須要先完成眞見道、相見道的內涵；眞見道後還有相見道位的內涵要學，這一些學完了才有第一分的無生法忍，才算已經通達。這第一分可不是佛地分成十分的第一分，而是初地無生法忍中的第一分——只是入地心。這算有無生法忍的智慧了，接著這要有什麼東西來支撐？（有人答話，聽不清楚。）對了！福德。如果沒有足夠的福德來支撐，這無生法忍沒有什麼作用，只能耍嘴皮，當不了入地的菩薩；所以要有廣大的福德，這是兩個條件。最後一個條件，入地時，那可是聖人！聖人可以沒能力解脫三界生死嗎？不行！因爲入地以後得要能當阿羅漢的歸依處。

初地菩薩可以當阿羅漢的歸依處，結果他竟然沒有出三界的功德，也就是說他竟然思惑還在；只要思惑仍存在一分，他就沒有出三界的功德，憑什麼當阿羅漢的歸依處？所以入地第三個條件，《成唯識論》講得明明白白：「永伏性障如阿羅漢。」爲什麼說是「如阿羅漢」而不是阿羅漢？因爲他斷思惑以後又起惑潤生：本來他的第八識可以滅阿賴耶名，只叫作異熟識，但爲了繼續住持正法於人間而起惑潤生，願世世在三界中利樂有情，所以又回頭叫作阿賴耶識；一直到七地滿心連同三界愛的習氣種子全部斷盡，才能改叫異熟識。這樣就是三個條件了：廣大福德，無生法忍，以及永伏性障如阿羅漢。

可是你看有些人讀了正覺同修會幾本書，也有一貫道的講師才不過讀了幾本正覺的書，便宣稱自己是四地菩薩，可是談到解脫道完全不懂，三縛結明明還在。大陸也有人讀過我的幾本書，宣稱他是五地菩薩，而印證他的徒弟有初地、二地、三地、四地，卻是每天喝酒、吃檳榔還抖著二郎腿，開口就要人家供養。有這樣的入地菩薩？還宣稱是五地、四地的！所以即使親證了「無生無滅無相之法」，他要是沒有定力與福德支撐，依然不能稱之爲證，因爲那功德不能運行——轉依沒有成功；對他而言那個法只是個概念，只是個知識，功德起不來就沒有作用，不是眞悟的第七住位菩薩。所以說，除了「無生無滅無相之法」的實證以外，對這個法還得要「通達」，「通達」以後所說必然與 釋迦如來的所說「不相違背」；這時 如來說「這個人就是如來的眞正弟子」，這叫作入室弟子。就好像世間法有時師父會跟外人介紹：「這是我的入室弟子。」這弟子臉上就很有光彩。也表示其他的弟子不能登門入室，無法得窺閫奧，那就表示：「他們只是在我的庭院打打雜，不是我眞正的徒弟。」所以這裡面是有很多差別的。

這就說明什麼叫作 如來的弟子，接著有舉出譬喻來說明：「如果有人說如來是什麼緣故隨順於世間的因緣，而於無我法裡面說『我』？如來不應該為世間法的緣故而講了不眞實的言語。而且諸經裡面有很多地方都自稱『我』，佛所說的言語不應該虛妄。」這是什麼原因而會有這樣的質疑？佛陀早就預見未來世會有人發出這樣的質疑。不是到末法時代，也不是到像法時代才有人質疑，佛陀在世時就已經有愚癡弟子這樣質疑了，所以 如來這樣說。

就像《阿含經》記載焰摩迦比丘，不就是這樣嗎？所以世尊說有的人會這樣質疑。因爲焰摩迦比丘聽到別的比丘誦出的經典，自己會錯意了。世尊有時指示他說：「我不是這樣說的，你不應該把這種錯誤的說法認爲是我說的。」也有其他比丘說：「世尊既然證得無我，爲什麼又說『我』、說『你』？」就提出這樣的質疑。在他們的想法，如來是出世間的聖人，既然是出世間而證得無我的人，就不應該隨順世間的因緣而說「我」：「您說法時都是說無我，爲什麼有時又說『我』呢？您不應該自稱是『我』。」

如果有人這樣質疑，假使　如來就這樣配合，其實也不會有問題，以後說法時就說「如來說如何、如何、如何」，也不會有人誤會。為什麼呢？因為人間的　如來只有一位，也沒有問題。但是不需要如此，因為一個愚癡的人不懂佛法而提出這樣質疑，如來就必須配合他嗎？沒有必要。套一句世俗話說：他算老幾？連菩薩們都不敢質疑了，這個凡夫竟然這樣質疑，如來何必要隨順他？但是　如來可以開示這個道理：「雖然如來所說的都是無我法，但無妨隨順於世俗因緣而說『我』，而這個我是指五蘊我的應身佛，不是講佛法說的無我法那個眞我。」他不懂，就質疑說：「如來不應該為世間的緣故作不實語。」他指責說：「如來講『我』時就是說不實語。」那表示他的知見完全不夠，又怕人家不信，就提出質疑說：「諸經裡面那麼多部的經典，如來自己說的都是無我法，可是為什麼那麼多部經裡面卻又處處說『我怎麼說』、『你怎麼作』，所以如來說法虛妄，但是如來說法不應該虛妄。」他就這樣質疑。

愚癡人發出這樣的質疑，不只是佛世才有，而是一直延續下來，到二十幾年前的臺灣佛教界都還有這樣的質疑，才會引生那次「我與無我」的諍論。

但是來到正覺，諸位都沒有這個疑惑；這是諸位厲害呢？還是親教師們厲害呢？（有人回答：親教師厲害。）不！你們也很厲害。如來說對這樣的人應該怎麼開示呢？就得留待下回分解。

《佛藏經》上回講到二十二頁第二段第四行，上回說的是：「如果有人說如來是什麼緣故而隨順於世俗的因緣，在無我的法裡面竟然而會說到我？如來是不應該爲世間而特地作這種不實語的。許多的經中大部分也都說有我，既然佛說的是無我法，爲什麼很多經典裡面佛又說我教你如何、我不許你如何，爲什麼又說有我？佛所說的法是不應該虛妄的。」這種現象其實很正常，因爲「我與無我」這件事情，或者說這個法義是非常難令一般學人理解的；所以有時我們正覺也說「我弘揚如來藏妙義」，但是有一些附佛外道刻意要破壞我們說的法，就拿著我這一句話來作文章：「既然你都說是無我的，你是證如來藏、是住在無我境界中，爲什麼這時又說是你的法？」也就是說，他們對於無我法，跟指稱世間這個五蘊之身時所說的我，他們是弄不清楚的，所以混爲一談。這種事情不是現在才有，而是《阿含經》中早就記載著了，顯示在 佛陀住世的年代就已經有不少的愚比丘，也是這樣的想不透。佛有時都說這叫作愚比丘，好像沒有說愚比丘尼，因為比丘膽子大，比丘尼比較守分際、比較守本分，不會這樣提出來質疑。所以質疑如來的就像焰摩迦證道成阿羅漢之前，或者像善星比丘等人，都是屬於愚比丘之類，但愚比丘尼比較少見。表示這種事情，既然佛世已經存在，像法時代一定也會有；正法住世的正法時代都會有了，何況末法時代的今天。

到末法時代不但是有，而且是普遍化的。佛陀教導我們，說針對這樣的人應當告訴他說：「佛說的是諸法全部都猶如虛空而寂然無諍，沒有一個眞實的主，也沒有一個眞實不壞的自性；所說的這一些法都只是虛妄法，而這不是第一義。」換句話說，佛陀在初轉法輪說一切諸法皆悉空寂，所說的是緣生緣滅，無常故空，所以無我；滅盡五蘊十八界諸法入了無餘涅槃，就全部空無寂滅，因此諸法之中沒有一個眞實的主，諸法之中也沒有一個眞實常住而永遠不壞的自性，所以是「無主無性」的。諸法全部都是虛妄的，而如來演說一切諸法虛妄時，所說的法也是虛妄的。

聽到這裡，也許有人想：「奇怪！如來說的法，您竟然敢說它是虛妄的！」可是如來已經說了「但是虛妄」——就只是虛妄法。並且說這不是第一義。

即使《大般若經》六百卷中，佛陀把五蘊、六入、十二處、十八界，乃至三十七道品一切諸法全部都說了，包括你所證得的佛菩提智也都說了，但是每一個法都是說了以後隨即把它遣除掉；全部歸結到《金剛經》如來藏，又再歸結為《心經》如來藏，結果竟然說「無智亦無得」。「無智亦無得」的境界竟然說是真實心的境界，那表示第一義諦是什麼境界呢？就是如來藏自己所住的境界。當你能夠觀察自己如來藏的境界中無一法可得，這時你才知道《心經》所說的真實心境界是第一義。

那麼如來藏祂自己的境界中，沒有五根、五力、七覺支、八正道……等，乃至連佛菩提道一切諸法都不存在，所以從第一義的境界來說，佛菩提所說的《大品般若》六百卷那一些法，也都只是虛妄法。現在有人問了：「既然是虛妄法，為什麼如來要演說那麼久？」當然有原因。例如我出來弘法，若是一開始就以如來藏的境界示現，都不藉語言文字來說法。諸位想想看，我這樣子出世度人，二十幾年能度幾個人？我跟諸位報告：一個也無。因為不管誰來問佛菩提，就這樣（導師兩手一攤）。他再問這是什麼呢？我也不說話，就說：「噓！」當我永遠都這樣時，大家對於證悟時該具備的基本知見都還不具備，要怎樣能夠聽懂我在說什麼？所以雖然我要大家證的是第一義境界，可是那第一義的境界，必須要先用語言文字鋪陳出來，預先建立大家該有的正知見，然後去到禪三時才有萬分之一的希望，在我眞說第一義時可以悟入。

換句話說，一萬個人之中才有一個人可以證悟，因爲我直接用第一義告訴大家，不事先殺我見，不普說也不給機鋒，不作任何小參的開示。一萬個人，保證只有一個可以開悟，沒有保證第二個、第三個。這樣子來算一算，算盤撥一撥，我們辦禪三已經四十幾屆了，參加過的人有沒有一萬人？沒有一萬人，那應該現在還沒有人能開悟。對啊！可是我們現在增上班有那麼多人，是爲什麼？是因爲這個如來藏無我的第一義境界，我們施設了許多的方便，從禪淨班開始教起；證悟時還得要有相應的定力，也教導大家去作。禪淨班後期幫諸位殺掉我見了，講般若度時就一起講了，那時我見就應該斷盡了。可是有的人老是藕斷絲連，明知道應該斷，可是心裡面就不願意斷，只好去到禪三時我再殺一遍，也沒法兒全部都殺死。

那麼眞殺死了以後就能悟嗎？也不行！所以我還得要每天晚上普說，然後又在過堂時給機鋒，小參時去黏解縛，外帶給個入處，這樣是不是大家都會了？也不盡然！所以你看，這第一義的境界是多麼難以解釋、說明和實證，一定要靠著各種的方便施設。這個方便施設的過程中，譬如這一上座普說時，我總得問問諸位：「會了沒？」當大家面面相覷時，我當然要說了：「你們都還不會喔？」當我說「你們都還不會」時，我不是就在講「我會」嗎？那是不是有我？當大家都默不吭聲，我只好再接著講：「既然你們都不會，就聽我扯葛藤去吧！」「聽我扯葛藤」有沒有我？有啊！但這個我是一個方便說，如果不是有我、你和他等方便說，佛法都無法演說了，大家要如何能聽懂？每一句法都要用猜的，所以必須要有方便說法。

但是方便說法之中，還有五停心觀的對治法；那只是對治法，不是了義的法。接著談到斷我見，四聖諦講完了，八正道修完了，證得阿羅漢果時，算不算眞實法？也還不算，因爲那解脫道所說的、所觀行的、所實證的，都是在斷世間法而已；把世間法五蘊十八界的執著給斷除了，所觀行的內涵是五蘊十八界，全部都在世間法裡面，當然不是眞實法。證得阿羅漢果了，也還不是眞實法。即使證悟明心了，那時一念不起而不動心，就這樣子看見了：

無始劫以來的眞正自己不曾起過一念。天台宗說一念萬年，好像很不得了；等你實證了，你說：「一念才萬年喔？咱們才這麼一悟，已經知道無始劫以來的眞我從來不曾起過一念，現在依舊如此，未來亦復如是，那一念萬年定力太差了。」

我這一世自己參了出來以後，本來想：「我師父可以幫我印證吧！」以前沒有去檢查他，眞以爲他是證悟的人，於是寫了報告出去，我在見道報告裡面講：「信知自己從來不曾禮佛，信知自己從未踏過一片土。」意思是說：我相信自己從來不曾禮拜過佛，從來不曾踏過一片土。我就這樣寫，因爲我的所見是如此。結果遞出去以後都沒下文，後來才知道，他不印證是對的，因爲他若印證了我，可就成爲大妄語業了。他自己沒有悟，跟人家印證什麼？你們看看，我才一悟就這樣寫出來了。住在那個境界中才是第一義，等我寫出來時，已經不是第一義了；等我講出來時，也不是第一義；講後再整理成書流通出去，更不是第一義了，所以第一義就是如來藏自住的境界。

因此，你們看《大般若經》六百卷，每講完一個法就告訴你是生滅的，然後歸結到「這也是空——都屬於如來藏空性」，然後又告訴你說：「如來藏空性這個法也是空。」這才是第一義。也就是說，你得要轉入如來藏的境界來安住，這才是第一義。當你說如來藏的境界也是空時，那還是法；但是你完全不動，住於如來藏自己的無所有境界中，那才是第一義。前面也講過如來藏無始以來「言語道斷，心行處滅」，那才是第一義的境界，所以「佛說諸法皆空寂，無主無性；」也確實「但是虛妄，非第一義」。因為第一義是如來藏所住的境界，如來不會以第一義的緣故而說有我有人。由於第一義的境界中是無分別境界，哪裡有我有人可以分別呢？可是為了教化弟子大眾可以實證，當然要說我或你，然後說「我虛妄、你虛妄、一切法虛妄」，來烘托出第一義的境界是眞實的，但是其中迥無一法可得，這才是第一義。所以如來從來不說第一義的境界中有我有人，世尊便以這一句作個總結說：「如來不以第一義故說有我人。」

這一種眞如心的境界，你要是悟後可以轉依成功了，再來讀《般若經》時你就會眞懂，也就能夠理解　如來為什麼有時一句話就有二十幾個字、三十幾個字。老實講，《般若經》就得要有時那麼長的一句，一句二十幾個字，才能眞的表達出想要說明的義理。但閱讀能力不好的人，我看他們讀完前半句，開始讀後半句時，已經忘了前半句是講什麼。因爲那牽涉到智慧的作意，得要眞的親證了，讀完前半句時有了那前半句裡所說智慧的作意，用那個作意繼續讀後半句，才會眞懂。否則讀完後半句時已經忘了前半句在講什麼，結果這一整句二十幾個字讀完了無法眞懂。可是你不能抱怨說：「**世尊！您爲什麼不能把那一句講短一點？**」絕不能抱怨，因爲那一句就是要那麼長，短不得。

你看，如來多辛苦！尤其印度那麼熱的地方，說法就把它說到底，怕大眾聽不懂，所以講得很詳盡。有時剛悟的人讀《般若經》，心裡抱怨 如來爲什麼講得這麼囉嗦；因爲總是一句又一句，前面後面似乎有許多的重複。可是 如來必須要那樣重複，如果字句只是一點點不同的重複，義理無法全面講清楚；而且如果不能把前面好幾句長句的作意帶著來讀後面那幾句長句，你必然無法貫通。所以即使有人悟後讀《大般若經》，也不是每人都能眞的理解 如來爲什麼要講到那麼囉嗦。

其實 如來一點都不囉嗦，那叫作老婆心切，因爲 如來就是要這一些阿羅漢弟子們趕快通達般若，才能夠進入初地，這就是老婆心切。我有一次看見過去很多劫以前有一尊如來，當初沒有把祂的開示記下來，眞的作錯了。祂講《般若經》跟 釋迦如來講的模式不一樣，我心裡好奇說：竟然也可以這樣講。可是我要老實告訴諸位，祂的弟子們要在一、二十年中通達般若就不容易了。所以悟了以後，還是有耐心一點比較好，要體會 如來爲何要這樣講的苦心。所以 世尊講了這個法，告訴你眞如衍生出來某一個法，這個法的內涵如何，它的體性是如何，然後告訴你這個是緣生性空，最後告訴你說這個本來也是如來藏空性的法，而如來藏空性這個法也不存在。

最後告訴你說空性一法也不存在，明明剛剛說有這個法，爲什麼又說不存在了？因爲你要轉依如來藏空性的境界而住，是連般若智慧也同樣都要遣除而處於眞如境界中；這樣才是眞的能夠懂般若的人，才是眞正的住在第一義的境界中。懂這個道理以後來讀《般若經》時，《大品般若》六百卷，你就不再覺得煩了，就會一段一段去深入理解。當你把《大品般若》六百卷都讀完，每一段都去思惟然後轉依了；六百卷都讀完而如實理解轉依成功，你那般若通達位應該有的非安立諦三品心就完成了；剩下的是你要入地時需要別的什麼條件，就自己再去補；須要廣大福德就去修，須要永伏性障如阿羅漢——至少得要證得極品的三果解脫，你就去修吧。

如果這兩個條件你也修好了，不信初禪不現前——圓滿的初禪一定會具足現前。這時依大乘的四聖諦，把十六品心、九品心修好，你可以自證自知：「我生已盡，梵行已立，所作已辦，不受後有。」然後把《華嚴經》中的十無盡願，也就是十大願請出來，人間如果還有證悟菩薩，請兩位、四位來作證，就在佛前發十無盡願；發到你對十無盡願的增上意樂眞的生起而且清淨了，你就是「生如來家」的佛子了。說來很簡單，可是那六百卷所說的一一法歸結到空性如來藏，然後告訴你說空性如來藏這個法也不存在，就是要你住在第一義的眞如境界中，不要對剛剛所說的那一些法和所有智慧有所執著。

當那六百卷讀完、觀行完，轉依成功了，你的無生法忍第一分之中的少分就出現了。你可別說：「啊！這才是第一分中的少分喔？」當然是少分，無生法忍分爲十地，初地的無生法忍，就算你入地了也還沒有具足初地的無生法忍，剛剛入地而已，當然只是無生法忍的少分而已。那麼這樣來讀《大般若經》才有用，否則把它讀到起毛邊了也沒用，都只是依文解義，爲人作嫁衣裳。古時一句成語叫作「爲人作嫁」——老是在當伴娘，老是爲其他的新娘製作新衣，但自己永遠嫁不出去，結果就當個老女人；當到老，都是爲人作嫁；所以縫了好多件新娘衣裳，也都是爲別人縫的，都不是爲自己，自己永遠沒分。

所以說，要怎樣去瞭解 如來在《大品般若》中細說的道理，其實不容易；但如果有善知識爲你點開來，你又實證了如來藏，然後去讀時就會體會到 如來眞的老婆心切。因此說，《法華經》講大富長者的譬喻，眞是譬喻得太好了！因爲那是大迦葉尊者親自體驗到 如來的慈悲，如來就是這樣子教導過來，而弟子們一起跟著走過來；所以到開演《法華經》時，他懂這個道理了。但是古來有多少人能理解這個道理？所以你們看，讀《摩訶般若》的人，不說《大品般若》，就說《小品般若》好了，或者說讀《金剛經》好了，究竟有多少人懂得 如來慈悲在什麼地方呢？

所以眞要談第一義時若不施設方便，眞沒得談，一定要有許多的方便施設。這時就得要有我、有人、有他，必須這樣來演說般若。假使 如來今天想要講某一部經，不呼喚阿難的名字，只說：「**敲雲板。**」阿難要去猜：是要我去敲雲板，還是要叫別人敲雲板？或者猜測以前敲雲板是怎麼回事，現在敲雲板是怎麼回事，到底 如來的意思是什麼？他要猜啊！可是 世尊如果說：「你去敲雲板。」阿難一聽就懂了：「諾！」就去敲了，否則得要猜上老半天，可見「你、我、他」這些五蘊我的代名詞眞的好用。

又如阿難也許想：「如來集眾是爲了何故？」他想表達這個意思時，如果不說「如來」一詞，那麼旁邊的人還得再猜一遍。集眾完了，如來要說法時是不是應該跟大家說：「今天召集大家來，是爲了想要爲你們講一部經，演說什麼法，我釋迦牟尼如果不說這個法，你們就不能了知這部分的佛菩提。」這時當然得要有我、要有諸位、大家、你們，要這樣有各種不同的人稱來談。所以這「我」是世俗說我，不是第一義中有我；要用這個世俗說的我，來相對於大眾而說你們、大家、諸位，才能表達爲大眾演說佛法的意思，才能說明第一義的境界是無我的，所以第一義中沒有我可言。沒有我可言，沒有任何一切諸法，一法也無，這才是第一義的境界。

所以你們看禪師家怎麼說話呢？有人拈提了某一個公案，這禪師閑話幾句把他給貶了，就說他依舊不離我。說完了，徒弟問說：「師父！您這麼說，到底有我、無我？」這禪師馬上說：「老僧也好領三十棒。」把自己也打了，爲什麼？因爲你在言說中說「老僧」時就已經有我了，不是住於第一義的境界了。所以說，禪師眞悟與錯悟之間，那距離是非常大的。到末法時代，何曾有人了知其中的關節呢？咱們拈提了那一些不知天高地厚的、我們叫他年輕小夥子好了，即使他已經是八十歲的大法師，還是年輕小夥子，因爲他沒有經歷過天多高、地多厚，也敢來月旦蕭平實，聰明人可都默不作聲。正因爲我那樣說，也是方便說我，假使我不這樣拈提，誰能夠得到個入處？

所以眞實的境界中無我、無你、無他，還在那邊講什麼你、我、他？講什麼多一無？當他講無時也還是五陰，在第一義的境界沒有多、沒有一、更沒有無，一切法都不存在。外道聽到人家轉述 如來說第一義的境界時，他自己覺得很厲害，心想：「我來質詢瞿曇。」說他要來質詢 釋迦牟尼佛，只要一句話就讓 佛無法開口，所以他來了就說：「我一法不立。」他想：「如來說的也是一法不立，我也說一法不立，你能奈我何？」沒想到 如來開口就說：『一法不立』這個法，你立不立？」對啊！他說自己建立的法就是一法不立，那 如來問他說：「一法不立，這個法你立不立？」你如果建立了一法不立的法，這已經建立一個法了，你又怎麼能夠說你是一法不立？這外道沒奈何，自知墮於負處。

可是假使你當時在，那外道問你說：「聽說你是聖弟子，你們如來說的法，我聽起來是一法不立，現在如來又說不對，請問你們是住在什麼境界？」你要怎麼答？（有人答話，聽不清楚。）答對了！默然就是答了，你只要定定看著他就好，就已經答他了。可是意識層面的理解，跟你實證後的理解是不同的。在一般學人的意識層面理解中，就是心中不起語言文字，這樣就是一法不立。（有人說話，聽不清楚。）不對！你必須用如來藏的眞如境界這樣默然對望，一句話也不必答，一聲不吭就對了。你可別抗議說：「你在瞎掰什麼！怎麼佛法來到這裡，你可以講一些天馬行空、亂扯一通！」這不是亂扯一通，因爲第一義的境界正是如此。豈不聞外道來問佛說：「不問有言，不問無言。」佛陀踞座默然，良久之後，外道很歡喜的禮佛三拜，讚歎說：「世尊大慈大悲，開我迷雲。」又禮三拜歡喜而去。那個外道到底是不是外道？那一定是菩薩再來，只是沒有指明是哪個菩薩而已。

所以第一義的境界無我無人，怎麼可能 如來會在第一義之中說有我有人呢？所以諸經中說的我、人，那是方便說我，否則無法度眾，也無法把第一義的正理教導給弟子們實證。因此 如來又說：「聖人言說無所貪著，無智慧人無與佛等，亦無過者；」這是說，眞正實證般若的人名之爲聖人，當然這裡講的聖人是指通達之位，這可不是二乘菩提講的聖人。在二乘菩提中講的聖人是三果人、四果人，初果人、二果人爲什麼不叫作聖人？假使今天有人第一次來聽我講經，心裡面一定在懷疑：「這蕭平實在講什麼？明明初果、二果就是聖人。」咱們來探究一下，初果人叫作須陀洹，須陀洹者名爲預流，預流的意思是說預入聖流，預先把他算作進入聖人者流之中，那算不算聖人？不算。

就好像有人參加聯考，考上了，他去登記臺灣大學，註冊完成了，算不算臺大的學生？還不算。他還沒有上課，怎麼是？是已經在上課了才算學生，還沒上課前怎能說他是學生？好像說，來到正覺塡了報名表，算不算學員？還不算，得要正式上課了，終於是學員了。但是爲了世俗的方便，就預先說他已經是正覺的學員，因爲他報名被接受了。預先說他是臺大的學生，因爲他已經註冊完成，被臺大接受了，所以是預先算數的。這個初果叫作聖人，也是預先算他是聖人，那到底實質上是不是聖人？不是。

那二果人總算是了吧？二果人已經努力在修行了，從初果的階位努力修行，所以貪瞋癡都很淡薄了，所以他不用像初果人得要七次人天往返才得解脫，他只要往生欲界天過完一世再一次來人間就解脫，算不算聖人？也還不算！《阿含經》中有一部經說這還不算聖人，因為他的境界還停留在欲界中。三果總可以算了吧？四果總可以吧？可以。可是迴小向大來到佛菩提道中，如果以前沒有修好布施，仍然要從初住位開始修布施，如果菩薩戒沒有受持過，還得要從頭來再來受菩薩戒，然後把菩薩戒學好；還要一步一步進修，熏習了般若，六住位完成時才算六住滿心。但這時眞如在哪？還不知道，得要 佛陀用教外別傳的方式，隨時給他個機鋒；這個機鋒悟不了，改天另一個機鋒也許就悟了；悟後不疑心、不退轉時，才算是進入第七住位，這時可以算是聖人了吧？都證眞如了！不！在佛菩提道中算他是賢人，還不是聖人；得要悟後把非安立諦三品心都給學好。

如果往世修的福德不夠，他還要努力去度眾生，作廣大的法施。法布施作了很多，加上往世修了很多的福德合起來，再加上去救護眾生脫離邪見，全部都作好了，發了十大願而無窮無盡。這十無盡願還得要清淨才行，配合原有的解脫果中四果修證才算是入地，才能夠說是聖人，所以佛菩提道中說的聖人境界，想要達到很難。阿羅漢進了佛菩提中，莫說他還沒有證眞如，就算證了也還不是聖人，只能說他是解脫道中的聖人而已。

如果入地了，如來這麼說：「聖人言說無所貪著，」有道種智的人竟會貪汙錢財，這我不信。因爲他都已經得解脫果了，錢財在他手裡是要用的，不是要累積的，所以他爲大眾說法時，不會一天到晚抱怨說最近手頭好緊，也不會說昨天我家米甕裡一粒米也無。他不會告訴你這一些的，能夠入地時一定有他自己的福德，不可能沒有福德生活；只是他要不要把福德實現罷了，所以當他說法時不會有所貪著。那外道們不懂這個道理，他們都說：「如來與我們爭名聞利養。」沒想到末法時代的臺灣也有佛門外道說：「佛爭一爐香，人爭一口氣，所以我要跟蕭平實計較到底。」佛需要爭一爐香？佛在無量數劫之前就把轉輪聖王捨棄了，然後去證得無生法忍才算入地的。入地的人都不爭一爐香了，何況再經兩大阿僧祇劫修行以後成佛了，還要爭一爐香？那種人還能叫作佛弟子？怪哉！怪哉！

我們就說這只應該在末法時代才會出現，像法時代根本不會有這種荒唐的說法出於學佛人的口中。如果是世俗人講的，咱們當作沒聽見就好，不用跟他頂嘴，因爲他是世俗人，他不懂；可對方如果是個法師，開口也說：「佛爭一爐香，人爭一口氣。」你就「啪」的給他個五爪金龍，他氣起來質問你：「你爲什麼打我？我是三寶之一。」你就說：「我在救你。」他一時會不過意來：「我又沒犯罪，你幹嘛要救我。」就好好告訴他：「你剛才謗佛了，自己都不知道。你講那一句話就表示佛陀還有貪著，那不是謗佛嗎？懺悔去！」要他好好去佛像前懺悔。

所以說：「聖人言說無所貪著，」不可能出來說法時一天到晚老是呼窮喊困。既然有道種智，背後一定有足夠的福德，如果需要用大筆錢，可以把房子賣了、把土地賣了，隨便賣一間、賣一筆，不也夠用了嗎？何需開口跟人家要呢？那就是貪著。所以有人告訴我說：「大陸某某地方，有人讀了老師您幾本書以後，宣稱他是四地菩薩，卻又抽菸喝酒，翹著二郎腿還會抖腳，總是希望人家供養他。」我聽了噗哧一聲就笑出來了，我說：「有這樣的四地菩薩喔？」這表示他的心都在貪著。這樣的人會有無生法忍？才怪！所以

「聖人言說無所貪著」，假使他還有貪著，你們大約可以判斷：他就算是眞的有開悟，一定也在九住位以內，不會到第十住位；因爲如果眼見佛性分明了，那如幻觀現前時還需要貪著什麼？所以 如來說的都是誠實語，而且是不二語，因爲你永遠不可能去改變它，也沒有人能逼迫 如來去改變所說的這句話。

世尊接著說：「無智慧人無與佛等，」沒有智慧的人，沒有誰是可以跟 如來相等的。老實說，如來講這一句話還是很客氣的，要是我，我會怎麼說？我說：「無智慧人，無與諸位等者。」沒有智慧的人，沒有一人可以跟諸位相等。所以你們看，我們親教師們在電視臺上弘法，難道他們都沒有親朋故舊嗎？多的是！那些親朋故舊就沒有人學佛自以爲悟嗎？一定也不在少數。可是問題來了，有誰敢去質疑親教師們？一個也無。如果敢去質疑的，表示那個人（講一句難聽的話，南部人說「目睭去給蛤仔肉糊著」，要是說一句國語的俚語，就說他眼睛一定是被牛屎糊了），他根本看不清對方是什麼人才會去質疑。

所以你們看，在網路上罵我的，能不能找出哪一位是大法師或是密宗假藏傳佛教的法王？找不到，都是那一些蝦兵蟹將。如果說他們蟹兵蝦將，好不好？只要稍微懂一點佛法的人，就不敢開口了。那你想，還不說 如來，單說我、單說我們親教師就好，或者我們增上班的任何一位同修，只要外面的大法師聽到說這是正覺同修會增上班的同修，我保證他不敢開口。儘管在別的地方，他說法的會場弄得多大，聽眾有幾萬人，一聽到這個人是正覺同修會增上班的學員，可就閉嘴了！禪宗有一句話叫作口似扁擔，他不敢開口了。

所以 如來說這一句話還眞客氣，沒有智慧的人跟一位七住菩薩都不能相等了，何況諸地菩薩？更何況 如來呢？所以不可能有誰超過 如來。如果有人宣稱他比 如來更高，那是什麼人？一定是凡夫，而且保證是外道。如果是佛門中人，你們看：即使是宇宙大覺者，即使是他的師父釋印順宣稱成佛了，也不敢說他比 如來更高。可是你們看喇嘛教那一些人喝酒吃肉，又是一天到晚在推廣樂空雙運，晚上還得找女弟子合修雙身法，這一些人竟然宣稱說他們個個都比 釋迦如來更高，說他們超過 如來的境界，當然都是凡夫、外道。

以前沒有人敢說他們，爲什麼呢？因爲眞正的佛教徒都是宅心仁厚，也都是誠懇謙虛；這樣的佛弟子們聽到那些喇嘛來到臺灣，自稱不但成佛，還比如來更高，心裡面想：「這是天大的大妄語，可是人家敢這麼公開講，想來是眞的嘛。」因爲想想自己連講個開悟都不敢了，連講個初果都不敢講，人家敢說比如來更高，而且是公開講，那想來是眞的。因爲再怎麼想，都想不到有人敢大妄語，所以就相信了。沒想到跟著努力奉獻、努力修行，學了二十年以後，突然間出了一套《狂密與眞密》說那都是假的，你們看是不是臉都黑掉了？不只是黑掉一半而已，是整個黑掉。

正覺出世弘法二十年以後，如今喇嘛們自己的臉也黑了，不單單信徒黑了。所以現在喇嘛們也出來托缽，換了正統佛教的僧服站出來托缽了。以前他們何曾托過缽？他們只要坐在自己的壇城中，口說大話，要錢有錢，要酒有酒，要女人有女人，什麼都有。以前還有個喇嘛，人家供養一〇一大樓的其中一戶給他住，後來他搬走時人家去打掃，裡面都是空酒瓶，國酒、洋酒都有，這樣的人叫作佛？那叫作不知死活。這樣的人正是閩南語講的「七月半的鴨子」，明天就要被宰殺了；明早就要被宰殺，今天晚上還呱呱叫，洋洋得意。所以說有誰敢自稱證量比如來更高，那鐵定是個凡夫，而且得加上兩個字「外道」；因爲如來有十號，他們連其中某一號的功德也無。

如來又說「**亦無過者**」，絕對是眞實言。現在他們信了，信說自己是凡夫；爲什麼呢？因爲以前他們宣稱要先把顯教的法學好，最少要學十年，學好了才有資格學密。現在問題來了，這顯教的法，蕭平實講了、寫了、印出來了，結果他們竟然都讀不懂，到底他們把顯教的法學好了沒？沒有！諸位講得很正確。所以我曾經在書裡面講過：喇嘛們既然顯教的法都還沒有學好，他們現在要先學顯教，他們還沒有資格修密，更沒有資格弘揚密法，請他們都先回來學顯教。所以他們不得不買正智出版社的書去讀，讀了很苦惱；每一個字都認得，是什麼意思卻不懂，很苦惱。

人家徒眾也會問：「**上師！您說要先學好顯教才有資格學密，那顯教這個法，您也教教我們吧！**」也就不得不教。所以去年索達吉不是也在講斷我見嗎？聽說還整理出來貼在網路上，我們有親教師、有同修告訴我說：「這一看就是抄您的《**阿含正義**》，**我們應該把他破了**。」我說：「**不要破他，讓他繼續講**。」所以我的想法跟人家不一樣，我看到的是後面未來；因爲他繼續講下去，到最後信徒會問他：「請問上師！既然這我都是假的，依於我而存在的大樂光明無上瑜伽，不也都是假的了嗎？」最後人家一定要問這個，那時他怎麼辦？他沒轍了！所以好像最近也不是常講大乘法；不常講顯教的法了，因為格格不入。

所以不可能有誰過於　如來，證悟明心的菩薩看見了十住菩薩，說「無法想像您的如幻觀境界」，十住菩薩說「我無法想像初行位菩薩那個智慧境界」，初行位菩薩想到說「到第十行位那個境界不知是如何」，好不容易到了十行位時又想：「初迴向位的境界我也不知道。」就像這樣子，然後第十迴向位想：「到底初地是什麼境界？」這樣一直往上；入地心不懂住地心，住地心不懂滿地心，滿地心不懂上地心，一直到妙覺菩薩不知道究竟佛的境界。那麼你們想：那些密宗假藏傳佛教的活佛們、法王們，連初果的境界都不知道了，何況是阿羅漢所不知道的菩薩明心境界。所以自從正覺弘法以後，他們沒有人敢再說自己比　如來更高；因為我們這些弘法的親教師說的法，他們法王、上師們都聽得很吃力。如果要來跟蕭平實論法，可不敢起這個念。所以聽到或者讀到蕭平實書裡面說：「如來境界不可思議，深不可測。」

他們會想：「連蕭平實都不知道如來的境界，我們怎麼可以去挑戰如來？」所以這三、五年來，密宗假藏傳佛教再也不說他們境界比 釋迦牟尼佛更高了。因此，如來說的永遠都是不二語：「亦無過者。」不會有誰能夠超過 如來，就算將來咱們成佛了，也不會超過 如來；最多就是一樣而已，怎麼可能超過？

世尊接著又開示說：「舍利弗！如來智慧不可思議，以是智慧知眾生心，寧當有人與佛等者？」如來的智慧確實不可思議，你看那麼多的等覺、妙覺菩薩們，有誰敢在 如來面前猖狂，只有不懂 如來智慧的人才敢在 如來面前作獅子步，這樣走路。所以目犍連尊者當初就是不知道 如來智慧深不可測，他才會說：「我能夠看見八千佛的世界。」覺得自己很行，作獅子步來到 如來面前。沒想到 如來讓他看見無量無數佛土，這才嚇一跳。所以有一些愚癡的學佛人，爲了眷屬、爲了名聞竟然敢說大話：「悟了就成佛，誰要是說悟後起修，他就是沒有開悟。」

我剛弘法早期就有這樣的人，那個人姓林、名□漳；那是誰？是自在居士。名字取得好，可惜名不符實，遇到了蕭平實就不自在了，於是只好出家去了，看蕭平實會不會看在那一件僧衣上面不再說他。沒想到我照說，他穿了僧衣，我還是講；因為他是身出家，我是心出家，而且是出了三界家。所以當初他還指責人家：「誰講悟後起修，他就是沒有悟。」殊不知六祖那一句「一悟即至佛地」只是方便說，是說理上悟了就是佛的境界，因為從理上來說，如來的境界是第八識的境界，你現在因地悟了第八識，同樣是第八識的境界，所以悟了就是佛地；說的沒有錯，不能見責於六祖。但是那不是究竟說，因為悟後得要次第修行，那都是他們所不懂的。

所以如來的智慧確實不可思議，連妙覺菩薩一生補處即將成佛了，都不敢說他具足了知 如來的智慧。所以只要誰敢說他完全具足了知 如來的智慧，就知道那是個凡夫。假使有人說他比 如來智慧更高，那一定是外道，不只是凡夫；譬如誰？姓李的，遇到洪水志氣就來了，那個一天到晚叫人家掛個布招叫「法輪大法好」的人，他說佛分幾等，自稱比 釋迦如來要高二等，那就是凡夫而且是外道，因為 如來智慧不可思議，他卻沒有智慧。

一定要先建立對諸佛如來智慧不可思議的正知正見，然後對佛有具足的仰信以後接著來修行，實證以後再來比對，就會知道那距離差太遠了，越往上修就發覺距離越來越遠。當你發現跟如來的距離越來越遠時，其實你就是越來越靠近如來的境界了，但這個道理不容易懂。如來以這樣的不可思議智慧去了知眾生心時，當然要說：「寧當有人與佛等者？」眾生心，說容易瞭解確實也容易瞭解，因為眾生心不過就是識陰這六個識，有什麼難瞭解的？不難啊！可是眞要瞭解眾生心時還眞難。

先來說不難瞭解，例如我常常教導諸位，不管外面誰來跟你討論什麼法義，說他的智慧境界多麼深妙，你都可以不必講話；等他全部講完了，你輕描淡寫就說：「你所說的這一些，全部都在識陰的境界裡面。」一句話結了，因為他所說絕對跳不出識陰之外。假使他的禪定修得很好，無覺無觀三昧——或者二禪、或三禪，乃至有非想非非想定好了，你就輕描淡寫告訴他：「你這一些境界很勝妙，可惜了！」讓他來問你，他一定要問你：「可惜了什麼？」你就告訴他：「可惜都是意識的境界。」他這一聽臉就垮了！所以不必去跟他們討論說他的境界內容是什麼，你都不用討論，因為你們不像我這麼雜學。

我是個雜學的人，在學校讀書時只有一樣不學，就是課本的內容，所以我在學校讀書時，課本裡面都是另外一本書，老師們看不見我在讀什麼。我都讀課外的讀物，我很雜學，可以跟他們多多少少講一點外道法。諸位沒有那麼雜學，因為諸位都是好學生，課本都讀得很好。但我對課本沒興趣，沒奈何！諸位讀得很好，可是也不必擔心什麼，那些喇嘛們不管說他的境界多麼勝妙、說他比你更行，你就說：「那你講給我聽聽。」你就靜靜地聽，讓他講到口水乾。等他講完了，你說：「你講完了呵？還有沒有？」要問。如果還有，就讓他繼續講，講上五個鐘頭，你說：「你繼續講，我去買杯飲料來。」買一杯就好，不必給他。你就一面喝，一面聽他講，他說：「我講完了。」你就說：「可惜了！」還是「可惜了」，因為喇嘛的境界永遠跳不出識陰與色陰的範圍，既然落在識陰與色陰的範圍中，就必定還有受想行，五陰具足。

如果遇到佛門大師，他說：「我一入定，三個鐘頭都一念不生。」你當面告訴他：「我才不信。」他不服氣的話，你就告訴他：「那不然，咱們實驗看看，三個鐘頭一念不生，你如果辦得到，我供養三億元臺幣。」你要是說一百萬，他不看在眼裡，三億元他得要正眼瞧你了。他說：「那怎麼樣試驗，你又不知道我心裡面在想什麼；我有沒有一念不生，你也不懂。」你就說：

「這個容易，我的他心通很厲害的。我們現在就開始吧，看你要坐著站著都行，以我的功夫，我站著走路都行，但你恐怕要坐下來，那你就坐下來吧，我們看現在是幾點鐘。」他才坐下一念不生五分鐘，你就開口了：「號稱爲大師，好好的法不學；這個以定爲禪，他還當眞。」他可能忍住了不動聲息，沒關係，咱們風涼話繼續講，到最後臉紅、脖子粗，這時你可以問：「請問大師，您現在還一念不生？」對吧？他沒奈何了！

所以這一些人就算眞能一念不生，眞有定力而離五塵了，這樣的人一定是二禪以上；因爲他進入等至位時，他是離開五塵的；這時你在跟他褒獎也好，跟他貶抑也好，他都聽不見，所以他一定是完全住在定境中。你看他還眞入定了，拿個引磬在耳邊「鏗——」，這一敲，他得要出定了。出定後，你得告訴他：「你還眞有一念不生的功夫，可是這個境界太差，你沒有辦法一面講話一面一念不生，我有辦法。我現在跟你講話時還是一念不生的，你懂這個境界嗎？」他不懂，可是他不信，你就好點他：「其實你再怎麼一念不生，終究是意識境界，而意識是藉意、法因緣生，這種生滅境界，你修得來有何用？般若照樣不懂，一切種智更甭提了！」他如果夠聰明，趕快爬起來頂禮三拜：「祈求善知識攝受我。」這才是聰明的大師，可是這種大師可遇不可求。

所以眾生心很簡單，無非就是識陰具足的境界，無非就是意識的境界，不外乎這兩種的境界。如果像密宗假藏傳佛教的宗喀巴一樣落入色陰或者受陰之中，那叫作等而下之。但是你如果要從事相上去了知眾生心，這不容易。你看那麼多部的經典裡面，有沒有哪一部經典說眾生在人間造了什麼樣的業習，死了要到什麼地獄去，地獄出來以後要成爲什麼樣的鬼道眾生，那一種鬼道眾生回到人間以後，要成爲怎麼樣的旁生有情？十習因有十種不同的業習，然後下墮不同的地獄，離開地獄當餓鬼時個個不同，而個個不同的餓鬼來到人間，有的成爲休徵，有的像喜鵲報吉祥等，還有互食爲命，互相吃來吃去，這一些旁生眾生報盡後來到人間會成爲什麼樣的人，有哪一部經這樣講的？《楞嚴經》。就只有這麼一部經。少了這一部經，佛法就不完整了。但 如來爲什麼能講這個？因爲如來知眾生心。可是 如來知眾生心，不爲無因，祂就是以不可思議的佛地智慧來了知的。這個只有 如來能知，所以說：「寧當有人與佛等者？」

所以遇到那些喇嘛們，隨便拿一個小部分的佛法來問他們，他們就都不懂了，還敢再說什麼？以前他們自以為懂佛法，是因為正覺還沒有開始弘法，他們讀的那一些大師們的書，不是之乎者也，就是無病呻吟，聽來聽去就是那一些識陰境界的東西，沒什麼好聽的，跟他們所知的一樣，所以他們認為顯教的法就只是這樣。沒想到正覺出來以後，顯教的法不一樣了；可是去比對經典，原來正覺的才是顯教的法。所以現在罵蕭平實的新貼文少了，對吧？對啊！大多是以前貼的。如今喇嘛們其實大部分也知道自己的法不是佛法。諸位看看我們三大報，登了破達賴的那些文字，本來以為很多密宗假藏傳佛教的信徒會打電話來抗議，結果沒有幾通，可能沒超過十通。你們看沒超過十通抗議電話。還有社會人士認同，打電話來讚歎。抗議的，或許連五通都沒有，我聽到的消息是有三通，後來這幾天不曉得還有沒有，不知道。

這表示什麼？表示社會大眾也都知道喇嘛們是專門搞雙身法的，達賴就是領頭在宣揚雙身法的人，他們來到臺灣就是破壞臺灣的善良風俗，大家對這一點都沒有懷疑。照道理說，至少喇嘛們要打電話來抗議；臺灣以前說有三、四百個所謂的佛學中心都是喇嘛們的，每一個道場打一通，應該也要有三百通以上，結果只有三通。這表示什麼呢？表示他們知道自己的法不是佛法，可是爲了生存，也爲了對原來的信徒交代，他們不能承認。一旦承認以前傳給信徒的都不是佛法，信徒至少會有十分之一來問師父說：「師父啊！上師啊！我以前供養您那麼多錢，原來您都是騙我的，不然您就還給我一半吧！還不了一半，還三分之一也行，我再去尋找善知識。」怎麼辦？根本沒辦法還，怎麼辦？都被他花天酒地花光了。所以說，有誰能夠與佛相等？只有凡夫誇大口罷了！假使眞懂佛菩提道，把那五十二個階位的內容都瞭解了，還敢說自己比 佛厲害嗎？一定是凡夫本質加上不學無術，才敢誇口說他們比 佛陀更行。從今以後，不管聽到誰說他比 釋迦如來更高，就說那是外道凡夫，一定沒錯。

世尊又開示說：「佛爲大龍、大法之王，不應難言：『佛說有人』。」佛是大龍，一切龍中，佛爲大龍。飛龍在人間是層次最高的有情，誰要惹得龍王不歡喜，不要說龍王，一般的龍就好，噴一把火或者撒一點水，叫你吃不了兜著走。一般的龍都如此了，如果是一切龍之中的大龍，那可不是天龍、化生龍，眞的就不可小覷了。所以 如來收伏暴龍並不困難，如來不殺眾生，所以只會加以收伏。暴龍是世間所有大神通者都不敢去招惹的，但 佛陀照樣收伏。

如來不但是大龍，而且是大法之王，小法不足道哉！小法到底是什麼法？二乘菩提。我記得寒山大士也講過這句話：「二乘小法」。二乘法是凡夫、外道們都不懂得的，都還被稱爲小法，阿羅漢都還被稱爲小法聲聞；可是竟然也有人連二乘小法都不懂，自稱是大法，然後自稱也在轉法輪；但轉法輪還要練功呵？諸位看我轉法輪，何曾練過什麼功？年輕時練的鶴拳氣功卻跟現在的轉法輪沒有絲毫關係。

佛法中的法輪本身就是世上最大也最厲害的神功，也許有人不信，心裡面想：「哪一天來了一個三明六通大阿羅漢，我看你還有什麼神功？」三明六通大阿羅漢來到面前，我跟他示現無相神功，他看不見就不能開口了。我說：「我這個無相神功，不管誰的功夫多好，都打不到我這個境界裡面來。」他總要問問：「你的境界在哪裡？」「在這裡啊！你沒看見嗎？」「我沒看見，你什麼境界都沒有啊！」我說：「你那個天眼是假的，我明明示現了無相境界給你看，結果你竟然看不見，都只看到我在世間法中的五蘊。你連看都看不見，還能夠打進來呵？」這一下，他也只好閉嘴。

也就是說，什麼才是大法？無相的法才是大法，有相的法一定有人能夠超越。無相就是無一切相，無相是如來藏的境界，不管誰的神功多厲害，都離不開如來藏；離開了如來藏，他什麼功都沒有了。這樣的大法是 如來才能具足圓滿的，所以 如來是大法之王。既然如來是「大龍、大法之王」，懂的人就不應該提出來質難說：「佛陀所說的還是『有人』。」因爲 佛陀明明說一切眾生緣生性空，怎麼會是「有人」呢？不但一切眾生緣生性空，而且還說「法無我」——一切諸法都是空性如來藏，所以諸法無我就是空性如來藏，空性如來藏無我怎麼會有我？所以 如來說「法無我」，那怎麼會說「有人」呢？

但外道與凡夫不懂，只好又從世間相來說：「一切世間常共我諍，我常不與世間共諍。」不但大乘經這麼說，二乘經中也這麼說。「常」就是永遠，「一切世間永遠都和我來相諍，而我永遠不與世間諍論。」所以外道們抱怨：「釋迦如來跟我們爭名聞利養。」這就是因爲他們完全不懂佛法，所以不懂如來的境界。懂的人就不會說：「如來與我諍。」因爲諸地菩薩都已經不與眾生諍了，何況 如來！所以在佛教弘傳的歷史之中，都可以很清楚看出來：自古以來那些證悟的諸地菩薩們，沒有一個人在搞名聞利養的，後代倒是有許多大法師們搞大山頭和名聞利養。

在古時候，你們去看，馬鳴、龍樹、提婆、無著，後來的中國玄奘，他們有沒有去搞什麼大山頭？沒有！說到這裡，我就想，我也是太天眞。那時正式決定要弘法了，我想：如果正覺同修會成立了，將來需要一家寺廟，誰願意捐了，我都不用蓋寺廟，這樣最好；人家出家總是爲了求法，我把法傳給他，他繼續幹他的住持，我就在那裡弘法就好了，不用再蓋寺廟，那太辛苦了。結果都沒有，一直到七、八年前，開始有人要捐寺廟給正覺，那時我只是說不合用，我要的是一個可以打禪三的道場（編案：這是二〇一六年所說），結果都不合用，所以我們總共拒絕了大約三家或者四家寺廟。但眞正可以讓我們用的寺廟，沒有人要捐，在這末法時代要找一個印宗法師還眞難！

所以他們都以爲我是與他們「共諍」，可是我一來不搞名聞，二來不搞利養，跟他們諍什麼？我把錯誤的法講了、說明錯在何處以後，他們的信徒也不會來供養我。他們的信徒們看我拈評他們的師父，氣都氣死了，還會來供養我？才怪！所以我不與他們「共諍」，但喇嘛總是說我跟他們「共諍」，可是密宗假藏傳佛教的信徒有誰來供養過我？不說他們，你們要供養我都難，就別說他們了。所以說，諸菩薩就不與世間人諍了，更何況是諸佛如來？今天講到這裡。

有些不是很熟的熟面孔，原來你們是提早來聽經。《佛藏經》上週講到二十二頁倒數第二行，上週最後說：「一切世間常共我諍，我常不與世間共諍。」這就好像我們弘法以來，常常有一些初機的信徒攻擊說我求名聞、求利養，因爲在他們的想法裡面，敢冒大不韙而出來評論別人，爲的就是譁眾取寵，不然就是希望一鳴驚人。當大家都注意他了，他聞名了，於是利養跟著來，這是一般的情況。所以當年有很多初機學人，他們因爲情執，看見自己最崇拜迷信到無以復加的師父，被蕭平實給評論了，心裡面很難過。要說正格的，那個難過遠比我罵他們的父親、祖父還要難過，他們是這樣覺得的，所以他們揣測：這蕭平實出來弘法，一竹篙打翻一船人，究竟爲了什麼？不外乎名聞與利養吧！

可是後來我們有的同修在網路上回應了：「如果要求名聞，那應該用本名，不要用筆名；每一本書上應該也印上相片，這樣求名聞才能成功啊！老是不讓人家認識，出門沒有一個人認得，這是想求什麼名聞呢？若要說是求利養吧，他自己不受供養，會裡任何人護持，他也不經手，又不管帳，那麼這個利養要從何而來？」所以世間人無法理解我的想法，他們私心裡面的認知就是：這樣一個人，等於是強出頭，這不是為名聞就是為利養，再也沒別的了。因為他們不能相信有這樣子無私無我的人，所以就像達賴基金會告我們時，達瓦才仁在法庭上怎麼說的，他竟然說：「砍頭生意有人作，賠錢生意沒人作，我不相信他們正覺是這樣。」原來他們是把佛法當作生意。

但我出來弘法二十幾年，沒有收過任何人一塊錢、兩塊錢、幾萬或者幾百萬、幾千萬元的供養，從來沒有收過。且不說收不收供養，即使是我自己出錢設立出版社，我也不曾把那個盈餘分配款領回來，都放在出版社裡面，用來護持正法。如果要賺錢，我還不會？我把書價拉高一點，多賺一點；那你想，我們每年正智出版社賣給同修會的書，賣了不少本，賣的是什麼價錢？以三折賣給正覺出版社，加上稅捐要付，扣掉以後能賺多少錢？

可是這樣的作法，外面的人很難相信，白花花的鈔票不懂得賺，盡往外推；就這樣三折賣給正覺出版社，然後同修會付了運費送到大陸去，那運費很貴的，我們也沒有漲價，天下有人這樣作生意的？這不是作生意賺錢的道理，這只有傻瓜才會作。我說這樣的傻瓜才是聰明，一世賺得來的錢財沒法子帶到下一世去，因爲這個身體不能去下一世；而民法所規定的債權、物權的所有權，都是依這個身體來規定的；這個身體沒了，你就全部都沒了。你不可以說：「下一世入定看見了，我上一世姓蕭、名平實，我還有財產，我要去拿回來。」對不起，法律不承認的。要是眞有那麼一天，下一世的我要拿回財產，我這一世的兒子說：「我們都依法繼承好了，憑什麼你要來跟我們拿？」說個笑話啦！

這就是說，菩薩的心行，眾生無法瞭解。他們連菩薩的心行都無法瞭解了，何況他們能瞭解 佛陀的心行？所以他們講：「佛出現在人間，害我們沒有利養了。我們本來名聲很好，因爲佛出世說我們不對，我們的名聞都不在了，所以佛跟我們爭名聞利養。」這眞是天大的冤枉啊！也有佛門初學佛的人出口就是：「佛爭一爐香，人爭一口氣。所以我絕對不讓你。」師兄弟之間出家了還這樣爭。師兄弟之間爭倒也罷了，還把 佛給扯進來！佛還需要去爭那一爐香？眞怪！他們到底是學個什麼佛？

所以，一切世間常共 佛諍，佛是永遠不與世間共諍的。這個道理一定要信解，如果對 如來沒有這個信，我告訴你，他連初信位都還沒有學好。菩薩五十二個階位，初信是剛入門；他連剛入門應該學的都沒學好，對佛都沒有最基本的信，再要談到對眞如、如來藏的法信，那就甭提了！像這樣的人，都是對於自我看得很重的人，凡事以自我爲中心來衡量一切利害得失，這樣的人當然也會主張「我」是眞實的，所以把五蘊中某一部分的我，十八界中某一部分的我，全都認爲是眞實的，就會處處與別人共諍。

佛教界十年前，到處都有大師主張：「**細意識是常住的，離念靈知就是眞如。**」後山那個宇宙大覺者還公然寫在書上：「**意識卻是不滅的。**」這都是「**說有我**」者，她是擺明了跟 釋迦如來打對臺，才會公然印在書中流通。如來在前後三轉法輪經中，從來不說意識是常住的，從來都說意識無常的，是藉著意根和法塵作爲藉緣才由如來藏中出生的；但她偏偏在書上公開講「**意識卻是不滅的**」，跟 如來打對臺。她認爲她有資格和 如來打對臺，因爲自認是宇宙大覺者；殊不知這種人早就被 如來預記在先了：「**說有我者甚**

可哀愍。」所以將來你們要是哪一天遇見了宇宙大覺者，就當面嘆氣告訴她：「唉呀！汝甚可哀愍呵！」甭客氣，因爲有的人，你用講的沒用，古人說要怎麼辦呢？要針砭。不然就用大針扎她，或是把石頭磨到尖尖的刺她，那叫作砭。看有沒有機會讓她覺醒，也許你會救了她，邀集四位比丘尼在佛前懺悔滅罪，否則可能很難。

爲什麼「說有我者甚可哀愍」呢？當然有原因，如來說：「此中無法，亦無有我；」因爲在「無名相法」、「無分別法」如來藏的境界中，根本不曾有我，根本不曾有任何一法存在，然後舉一切法而歸於自心如來、凡一切我皆是自心眞如。當你實證以後，從這個「無名相法」自心如來的境界裡看去，沒有任何一法可得，也沒有任何的眾生我可見，所以：「此中無法，亦無有我。」這是法界中的定量，是不可改變的；追溯到無始劫前，延續到無量劫後，依舊不可改變，因爲這是法界的定量。就好像《般若經》中 世尊說：「一切法、一切有情皆以眞如爲定量故。」這句話中講的眞如是指如來藏心。

換句話說，一切法界都從眞如心而出生，這個道理是決定不變的正理，永遠不可能改變；而且祂是量，量就是說：祂是一個事實，不是一個名言施設或者想像。換句話說，祂是一種定量和現量，定量的意思是說祂是決定不可改變的事實，現量是說實證般若的所有人都同樣是這個現觀，所觀則是眞如心本是一切法與一切有情之根源的事實。如來既然教導菩薩們這樣實證這個「**無名相法**」，而且菩薩們實證以後，同樣都能現觀「**此中無法，亦無有我**」，所以菩薩們說法時都是「**不與世間共諍**」，何況 如來會與眾生諍呢？

那麼，這個法畢竟太深奧、太微妙，眞是難知難解難證，所以這個法要爲眾生說明時就有諸多困難。也正因此，如來成道後才會想：「**此法難爲眾生解說，不如入涅槃算了。**」因此引來大梵天王—那眞的叫作急急如律令—馬上就來到 佛陀面前，請求住世，請轉法輪，要不然就沒機會種福田了。諸天只要知道 如來出現於世，一定要把握機會好好種福田的，不但可以種福田而且法身慧命得以增長。那是很稀有難得的機會，怎麼可能平白就放過，當然要來請轉法輪。被大梵天王請求住世轉法輪了，於是思惟度眾生時應該如何次第宣說，如何施設方便，才會有後來五時三教的弘法過程。

那麼在後來四十九年之中，弘法時有許多的方便教——也就是權教，藉著權教來顯示了義教的深奧與廣大，也藉權教爲方便來教導眾生實證了義教，因此 如來一世說法之中有許多方便施設，也有許多對治法。而且再把佛菩提道一分為三，方便引導眾生先得解脫生死輪迴之苦，對 如來具足信受了，再引入般若的境界中，就這樣次第來到了第三轉法輪，才是了義教，才是眞實說、究竟說。第二轉法輪般若系列諸經，當然也是了義教，但不是究竟說，因為那只講到入地為止，沒有函蓋一切種智的內涵。所以，如來一生弘法有許多的方便說，觀察眾生的機宜，而作了許多權巧方便說法。但是很多人把方便當作究竟，就與正法的實證無緣。

方便法是有不同層次的，但很多人卻把方便法當作究竟法，咱們只講兩個層次就好。第一種人，把方便當作究竟，就是把對治法當作是究竟法；這種對治法最具代表性的就是五停心觀，這是五種使人可以把心停歇下來的觀行方法，讓人可以安下心來好好修學三乘菩提；這五種之中最有名的就是念佛觀（或界分別觀），然後數息觀、不淨觀、緣起觀，以外還有個什麼？慈心觀。但這些觀行都是方便法，瞋恚心重沒辦法修行，老是記恨，一直都在煩躁的狀態下，他沒辦法修行就與法無緣，怎麼辦？教他修慈心觀。有的人對於解脫，雖然心裡面有嚮往，但是從來沒有自信；特別是到末法時代最後一百年，爲這種人就告訴他唸佛；讓他持名唸佛，不教他修持念佛門中的一行三昧了。這種人就是到了最後那一百年時，《首楞嚴經》、《般舟三昧經》……等都不見了，而《楞嚴經》是最早消失的，因爲最深妙；那時只剩下淨土三經，那就持名唸佛求生極樂世界好了，免得留在這個娑婆萬一不小心造了惡業，不說下墮地獄，單說下墮旁生就好，何時能再回到人間？眞的危險，不如去極樂世界好了，於是應該教他持名唸佛。

但這兩種都是方便對治的法門，這不是究竟法。譬如有人智慧很差，怎麼教他斷我見都沒用；他永遠無法斷我見，不是抓著色陰就抓著識陰，不抓識陰就回來又來抓色陰，他總是要抓一樣；好不容易教他說這兩樣都不對，他又去抓住受陰不放，他總是要抓一樣，智慧不夠。有的人願意捨棄自我來求證無我，但智慧也眞的不夠，他的腦筋差，想法也是類似愚癡人，就教他修緣起觀；他把種種界與因緣法弄清楚了以後就知道，原來這都是假的。這也是一個對治法，不能把它當作是究竟法。

還有不淨觀，不淨觀到底有什麼作用？譬如說，某某人很貪愛家中那漂亮的妻子，也許再加上一個、二個美妾捨不下，因此教他修不淨觀。如果不淨觀修好了，早上一醒來看見那漂亮的老婆睡在旁邊：「唉！一張薄皮包裹著那一些血紅色的肉，而且每天都有不淨物流出，厭惡死了。」他就乖乖出家好好修行去了。但有時也不一定能成功出家，例如難陀比丘，像他那樣的人是很少的，他光修不淨觀還不行，還得要恐嚇他。所以當他老是思念著家裡漂亮老婆時，佛把他帶到天上去，他問：「這五百天女這麼漂亮，爲什麼沒有夫君呢？」如來說：「你去問她們。」他去問了，那五百個天女說：「我們在等候夫君，現在還沒有來。」「他在哪裡？」「他還在人間，在釋迦如來座下。」他就好奇就問：「他是誰？」「他就是有名的難陀比丘。」他一聽：「哇！太棒了！」回到人間來，不再想念他家裡的老婆了。你看，這不就是見異思遷，見色忘妻，眞的不夠道義。

可是他回來人間以後不思念老婆了，卻在思念那五百天女，更要命！如來只好又把他帶去地獄，到了一個地方有好大一口鑊，裡面油滾沸著。每一口鑊都有犯人在裡面被煮著，就是那一口沒有，他又覺得奇怪，如來說：「你去問獄卒。」他還眞去問，那獄卒回答說：「這一口鑊的受難者還沒有來。」「爲什麼還沒來呢？」「因爲這個人先要到天上去享福，五百天女的福報享完了才會來這裡；可是他在天上享福之前，得要等他在人間捨報了才有辦法去，天福享完了才會來我這裡。」他就問：「那個人是誰？」獄卒就告訴他：「就是現今如來座下的比丘，名爲難陀。」嚇死了！這時確定要回到人間乖乖修行了，所以不久成爲阿羅漢。所以你看，這對治法重要不重要？重要！但他回來人間證得阿羅漢，是因爲對治法而證得嗎？不是，是因爲聲聞菩提而證得的，這得要先說明。

這樣有四種觀，最後一種是很多人都聽過的數息觀，修數息觀的目的是幹嘛？降伏自心。因爲衆生的心思很散亂，就沒有辦法作任何觀行，老是放不下一堆的妄想雜念，所以教他數呼吸；走路也數，打坐也數，不管什麼時候都數。這就好像用一條繩子，把一隻猴子綁住，固定在那個木樁那裡，牠可以走一步兩步三步，最多走到六、七步，到了就是最遠處，牠只好又回來，沒有別的地方可去。回來一會兒呆不住一個定點，只好下木樁走一走，再走也是最多六、七步。就等於是從一數到十，數到十之後，若有方便善巧，也許再倒數回來，十九八七六五四三二一，或者也許再從一開始數，都行，就是不能中斷，中斷了又從一開始。這個數息之法是爲了對治心散亂，學佛的人如果沒有定力，三乘菩提不管是不是全部觀行完了都沒有用，那都只是乾慧而沒有實質。那麼學數息法的人應當要了知，用這數息法修行的目的是幹嘛呢？是爲了對治心散亂，讓自己的心定下來；然後有定力出生了，就可以修三乘菩提的觀行，所以數息法也是個方便法。

但是咱們正覺講堂有一個老鄰居在北投那個方向，距離這裡沒幾公里，我這一世初學佛也跑到那裡去。他們教數息，堂頭和尚在禪坐會裡不教別的，永遠就是數息；打禪七也不修別的，就是七天都在數息。那樣數息的目的究竟爲了什麼？上從堂頭和尚，下至一切信徒，沒有人知道。但我學了以後，就一定要弄清楚：我到底爲什麼要學這個？

例如我剛去親近他們時，聽說週末晚上有個唸佛會。好！我去參加。去唸過兩次、三次，心裡懷疑：咱們幹嘛要唸佛？爲什麼要唸佛？一定有一個所爲。第三次在知客處遇見了個法師，看來好像修行不錯的樣子，叫作果□師，我就上前請問了：「我們每週末晚上來唸佛，唸佛是爲了什麼？」他聽我這麼一問，轉身走了，這眞像是禪和！禪師家不是都人家一問他就休去嗎？一定有什麼用意。後來知道原來他是不懂，答不上來，或是看不起人，不想答。後來我想這不是辦法，找經典讀，讀了以後知道原來想念 阿彌陀佛的目的，是爲了要往生極樂世界。我說，極樂世界這麼棒，生去那裡也不錯，就發願往生極樂世界，所以我也曾發了那個願。

我發那個願到什麼時候才取消？那是哪一年？那一年是四二五演講的前二、三年，我才想到：「**不行！我得要把這娑婆世界的正法擔子挑起來，否則這裡正法會滅，不能去極樂世界了。**」那時候才取消掉。所以念佛是有目的的，不能就傻傻呆呆地唸佛，到底唸個什麼佛都不知道。當然，我取消了那個願，我那一朵漂亮的蓮苞也不見了；那是青紫色的，散發出很漂亮的青色光芒，其中夾雜著白光、金光，那個光是很閃亮的；那種顏色，我在人間還沒有見過，類似青色又帶一點紫色；淨土經上講的青色青光，白色白光，黃色黃光，還有什麼赤色赤光，都把它忘了，因爲不去極樂了。眞的是如此，那個願取消了，花苞當然就消失了。這引申出一個問題來，那一朵蓮苞到底是誰在那邊出生的？（大眾回答：如來藏。）對一半、錯一半，也可以說全部對。錯一半是說，那一半是 彌陀如來的願和我的如來藏共同生的，所以錯一半。全部對呢，是因爲都是如來藏，所以只能叫作有語病，不能說諸位講錯了。

話說回來，當年弄清楚了念佛的目的，我就很努力念佛——我要去極樂世界，後來破參了也不改其願。可是，把場景拉回到念佛三、四個月的那時，有一天又聽說週日下午有個禪坐會，我一聽到「禪」這個字，有興趣了，第二天眞的去了。去參加了，什麼也都不懂，反正就跟他們混吧，就是耳朵伶俐一點，多聽一點，少動嘴巴。可是跟著他們打坐、數呼吸，過幾個月，我覺得不太對，因爲像他們這樣數呼吸，要數到何年何月？我自己發明：既然數呼吸會亂，我就分段，因爲心愛攀緣，我就弄更多給自己的心來攀緣，所以既然要呼吸從鼻子開始，（導師作了點鼻子到點丹田等五個位置的動作）就這樣數一二三四五，然後再數回來六七八九十，這樣一個呼吸要數十個數字，這夠忙的了，覺知心也就忘了攀緣、忘了打妄想，倒也不錯。

然後過一段時間，不用這樣子了，就一個呼吸數一。如果這樣不行，就改爲一二、一二，這樣多一個妄念；可以安住了，再回來，就一息數一個數字，一二三就這樣數到十；數到又沒妄念了，再換個方法，數一時就把它一到底；就是保持心裡這個聲音，就一到底，只聽著心裡一的聲音，就一直一下去。後來又沒問題了，把這個一也捨掉，就什麼數字都沒有了。這個階段就到了哪裡呢？數、隨、止，就到了止了。如果有時不小心，哪一天情緒波動比較大，妄想雜念又來了，再換個法子。這時觀察到了，這叫作觀；觀察到了就退回來，這叫還；就是又回來數一、二、三，這是個方便善巧。如果行，又繼續推進。就這樣不斷的數息，到最後妄想雜念都不見了。

這是最基本的數息法，可就沒有一個人會。我就這樣半年打坐數息，未到地定便修成了，很容易啊！沒什麼難。這個六妙門也可以拿來對治煩惱，只是他們沒有人會，而我這半年就修成了，所以我一坐下去，就是三個鐘頭都不動；一炷香過去時引磬敲了，我還繼續坐。到了傍晚人家說：「已經放香了，你還坐什麼？」喔！已經放香了。但這個法修得再好，也只是對治法，只是修三乘菩提的前方便，這不是究竟法，沒有辦法用這個方法斷我見；除非用另一種數息觀，也就是變化後的數息觀：數呼吸之後，緊接著止、觀、還、淨，那時觀行的對象是煩惱，就是說已經瞭解了五蘊十八界全部的內涵以後，再用那個止、觀、還、淨，這樣才是斷我見的究竟法。

這意思就是說，不懂這是對治法，把它當作究竟法，那麼窮其一生與三乘菩提絕緣。所以他們的信徒學了四十年的禪，都還在數息，若是談到無相念佛，根本不會，看話頭也就甭提了。那就是把方便作究竟，然後認爲說：這樣數息，數著數著最後就會開悟。悟個什麼？悟個覺知心什麼都不牽掛，說這樣叫作開悟，叫作明心見性。所以他們那些人窮其一生，從一數到十，絕大多數人都數不到十，大部分都數到八、數到六、數到五，妄想起來又從頭開始，窮其一生無法數到十，可憐啊！但是可憐一定有原因，就是愚癡，只迷信名聲大不大，不管這法對不對。甚至於人家正覺都已經說他們那個法不對，不符佛法的實證，他們還是繼續迷信大名聲，不願意把正覺的書稍微讀一讀。注意喔！我說的是稍微讀一讀。連一頁都不肯讀，於是就只好繼續數息，數到死時還是無法數到十。因爲死時緊張：一、二，忘了，我要死了；一、二，我要死了。他永遠沒辦法，眞可憐！可憐的原因是因爲愚癡。

那麼就算是用數息法的後段轉變成究竟法來對治煩惱，改作止、觀、還、淨的觀行，眞的證初果了，從了義法來說，那也還是方便法。如來於人間示現的目的，不是爲了度誰證聲聞果，縱使讓他證得三明六通大解脫果了，也還是方便法，不能把那個方便當作究竟；因爲那個證解脫果之目的只是爲了

讓他對 如來生起具足信，願意好好修學般若、好好學習唯識種智增上慧學。所以 如來的隨宜所說，有事相上的方便法，也有三乘菩提中實證上說的方便法，叫作二乘菩提。

可是現在那一些六識論的印順派聲聞僧們，我聽說有人寫了一本書，讚歎二乘菩提多麼勝妙，說二乘菩提比佛菩提更勝妙（大眾笑…）。為什麼你們覺得這麼可笑？好在剛才不是正在吃飯，不然管保你「噗——」噴飯！那叫作愚癡，這是第二種把方便作究竟的人。因為二乘菩提不是 如來示現在人間所要弘揚的標的，標的是要大家藉二乘菩提的實證，證明自己真的可以解脫三界生死，然後願意迴心修學大乘，將來可以成佛，這才是究竟法。

但成佛的入門——進入內門的唯一實證，就是證悟如來藏，現觀第八識如來藏的真如法性，這是學佛進入內門唯一的實證初步。在大乘菩提的實證法之前，所修學的二乘菩提，都只是 如來的「隨宜所說」。可是有很多的眾生不能理解 如來的「隨宜所說」，把方便當作究竟。就像六識論的那些二乘僧人，到今天都還在主張二乘菩提遠遠勝過大乘菩提。諸位想想看，佛世那些阿羅漢們都是一世證得二乘菩提，一世解脫三界生死；而成佛需要多久呢？三大阿僧祇劫；不是三劫，更不是三世；即使三世修行才能成佛，都還遠勝過一世成就的三明六通大阿羅漢，何況是三大阿僧祇劫才能成就的究竟佛果。所以二乘菩提縱然具足實證了，也只是 如來的「隨宜所說」。因此，如來說那叫作權教，是度眾生的權巧方便而施設的教導，不是究竟教。

那麼 如來都說了：「多有眾生不解如來隨宜所說，」這證明在正法時代都已經如此了，過了像法時代的今天末法時代，當然諸師更不懂了。所以在大家普遍不懂時，我這個蕭平實出來直接就講眞如，大師們連聽都沒聽過，就別說信徒了，所以很多人懷疑正覺的法。後來我想，既然如此，不然我不再講眞如，就講如來藏好了，應該比較貼切一點了吧？沒想到我講了如來藏以後，那些六識論的僧人們又罵了：「如來藏是外道神我，印順導師早就講過了。」甚至於昭慧法師寫給我的信還說：「你一直主張有如來藏眞實存在，就是自性見。」我不得不回她一封信，我說：「自性見的自性指的是識陰六識的自性，可這識陰六識都是如來藏出生的，能生識陰六識的怎麼會是六識的自性呢？那不是母親變成兒子的小孩了？」所以她知道錯了，對這一點不講話，不針對這個部分再提起，就說：「我本來是很尊敬你的，我不想跟你爲敵。」講這幹嘛？不幹嘛！因爲我的答覆，她無法回答、無法回應。

這也證明到末法時代大師們，這眞如、如來藏，他們都沒聽過。甚至於四大山頭之一的一個大師，還是很有名的中華佛學研究所所長，竟然連大乘經都沒讀過，所以才會在書中公開說：阿賴耶識是虛妄識，要把祂消滅，消滅後才能開悟。問題來了：你有沒有找到阿賴耶識？你沒有找到阿賴耶識，又怎麼滅祂？你沒有滅祂，爲什麼又說你開悟，還印證了十二個弟子明心又見性？如今看來所有人，包括他在內的十三個大法師，我見俱在！末法時代有這樣的大法師？教禪聞名，走遍世界五大洲，所以出了一本書叫作《東西南北》。這就是末法時代，唉呀！講起來還眞替末法時代的學子可憐。

你看，末法時代連大法師都「違逆法寶」，座下的那些阿師們，以及他們的所有信徒們就可想而知了。如果我們不出來講清楚、說明白，他們那些大法師跟信徒們，必然終其一生認爲自己就是個開悟的聖者，必然認定自己眞的成佛了，所以叫作宇宙大覺者。你看，我都把釋印順的落處講到這麼清楚了，這釋印順一直到捨壽前，並沒有要求他的信眾們把他那本傳記改名，還是維持了原來的名稱《看見佛陀在人間》。可是他的本質只是一個未斷我見的凡夫，我見都還具足分明，因此他一生寫了四十三本書，包含死前徒眾們為他結集的另一本，總共四十四本書，全部「違逆法寶」。唉！真的可憐！如來說這樣的人，死後的果報就是「多墮惡趣」——大部分的人是要墮落三惡道的。所以釋印順死時，我個人的判斷，一定是不斷的被打鎮靜劑或者麻醉劑，大約是讓他一直昏睡，睡到死，因為不能讓他在清醒位過世，否則顯現出來的惡相，將來要怎麼解決？沒辦法解決啊！所以到現在為止，佛教界對他的捨報過程依舊是諱莫如深。好在我們不斷地把他的落處錯誤，以及所有大法師們所作的誤導眾生的落處，都提出來辨正過了，對他們就有個好處。晚上睡覺前躺在床上，心頭總是會砰、砰、砰、砰吧？為什麼會不斷地緊張心跳？因為想起來：「我這一世誤導眾生這麼嚴重。」心裡頭七上八下，這十五個吊桶沒停過，會緊張啊！心跳當然就加快了。

每天晚上這樣子熬夜，這才是真的熬夜。你們為眾生作到天亮，那不算熬夜，那是快樂作到天亮。他那個真的是熬，「熬」的下面四點是什麼意思？火在燒！然後上面在忍著，這才叫熬。熬上一年、兩年、五年、十年，有一天總是會想：「不行，我一定要懺悔滅罪。」不必公開，只要對著他寺裡超過四人或者滿足四人的已受聲聞戒的徒弟們，在佛前懺悔就夠了。以前被他錯印證的弟子們，一一教導在佛前懺悔大妄語業，他就不用下墮惡道了；否則的話，墮惡趣、不好玩。

如來一向是不惡語者，當 如來說：「這樣的人違逆法寶，多墮惡趣。」不會有一絲一毫的折扣。所以我們怎麼樣把那些錯誤一一臚列出來，然後一一加以論證，讓他們瞭解自己錯在何處；然後他們求證於經教中，證明我們所說眞實，他們就懂得在捨壽前懺悔滅罪，那我們就沒有白費口水，沒有白費紙墨。那麼諸位想想看，如來在世時這麼說：「**此中無法，亦無有我；多有眾生不解如來隨宜所說，違逆法寶，多墮惡趣。**」而現在已經是過了像法時代，到末法時代來了，此時連相似法都不存在了，所以不是像法時期，因此叫作末法時代。

既然連相似法都不存在了，所以說已經過了像法時期；如果你去到寺院中，聽到這個寺院講錯，那個寺院也講錯，你就別見怪。先要有這個認知，免得你到了那個寺院，又去到別的寺院，一顆頭老是像搖波浪鼓一樣，小心脖子搖斷了！因爲你聽了一定會搖頭。但不用搖，因爲現在是末法時代，連相似法流傳的像法時期（像法時期爲什麼叫作像法？因爲所說的法好像是佛說的法，所以叫作像法），跟 佛說的還很相像，但不能實證，所以叫作像法。那麼末法時代，是大法師們說的法普遍都錯了，都不是 如來的法而說那是如來的法，所以才叫作末法。

正法五百年過去了，像法一千年過去了，現在是 佛滅後兩千五百多年，所以末法時期以來已經滿一千年了，到處去都聽到錯誤的法，這是正常的，不必搖頭。有這個認知以後，不管去到什麼道場，你聽一聽，心裡面笑一笑就好；不要笑出聲，也不要當眾指責說：「師父！您這樣講不對啊，這個應該是什麼，您這樣講是誤導眾生。」千萬別這樣，讓人家留個餘地，因爲不是每一個人都可以實證的；而現在是末法時期，他們講錯了也是正常的事。如果他們講的看來都跟 佛陀講的一樣，那你就要想：「時光倒流了，回到像法時期了。」但時光不會倒流，所以你聽了也就算了，私底下能夠救幾個就算救幾個，不可能全部都救得，因爲這是末法時期。

這樣看來，如來說法時不免要說：「我如何說，外道如何說。」那就叫作「以世俗因緣假說有我」，但是 如來所說的第一義是無我的。因此，假使有人說他證悟了，結果所證悟的境界是五陰的境界，或是十八界中的境界；有人說他證悟了，所證悟的內容竟然不離五陰、不離十八界我，那都是正常的，但你就可以確定：這是錯會的修行，與實證無關。而你不用責備他，因爲現在是末法時代，末法時代到處都有這個現象是正常的。

當你有這個認知了，就不會爲他的信徒們難過。你當時如果悲心大發，頭一定不斷地搖、不斷地搖，搞不好兩行清淚還不知不覺掉下來。但我告訴諸位大可不必，因爲這是末法時代，你應該從另一個層面來想：「我不被這些假名大師誤導，還可以親聞眞正了義的而且是實證的，並且實證後是不可推翻的第一義諦，應該慶幸。」心裡面想「何幸如之」，也許可以再加上一句「三生有幸」。這樣心裡就不會太難過，你就可以繼續依照正覺的門風快快樂樂地學佛。接下來再來恭聆 世尊下一段的開示：

經文：【「舍利弗！我知邪見而不爲邪見，知邪見者即是正見。舍利弗！邪見終不變作正見，見不知見。舍利弗！諸佛如來阿耨多羅三藐三菩提，一切世間所難得信。我於諸天一切世間，是最可信，非不可信。舍利弗！我所

說法為至彼岸，是中亦無至彼岸者。我所說法為盡諸行，是中亦無盡諸行者。我所說法為寂滅故，是中亦無有寂滅者。我所說法為滅度故，是中亦無有滅度者。我所說法為解脫故，是中亦無有解脫者。我所說法為諸智故，是中亦無有諸智者。我所說法為淨垢故，是中亦無有淨垢者。舍利弗！如來為天說法亦無有天，為人說法亦無有人，為眾生說法亦無有眾生。舍利弗！如來說明及與解脫，是中無明及與解脫。我說念佛，佛不可念。我說空行，空不可行，亦不可念。舍利弗！是名如來所說經法章句，是中無有說者。諸惡人等得此章句為他人說，亦復以我為師；無有如來聖眾功德，而自為僧數。舍利弗！譬如獼猴群不似忉利天，如是眾惡人不似我聖眾；舍利弗！是諸惡人，但以音聲語言自謂沙門，似如癡人見獼猴群謂忉利天。舍利弗！中有出家人喜樂問難，得值善師為說名色寂滅語言道斷，無起無失，通達無相。得聞如是無生無滅無相之法，不驚畏者，當知是人已曾供養無量諸佛，能知我法，可名聖眾。」】

語譯：如來接著又開示說：【「舍利弗！我知道邪見的所有內容而不落入邪見中為眾生導入邪見，如果能夠知道邪見的話其實那就是具備了正見。舍利弗！邪見終究不會變作正見，而見並不知道見。舍利弗！諸佛如來無上正等正覺，一切世間的有情所難以聽聞和信受。我於諸天和一切世間之中是最可信受的，並不是不可信的。舍利弗！我所說的法是到達無生無死彼岸，在無生無死的彼岸之中也沒有到達無生死彼岸的人。我所說的法是爲了滅盡一切行，而滅盡一切行之中也沒有滅盡一切行的人。我所說的法因爲是寂滅的緣故，可是在這裡面也沒有寂滅的人。我所說的法是滅度的緣故，而滅度的境界中也沒有滅度的人。我所說的法是解脫的緣故，而解脫之中也沒有解脫的人。我所說的法是爲了種種智慧的緣故，而種種智慧之中也沒有具備或者證得種種智慧的人。我所說的法是清淨與汙垢差別的緣故，但是在所有的清淨與汙垢的差別境界中也沒有一個清淨或者汙垢的人。舍利弗！我釋迦如來爲諸天說法時其實也沒有天可說，當我爲人演說佛法時其實也沒有人存在，當我爲眾生說法時也沒有眾生可言。舍利弗！如來演說智慧以及解脫，在這裡面並沒有智慧光明以及解脫可言。我爲大眾說念佛時，其實佛也不可念。而我爲眾生說諸聖弟子行於空之中，其實空不可行，也不可憶念。舍利弗！這樣就說是如來所演說的經法和章句，但是在如來所說的種種經法章句之中並沒有一個能說的人存在。那些惡人們得到我所演說的這些佛法章句之後去爲別人解說，他們也都以我作爲師父；但他們沒有如來聖眾的功德，卻自居爲僧眾中的一分子。舍利弗！猶如獼猴群根本就不像忉利諸天，像這樣的惡人完全不像我座下的聖眾們；舍利弗！這些惡人們只是以音聲語言而自稱爲出家的修行人，就好比愚癡的人看見獼猴群時自己宣稱看見了忉利諸天。舍利弗！這些人之中假使有出家人喜樂互相問難，由於問難的因緣而可以值遇實證的善師爲他們演說名色寂滅、語言之道斷絕，無生起也無有失壞，能夠通達於無相。當他聽聞到這樣的無生無滅無相之深妙法時，而他心中不驚不畏的話，應當知道這個人過去已經曾供養過無量諸佛，所以能夠知道我所說的法，這樣的人可以名之爲聖眾。」】

講義：世尊在這一段開示，一開頭就提出宗旨來：「我所知道的邪見是非常之多的，所以一切的邪見我都知道，但是我的身口意行都不落入邪見中。」也就是不傳授邪見。那麼 如來爲何這麼說呢？我們打個比方好了，譬如有一個人道貌岸然，頭上戴著五方佛冠（其實是五方鬼冠），身上披著莊嚴的大紅衣，在法座上一手拿著金剛杵，一手拿著金剛鈴而搖起來：鈴鈴鈴……。道貌岸然主持法會，那灌頂的內容諸位已經知道，咱們就不必再提。下了座，大家禮拜供養恭敬讚歎。

假使他是個實證者，比如說他是覺囊派的法王，那就沒問題；可是我再加上一個假設：假使有個覺囊派的僧眾實證了他空見之後，有一天也許看中了幾個女眾：這幾位很漂亮，很不錯。看中意了，於是召喚了來。大家不疑有他，所以今天某甲來，明天某乙來，後天某丙來，都不疑有他，因為師父是實證者。所以他就把時輪金剛拿出來傳了，傳過一段時間，大家發覺：原來不是只有某甲某乙某丙跟他上了床，還有某丁某戊某己一直到某庚某辛、某不完了，那表示什麼？表示他知道那是邪見，但是他有時也用邪見來為人家說法，圖謀自己的不當利益，那就是「為於邪見」，不是「不為邪見」。

這種現象，我剛剛說的是「假使」，也就是說不可能有證悟的覺囊派法王這樣作。這就是知邪見而「為邪見」，「為」就是造作。如果不知邪見的人，他一天到晚在邪見裡面打滾，身口意行都在邪見中，那就不足為奇了；譬如達賴與烏金聽列多傑一樣，而那些信徒都跟著他們行邪道。密宗假藏傳佛教現在只有個紅教的談錫永，現在旅居加拿大，他可能是看見我的書以後，在

七、八年前就開始改弦易轍，開始弘揚如來藏了。現在密宗假藏傳佛教就只有這麼一位談錫永上師，沒有第二個人。當然他是還沒有實證的，那也往往不知不覺中，把離念靈知或者把意識的某一分當作如來藏；但我們還是要讚歎他，畢竟他努力要回歸正道，不再聽信達賴的了。

我希望達賴陣營中兩派鬥來鬥去，最後認同正覺的那一派贏了；但是贏了以後達賴可不可能回歸正法？（大眾回答：不可能。）諸位知道不可能，為什麼呢？因為抓著老虎的脖子，坐在牠的背上要怎麼下來，一下來就要被虎吃了，眞的叫作騎虎難下！所以說來他也可憐，知道自己的法義不對，可要怎麼下來呢？這一下來不被其他法王們的虎口咬死才怪，所以也是個可憐人，甚可哀哉！所以一般說來，知邪見的人不會落入邪見中，他的身口意行就開始遠離邪見；但是有少分人知邪見而為於邪見，這是事實上存在的。

那麼如來及諸聖弟子眾都不會如此，因為「知道邪見的人，他就是正見」。所以如果有誰哪一天覷了個空，把刀子架在我脖子上說：「你就承認吧，如來藏是外道神我，免你一死。」我說：「不然！命有一條，叫我否定如來藏，沒門！」因為我要是否定了，受害不是一世；這一否定，保不定要去餓鬼道很久。如果能去畜生道算是好的了，回來人間還算快一點。這樣一出一入，算盤打一下吧！這一世被殺了不過一世，二十年後依舊是菩薩一位，不是好漢一條。可要是否定了如來藏，保不定要去畜生道，甚至餓鬼道，那要多久才能回來？難料啊！所以不可能再認同邪見了。如來也說：「**知邪見者即是正見。**」知道邪見時，當人家所說所行都在邪見中，你一看一聽就知道了，一定不會跟著落入邪見中。

那麼這個邪見，有沒有可能現在是邪見，五年後、十年後也許變成正見？有沒有可能？有喔？你們東單說沒有，你們西單說有，我到底該聽哪邊的？但我告訴你，兩種說法都對；你們好厲害，全部包辦了！是有可能邪見將來變正見。譬如說，臺灣佛教界在印順法師的教導下，以往都說如來藏法義是邪見；沒想到印順都還沒捨壽，出來一個正覺專門弘揚如來藏，而且證明，他印順才是邪見，如來藏是正見。因此，以前的邪見後來變正見了，你們還眞有見地。可是東單諸位講的也沒錯，邪見永遠不可能變「**正見**」。邪見如果會變成「**正見**」，就只有一個狀態：人間沒有善知識，所以邪見才變成正見。可是邪見畢竟是邪見，它的本質並沒有改變，有一天善知識出來就把它推翻了，它就變邪見了。不是變邪見，這話有語病，是回歸邪見去了。所以釋印順的說法就回歸邪見，宇宙大覺者的說法也回歸邪見去了，因此邪見終不變作正見。

可是不管怎麼變來變去，正見被人誣衊爲邪見也好，邪見被人家認定作「正見」也好，邪見與正見畢竟都是見。這要請問諸位了：都是見，這見，到底是如來藏有見？或者你的識陰六識有見？（大眾回答：識陰六識。）對了，大家異口同聲，都說是識陰才有見。那識陰有見，這個識陰的見，知不知「見」？知，一定知，即使是個傻大呆，也知道自己這個「見」確實是存在的，所以「我眼能見，我耳能聽見，我舌能嚐見」，總之都是見分，「見」就是了知的意思。這識陰六個識，見色、聞聲、嗅香、嚐味、觸覺、知法都能了知，了知就是「見」，可是 如來說「見不知見」，這可怪了呵？那些六識論的凡夫僧們就說：「你看，這個經文自己都講不通，可見是後人創造的。」等到正覺同修會出來弘法說：「不！這是他們讀不懂，後人沒辦法創造這種經典。」然後我們把道理講了出來。

「見」，以前我就講過有兩種見，不是講邪見與正見，而是說識陰六識有見，如來藏也有見。可是這時，假使是第一次來聽我講經，心想：「奇怪？那我是不是有兩個見：一個我看見眼前的景色，還有另一個如來藏我也看見，那麼另一個如來藏我在哪兒呢？可是我明明沒有另一個我看見，怎麼辦？」稍安勿躁，我當然要說明。如來藏，在第二轉法輪般若期不說如來藏有見，因為大眾一定聽不懂；可是到了第三轉法輪講增上慧學一切種智時，就說如來藏有見。可是如來藏這個「見」，不是識陰的這種見，如來藏的「見」不在六塵上見，這樣有沒有聯想到《維摩詰經》裡面哪一句聖教呢？（有人答話，聽不清楚。）對了！「知是菩提，了眾生心行故」。

一定是有知才能夠稱之為識，如果阿賴耶識如來藏完全無知，跟石頭一樣，怎麼能叫作「識」？對吧？識就是了別，否則為什麼說：「你認識不認識？」「認識啊！」「不認識啊！」不管認識或不認識，都已經了別完成了，所以才能用這個識字。如果不認識，一定是識別完成了，說：「這個人跟我沒關聯，以前沒見過，不認識。」那也是識別完成了。如果認識表示以前接觸過有過往來，所以記得他是誰，所以說認識。換句話說，識就是了別。這個「無名相法」如來藏，又名阿賴耶識，又名阿陀那識、異熟識、無垢識等，既然稱爲識，表示祂有了別性，有了別性當然是有知，怎麼可能全然無知呢？既然有知，就一定能了別，了別的功能名之爲「見」。

那《維摩詰經》說：「知是菩提，了眾生心行故。」從字義表面來看，說能夠有知，這就是菩提。菩提翻譯成中國話叫什麼？覺，叫作覺。菩提既然是覺，表示有知，所以說「知是菩提」。下一句說「了眾生心行故」，是了知哪個眾生的心行？了知五陰眾生的心行。這五陰眾生在想什麼，五陰眾生的心在運作，祂都知道。所以親證了這個知，他就是一個證得菩提的人；而這個知不是在六塵色聲香味觸法上的知，所以維摩詰大士緊跟著說「不會是菩提」，下一句是什麼？「諸入不會故」。你看，這個經文，我出道以來拿來難死多少人；有一些自稱證悟的人來到我這裡，我專問他們這一句：「您自己宣稱開悟了，也寫書出來了，那佛門中有一部經典，我說它叫作禪門照妖鏡，有兩句聖教您聽聽看。」我就唸給他：『「知是菩提，了眾生心行故；不會是菩提，諸入不會故。」這個知與不會，是指同一個心，那你說說看，你悟得哪個心符合知又不會？』結果都是個個閉嘴，口似扁擔。

我遇過的所謂善知識都是這樣，我才一問完，他們個個口掛壁上，那張嘴再也不是他的了。因爲他們悟的都是在意識的境界中，沒有離開過識陰，那如來藏的這個不會六入又能知，他們當然弄不懂。所以不是祖師說的「死於句下」，而是死在我的話下，開不了口。當然他們不會就此作罷，一定要追問，於是我就把這兩句經文告訴他們：「知」是因爲知道五蘊在幹什麼，祂時時刻刻在支援著五蘊；「不會」是因爲祂對六塵完全不加以了別，所以祂不會。證得這個既知又不會的如來藏心，就可以現觀這兩句聖教的境界。這不是空話，這是可以現前觀照的，然後自己證實所悟是否正確。這也告訴我們說如來藏有見，但不是識陰的見；所以如來藏這個「見」眞的「不知見」，識陰的「見」則會反觀自己有沒有見，是「見能知見」。

所以說，自己有沒有看見呢？知道，就是「見能知見」。這耳識有沒有聽見呢？有，能夠知道，所以耳識這個見也能聞見，鼻舌身乃至於意知法，能不能知見呢？能知見。所以，自己對於所聞的法，如果聽不懂也知；知道自己聽不懂時一樣有見——看見自己眞的聽不懂。所以識陰的見絕對可以知見，能知自己有沒有看見、聽見。可是如來藏這個「見」，專門針對五蘊十八界去見；譬如外六塵進來了，祂就變現內相分的六塵給你，但祂不加以了別，祂不了別時也不說「我不了知自己並不了知」，祂也不說「我了知我不了知」，祂也不說「我了知我已經了知」，因爲祂沒有證自證分，這是從三賢位的實證菩薩來講，不從種智來講。

如果從第三轉法輪種智來講，如來藏也具四分：相分、見分、自證分、證自證分。這個法義在這裡跟大家講沒有意義，我以前講過《成唯識論》，在第一次講《成唯識論》時就講過了，現在不談它。從三賢位的實證菩薩來說，眞的不能講那麼深的法，所以講三賢位之中的菩薩們現觀自己的如來藏，或者現觀一切有情的如來藏，祂不會反觀自己是否有見聞覺知，因爲祂的見分只針對五陰來運作，只針對外六塵來運作，然後變現了內相分的六塵在你的勝義根之中，讓你的識陰六識去了知，而祂不作任何了知，所以祂的見分不知道這個見分，祂就只是去運作而已，這叫作「見不知見」。

後人—那些六識論者—印順法師他們所說的佛滅後的後代菩薩們，他們說的那些菩薩們其實不是菩薩，是部派佛教的那些聲聞僧，而他所謂的「後人」就是指部派佛教的聲聞僧。部派佛教沒有一派不是聲聞，但菩薩從來就不在部派佛教中，而是另外單獨在弘法。可是印順這個老糊塗，把菩薩們拉進部派佛教來，歸納在部派佛教中，但菩薩從來就不是部派佛教的人。譬如以前龍樹，以及證量遠超過龍樹的提婆，後來被六識論僧人刺殺，他們本來就外於部派佛教，無著、世親就是從他們一脈延續下來的，怎麼會是部派佛教的人？

部派佛教是聲聞僧，是從上座部的僧團一一分裂、不斷分裂出來的。上座部不是菩薩，那是聲聞阿羅漢們的教團。所以印順亂講，現在且不談他。他們宣稱說：「大乘經都是後人創造的，所以許多地方自相矛盾講不通。」可是他運氣不好，遇到了蕭平實在後面出來弘法，他會講錯的地方全部講完了，然後蕭平實出來一個一個檢點，把他所謂的那一些後人創作的、不該是經典的經典一一解釋出來，全部都通而且更勝妙，遠勝過阿含部諸經。他也夠聰明，終其一生悶不吭聲，不回應我的辨正。這就證明大乘經典的所說極爲勝妙，而大乘經典任何一部都缺不得，如果少了一部經沒講，釋迦老爸得要重新再來一趟，因爲還沒有講完；既沒有講完，一定要回來把它講完，這才是負責任。諸位想想，如來可能是不負責任的聖者嗎？那不可能，所以一定是全部講完了，包括《楞嚴經》。

談到《楞嚴經》，我有話要講，可是時間到了，超過一分鐘了，今天講到這裡。

你們今晚是在臺灣最後一晚，明天要離臺，辛苦了。當然我明天不可能去幫你們送行，不可能分身。今晚要先跟諸位談一個觀念，這個觀念要從章回小說《四才子傳》裡面的祝枝山說起，據《四才子傳》說，那祝枝山不是很愛財嗎？寫得一手好字，不論誰來求字就是一大筆的潤銀，一定要潤筆。有天到了除夕，他夜裡發心到人家大門上去寫免費的對聯，寫到某一家是個屠戶，對文人沒什麼恭敬心；他以前去求祝枝山寫字，祝枝山不肯；那天倒是主動幫他把右聯左聯都題了，這右聯題上四個字「禍不單行」，左聯又題四個字「福無雙至」。主人家隔天一早看見時可就氣壞了，登門興師問罪：「你為什麼詛咒我？」這祝枝山說：「人家都給我潤筆，所以我挨家挨戶幫他們題了門聯，就你家不給我潤筆，我還送你八個字。」「那你幹嘛詛咒我啊？」他說：「我沒詛咒你，我寫的都是好詞，只是因為你沒給潤筆，所以我只寫一半。」然後這主人就說：「好吧！我給潤筆。」心想：「五百兩白銀包了，看你怎麼辦？這下一定壞了，你絕對沒轍。」沒想到這祝枝山將筆提起來，

「**禍不單行**」下面就添了三個字「**昨日行**」，「**福無雙至**」下面又補了三個字「**今日至**」，所以禍不單行是昨天已經過去了，福無雙至今日都來了。

那我也跟諸位談，我正好應了這十四個字；週日晚上洗頭不小心撞了水龍頭，今天差不多消腫了，這是一禍。昨天有事來到這裡，中午在樓下麵館吃個麵，看見一條狗，覺得牠還滿可愛，所以伸個手跟牠打個招呼，沒想到牠張嘴就咬。那狗主人是個女生，趕快把牠拉到背後去，那狗就在她的胯下這樣盯著看，還覺得很無辜的樣子。那老闆急了，趕快拿了藥讓我擦，用 OK 繃趕快貼起來。我一面貼，貼到快好了，跟我同修說：「**我沒有起瞋**。」我同修說：「**你沒有起瞋，你還對牠微笑**。」說我還對著那隻狗一直笑。唉呀！眞的是。

這在告訴大家什麼道理？說起瞋或沒起瞋，不是嘴裡說了算，是要實際上去驗證的。你好心好意要跟牠打招呼，牠張嘴就咬，是應該起瞋吧？一般人會起瞋，至少事後在擦藥時一定心裡面嘀嘀咕咕：「**我好心跟你打招呼，你還來咬我**。」至少嘀嘀咕咕。但沒有啊，我同修看著我笑咪咪的在那邊擦藥，然後說我還微笑看著那條狗。這就是說，一個人的修持不是嘴裡說了算，是一定要有實際上的驗證。但是我這裡要談的觀念是說：我們在接引眾生、在度化眾生時，應該是度有緣人，不是度無緣人。爲什麼扯到這上面來說？當然有道理啊！

我要跟諸位說的是，狗的特性不同於貓。貓是很絕情的，你再怎麼寵牠，有一天牠犯過了，你處罰牠，牠就跑了，再也不回家了。可這條狗不論你怎麼打牠，牠終究不跑，到死跟著你。這好像是個美德吧？其實不然！爲什麼呢？因爲狗主人假使是個惡人、或者惡知識，那狗還會繼續護持他，護持到底，很忠心地不辨是非；若主人對牠很厭惡，牠也不會觀察主人對牠厭惡，牠很愚癡，所以牠的忠心是愚忠。這種人在佛教界多不多？很多啊！而這一種狗的特性，就是脾氣不好、瞋心重，牠不論見了誰都要吠，或者甚至撲前就咬，狗是這樣的特性。那麼生而爲狗，大部分都是往世作威作福，作威作福時牠對主人卻是很忠心，因爲主人是牠作威作福的依據，就是這樣的特性。

但牠爲什麼會作威作福？因爲慢心深重——肇因於慢心深重。這讓我想起《中阿含經》裡面有一部《鸚鵡經》，鸚鵡知道呵？那不是講鸚鵡的事，而是講一個族性，那個族性是鸚鵡摩納，就是跟 如來有關的事情。有一天 如來托鉢到了一戶人家，那戶人家不是佛弟子，但也樂善好施。那戶人家是鸚鵡摩納都提的兒子，鸚鵡摩納已經死了；有一天 如來到那裡托鉢，結果那戶人家鸚鵡摩納的兒子為一條白狗造了一個大床。很大一張床，讓牠在上面躺臥或睡覺，也在那邊吃牠的飯；並且特地為牠作了一個金盤，下人煮好吃的東西給牠吃，就放在那個金盤上讓牠吃。

諸位有沒有用過金盤吃菜？沒有，所以牠比諸位看來是好命多了。有一個大床弄得很舒服，還有厚墊，還有個金盤放在那裡給牠吃東西。如來剛到時，牠剛吃完，看見 如來就吠，不斷地吠。有的狗比較聰明，看見陌生人沒有想要進來，吠個一聲、兩聲提示家裡人也就夠了，不會吠個不停，除非陌生人進屋裡來。但牠就對著 如來一直叫，如來慈悲就點牠一下：**「你不應對著我叫，因為你是從以前的誹謗到今天的吠叫。」**（編案：《中阿含經》卷四十四〈根本分別品第二〉：【世尊語白狗：「汝不應爾，謂汝從呧至吠。」白狗聞已，極大瞋恚，從床來下，至木聚邊憂慼愁臥。】）言外之意是你往世詆譭別人，而今天終究只是一條狗，只能吠人。然後 如來就走了。

那條白狗聽了 如來的話，下了那個大床，不待在那裡了，也不在那個金盤裡面吃東西了，跑到旁邊堆木頭的地上，在那邊趴下來悶悶不樂。鸚鵡摩納都提的兒子回來了，看見這條狗今天怎麼有異樣，就問所有的傭人：「是誰欺負了我心愛的狗，讓牠這樣子悶悶不樂，也不坐高廣大床，也不在金盤上飲食。」大家都說：「沒有啊，我們都沒有欺負牠。」都提的兒子就問：「不然牠爲什麼這樣？」大家就想起來，如來有來過。他就問：「如來是罵了我的狗嗎？」傭人們說：「沒有啊，如來沒有罵牠，只說這白狗不應該對著如來叫，說白狗往世詆譭別人，如今只能對別人吠叫。如來說完就走了，沒有罵牠。」

可是這都提的兒子很不高興，於是就去質問如來。如來遠遠看見他來了，對大家說：「這鸚鵡摩納都提的兒子，假使他是現在捨報的話，屈伸臂頃就會到地獄去，因爲他對如來有極大的瞋心。」這都提之子來到如來面前就質問：「如來您罵我的狗。」如來說：「我沒有罵牠，我只是告訴牠事實。」然後都提之子想，其中一定有緣由，否則如來講這麼一句話，牠不會因此就不坐高廣大床，也不在金盤裡面飲食。就問：「請問如來，這白狗跟我有什麼關係？不然不會這樣。」如來說：「你不要問這個事。」他又重新再問，如來說：「你不要問這個事，因爲你聽了一定不歡喜。」他第三次又問，說一定要跟他解答，如來只好告訴他：「那條白狗前世是你的父親鸚鵡摩納都提。」

都提這個兒子聽了很生氣，就質問：「有什麼憑據，這樣侮辱我父親？我父親一生樂善好施作好多布施，爲什麼會下墮成爲白狗？」你從他的質問看來很有道理，一個樂善好施的大好人，怎麼會捨壽變成一條狗呢？如來就告訴他：「你父親都提在世時作了很多的布施，但是他心生大慢心而詆譭別人，因爲慢很重，所以他下墮爲狗。」都提之子當然要問清楚：「你有什麼憑據，不能夠空嘴薄舌就這麼說吧！」如來就告訴他說：「你回家對你那一條白狗說：『你如果眞的是我父親，請你回到大床上坐臥；你如果眞的是我父親，請你在金盤中飲食。』如果牠都照作了，你再問牠說：『如果你眞是我的父親，請你告訴我，還有哪一些金銀財寶藏在什麼地方是我所不知道的。』你問牠這三個問題。」

鸚鵡摩納都提之子就回家去，路上半信半疑；一回到家馬上問那條白狗：「如果你前世眞的是我父親，請你回到大床上坐臥。」那狗就跑上去臥。

然後他就問：「如果你眞是我的父親，請你在金盤上飲食。」那狗馬上就低下頭來吃東西。於是他又問第三個問題：「如果你眞是我的父親，那麼你生前還埋藏了哪一些金銀財寶是我所不知道的，請你告訴我。」那狗就跳下來跑到一個房間的一張床下面，在那個床角一直咬、一直趴。於是都提之子趕快找人來挖，一挖就是一堆金銀財寶，然後趕快面向祇園精舍禮拜讚歎，讚歎完了就去見佛。佛遠遠看見他來了就說：「這鸚鵡摩納都提之子如果現在捨報的話，屈伸臂頃就會生到欲界天去享福，因爲他有善心於如來。」

諸位聽完了這個故事，因爲這是如來的陳年舊事，所以叫作故事，它是眞實發生過的事。諸位判斷看看，狗的特性是怎麼樣？我提示一句話：「仗勢欺人。」有沒有？狗都會仗著主人的勢力來欺負其他的人。假使你在野外看見有狗追著你要咬，後來你覺得擺脫不掉很麻煩，可以反過身來面向牠，一直走過去，牠就怕了。然後你一直追著牠一直走下去，牠最後會跑到哪裡去？牠是野狗，但牠會去找一個人依靠，讓你誤以爲那個人是牠的主人，野狗就是這樣，這是我屢試不爽的經驗。有人養的狗，就會躲在主人身後對著你猛吠；至於主人作的事情對或錯，牠不管，牠只管忠心於主人，然後牠覺得有主人可以依靠，覺得很威風，慢心高漲。

這好比佛門的一些學人，他所歸依、所受學的師父是個很有名氣的大師，這時不論你爲他說什麼道理，他都不聽，他忠心於主人；當你講了正法出來時，他還要誹謗正法，因爲他們心中極慢。極慢的結果又加上誹謗正法，死後不是墮於畜生道中，而是地獄道。如果他只是極慢，仗勢主人，也就是因爲他師父的大名聲，心中生起極大的慢心，但他沒誹謗正法，這樣死後百分之九十就是去當狗；因爲他愚忠而心中有很強烈的慢，就像那個鸚鵡摩納都提一樣。今天把這道理講了，也許能救一些上慢之人吧，也許仍然一個也救不了，他們將來仍會繼續謗法及謗賢聖。

所以我們度人時要度有緣人，不要度無緣人，要懂得觀察，因爲你們回去以後，一定會繼續接引很多人進入正法，但你們要懂得觀察，如果對方是迷信大法師、迷信大喇嘛的，就不用白花心思了，把他留到後世再度；因爲他的習性就是愚忠，愚忠的結果一定會維護虛妄說法的師父直到死爲止，不會改變，這就是狗的特性。你可別說：「蕭老師，您講話是不帶髒話，可是您在罵人。」但我告訴你，這不是罵人，我說的是事實；因爲在異生凡夫位都有三惡道的心性存在，所以才會叫作異生，異生即非人類，他們要一直修學到斷了我見以後才會離開異生位。

既然如此，即使他是色界天的天人，也還是異生，因爲他還有那個種子，未來可能下墮就成爲狗、貓等。我們度人時一定要觀察對方心性，狗的心性不容易度，貓雖然絕情，可是貓反而容易度，因爲牠的心性比較聰明，懂得抉擇。但是貓將來成爲人，當你度他時，你看他是個人，可是他的貓性還在；貓性是什麼性？像狐狸一樣很多疑，一天到晚疑這個、疑那個，但他願意聽你說理。你要懂得觀察對方屬於什麼樣的性格，再去考慮要不要度他。所以我個人的願，將來成佛時不要有三惡道的有情，我的國土不要這種人，也不要阿修羅，希望大家都和顏悅色。你將來成佛時，國土中有阿修羅的話，你就一天到晚在忙著阿修羅的事，要時時處理他們。

那麼這樣作有個好處，就是你度的人都是容易度的，那些不好度的留給誰？留給那些大師們去度。（大眾笑…）你們也許覺得好笑，我不覺得好笑，爲什麼呢？你們看，在這個二十一世紀初，我所知道臺灣有不少比丘，他們夏天晚上幹一件事：上半身脫光了，在樹下餵蚊子。他們怎麼說呢？他們說：

「這些蚊子吃了我的血，未來世一定歸我度。」問題來了，蚊子要經過多久的生死才能當狗？那是很遠的距離、很長的時間；當了狗以後要回來人間當人又要多久？你們如果見到這種比丘，心想：「我知道，這個人成佛，一定要很久很久；我成佛以後，我的弟子都還度不到他。」馬上就知道了！因爲一個人能成佛，要看他的弟子們，弟子們的道業該成就時他就成佛了。如果弟子們的道業都還不能成就，因緣都還沒有成熟，他根本不可能成佛。

請問諸位，你們希望早點成佛呢？還是很晚成佛？（大眾回答：早成佛。）對了！以前曾經有一位師姊跟我講：「其實早成佛、晚成佛，不都是一樣嗎？有什麼關係！」因爲我的個性不想當面潑人家冷水，從來不當面跟人家否定什麼，即使對方亂說，我也是一笑置之。我從來是這樣的，包括以前有位師兄自稱證得什麼又是證得什麼，我也是聽了就說：「好，很好。」就不講話了。我不要當面戳穿人家，不想當面說他什麼錯了。但是她說：「早成佛、晚成佛不都一樣嗎？」我心裡面笑笑說：「大不相同啊！」固然晚成佛的過程中也是在度眾生，但是如果早成佛，是不是能度更多的眾生？對啊！而且被度的眾生道業成就的時間也更快速，這樣對眾生是最好的。

你如果要等待三惡道的眾生也能成就道業，等阿修羅弟子也能成就道業，都來生在你的國土中，你要等到何時成佛？你得等很久，那對你不是好事，對於和你有緣的人來說，更不是好事，因爲他們的道業會跟著很緩慢成長。所以有狗性的那一種人，是從狗類當中往生來人間可能只有一劫、兩劫、五劫、十劫，還不是很長久，這種人一天到晚慢心高漲想要罵人，認爲誰都不對，只有他對；可是他講出來的沒道理，講出來的不是眞正的法，但卻硬要堅持到底，這種人就是狗性，而這類人對亂說法的師父是永遠效忠到底至死不改的。

像這樣的人，你只要把因緣給他就好，譬如送他一本書，把正法的種子種進他心裡就好了，不必一天到晚找他：「你怎麼不趕快來學！」因爲他的緣還沒成熟。不如把用在他身上那一百天的時間，只拿來用在他身上一天，剩下九十九天就可以再接引九十九個人，那不是更好嗎？接引人入正法，它的本質是什麼？是什麼？你們沒讀過《勝鬘經》嗎？對！就是攝受國土。假使他往世不曾學過佛，這一世因爲你的接引，他開始學佛，那他未來世就是你的弟子；攝受弟子就是攝受國土，就是你未來成佛時的佛國國土，要記得這一點！

這就是說，度人時要觀察對方的心性。狗不一定幹惡事，但是狗愚忠，所以他可能平常都願意作善事，但是你一談到他師父的法不對，請他趕快離開，對自己的道業才有利；可是他不聽，他會繼續說：「你在毀謗我師父。」然後他心裡面又起了個決定：「我跟你幹到底。」他的想法是：「我錯就要錯到底，反正不能對師父不忠。」他不管師父講的對不對。遇到這種人，你給他個因緣就好，然後臨別給他一句話，這句話講了就要馬上離開，不要留下來；告訴他說：「你師父告訴你的，都是錯誤的知見，這到底是在幫助你修行，還是在戕害你的法身慧命？」說完扭頭就走，讓他好好去思惟、思惟。

有一天，他想通了：「原來我師父都在教我錯誤的法，他對我無恩，反而有害於我。」也許他的迷執之心也就滅了，未來世才會變成一個理性的人，這樣從「禍不單行」的故事講到這裡，我就說「福無雙至今日至」。諸位遠渡重洋來到這裡，這一回去又是生力軍，一個個都是生力軍，復興佛教有望，這是一喜。還有別的喜，抱歉！就不方便公開了，未來諸位總是漸漸會瞭解到，所以這一喜我就放在心中。總而言之，祝枝山說的，「禍不單行昨日行」，已在前天行了，今天沒有了，可是「福無雙至」今天眞的來了。回歸《佛藏經》來，上週我們講到二十三頁前兩行：「舍利弗！我知邪見而不爲邪見，知邪見者即是正見。舍利弗！邪見終不變作正見，見不知見。」我們上週講到這最後一句「見不知見」，時間不夠了，沒再繼續講。在這裡，我就要談到《楞嚴經》；《楞嚴經》中許多的聖教，那一些凡夫大師們讀不懂。莫說那些凡夫大師們，就算是三明六通大解脫的阿羅漢們也讀不懂，因爲那裡面講的是眞如佛性的事，並且還說了四種清淨明誨、五陰魔的五十種境界，還加上五陰區宇和五陰盡等境界，要是沒有無生法忍是讀不懂的。剛證悟的菩薩們都還沒辦法讀懂，更別說沒有證悟的阿羅漢們。

那一些大師們讀不懂，索性否定它，因爲只要一否定，不論誰來提問說《楞嚴經》這一句或那一句講什麼，他都可以一句話就解決了：「那是僞經，你別讀、別信了，讀了會中毒的。」爲什麼他們會直接否定？膽子可眞大呵！但我不敢否定什麼經典，除非我有很明確的證據，譬如密宗假藏傳佛教的大日如來成佛的僞經，也就是《大毘盧遮那成佛神變加持經》，簡稱《大日經》；或者像《金剛頂經》，什麼《如來現證大教王三昧經》（編案：《佛說一切如來眞實攝大乘現證三昧大教王經》，或者《佛說最上根本大樂金剛不空三昧大教王經》……等，我都說那是僞經。

還有密宗假藏傳佛教人士不是一天到晚嘰哩呱啦唸著一個很簡單的咒，有沒有？「唵嘛呢叭咪吽」，有沒有？還有人寫成斗大的字，裱成中堂掛在大廳中。可是那六個字是什麼意思？我不要跟妳們女眾講，我跟他們男眾講；它講的是說：「喔！寶珠在蓮花上。」寶珠是什麼知道了呵？蓮花是什麼也知道了呵？那就是雙身法的咒！這個咒的依據是一部經典，那部經典竟然說：「諸佛如來都不懂這個法，要來請問這位很低賤的比丘，他才會知道這個無上法。」眞要這樣的話，如來應該叫作「有上不等不覺」了，憑什麼叫作無上正等正覺？所以這也是僞經。而且它裡面說的都不符合三乘菩提，都跟 如來講的聖教顚倒；顚倒也就罷了，而且還牴觸，所以我就說那是僞經。

許多大師們，例如民國初年的呂澂，後來臺灣釋印順繼承了他的說法，都說《楞嚴經》是僞經；但我悟後才一讀，就說：「這不是僞經，這太深了。」因爲我剛悟時還是有些讀不懂，就像《成唯識論》，我剛悟時還是讀不懂；

然後一部經又一部經去讀完了，貫通起來以後回來讀，終於懂《楞嚴經》了。《成唯識論》也是一樣，是悟後讀了三部經以後回來讀，我才通了；因為讀完那三部經以後，往昔的智慧就回來了。可是他們讀不懂就否定，呂澂不是寫了一篇文章叫作〈楞嚴百僞〉嗎？他說有一百個地方可以證明《楞嚴經》是僞經。我就說：「這表示呂澂根本沒有見道，」我接著說：「未來還會有人寫文章來反駁他。」然後我就開始講《楞嚴經》了。

因為這麼好的經典，而且它的深妙以及廣大，連菩薩們都沒有辦法想像是這個樣子的，他竟然敢詆毀說那是僞經，我就說將來一定會有人另外寫一些文章出來反駁他。果不其然，我《楞嚴經》還沒講完，人家已經印出來了，一一反駁呂澂那個說法。那麼到了今天，我這《楞嚴經講記》十五冊，可以說，我那樣的講解是「前無古人」，但未來是不是有可能「後無來者」，我想可能性很大；為什麼呢？因為裡面所有人間菩薩所能知道的，所能講解的我都講了，除非哪天來了個六地、八地菩薩重新講解五陰區宇和五陰盡的內容，那就是「後有來者」了，否則可能也是「後無來者」。如今誰再敢出來說《楞嚴經》是僞經？沒有了！

但爲什麼他們敢否定呢？因爲他們是從現象界來閱讀這一些了義經典，全都讀不通；爲什麼讀不通呢？因爲了義經典講的是實相法界的事，不是人的意識思惟之所能知，這是唯證乃知的。更何況《楞嚴經》所講的，悟了以後還是大部分讀不懂的，只有少分能讀懂。至於要判那「五陰盡」是哪一地的境界等，你如果沒有無生法忍，根本判不了；而他們讀不懂就互相爭執，就好像日本有一部分人否定《起信論》一樣。

《大乘起信論》是非常妙的論，但是哪一國的學佛人對這一部論爭執最多呢？日本。古時日本佛法還算興盛，但是有兩派人，一派堅持《起信論》是正論，另一派堅持《起信論》是僞論，說是人家冒充馬鳴菩薩的名義寫的。所以關於《起信論》是正論或僞論的爭執，著作非常多，有幾十本（兩派合起來有幾十冊），比《起信論》本身還要多出很多倍。我就好奇了，我想：爲什麼這部論爭執這麼多呢？就從經典上請下來一讀，然後說：「**這是好論，而且眞的是很妙的論，我得要把它講一講。**」

這是因爲我看中其中有一小段話太棒了，來對治那一些錯悟的、自以爲開悟的大師們最好了。《起信論》不是說有「本覺、始覺、隨分覺、相似覺」，然後說「究竟覺」嗎？然後依於「始覺」而說有「不覺」者。它有特別說：「一般人所謂的覺，都是前念已生，後念續生；當後念再起時，加以制伏令不再生，說之為覺。」你看正覺出來弘法之前，那些所謂開悟的大師們——所謂證得阿羅漢果的大師們自稱開悟了，不都是這樣叫作覺悟嗎？都是把妄想雜念給制伏以後成為一念不生，然後就說「我覺悟了」，說這樣就是覺悟佛菩提。可是《起信論》把他們這個現象講出來之後，接著下了個註腳：「即是不覺。」（導師笑：呵呵呵！）它說：「前念不覺起於煩惱，後念制伏令不更生，此雖名覺，即是不覺。」說這樣就是沒有覺悟的人。

當年很多道場都說蕭平實悟如來藏，是個邪魔外道，所以我看中了這一段話，心想：「太好了！我為什麼不講呢？」於是我們提出來講。那時很多人聞風而來，因為沒有人講過這樣的法，所以大家趕快來聽。沒想到我們那時還只有九樓，佛前中間的走道都擺滿了座位還不夠坐，包括旁邊都擺滿了座位。就是我一上座後就開始排坐墊，然後中間走道都坐滿了，就把辦公室以及茶水間、知客處，包括電梯間前面放足了凳子還不夠，再往側面以及往後面的樓梯上去和下去兩邊都坐人，喇叭箱再拉出去，總共坐了七百來人，就這樣擠著聽。那時大家一面聽一面揮扇子或紙張，因爲人太多，冷氣應付不過來，就一面聽、一面揮著、一面擦汗，因爲他們沒聽過，覺得很勝妙。後來出版了以後，就沒有誰再說《起信論》是僞論了。

同樣的道理，因爲這是了義法——第一義法，不是講現象界中的事，講的是實相法界的事。請問實相法界是什麼？（大眾回答：如來藏。）對啊！所以你們在內地上課沒有白上，聽我一講就懂得這是講如來藏。如來藏出生了五蘊十八界，這是可以現觀、可以親證的，而且這個證悟永遠可以不斷地複製。你悟了可以複製給你的徒弟也一樣悟入，不是只有你悟了而徒弟悟不了，所以這是正法。但因爲祂不是現象法界中的事，憑著意識思惟不可能瞭解，因爲凡夫和二乘證果愚人的意識所能了知的永遠是現象法界中的事。

那些人單憑思惟絕對不可能知道，可是他們自以爲知，總是覺得：「我是天下第一的聰明人，怎麼可能讀不懂？這一定是佛入滅後的後世弟子大家亂寫、亂編出來的，所以這是僞經。」可沒想到咱家出來講了《楞嚴經》。越是有人說是僞經的，我越要去檢查看是不是，因爲這是天大的冤枉。冤枉的事情一定要先解決，其他錦上添花的事慢慢再來，於是我就先講了。打從

《楞嚴經講記》出版以後，沒有人再說《楞嚴》是僞經了，大家也才知道說：「原來《楞嚴經》講的，是這樣勝妙而難可思議的境界。」

那麼回到原話題來追究，他們爲什麼加以否定？因爲他們想：「我們這麼聰明，專門研究經典而成爲佛學家，世間沒有人比得上我們，我既然看不懂，就一定是僞經，而且經中的道理講不通。」《楞嚴經》裡面有很多道理，你看起來似乎是講不通的，而且他們去讀四大部阿含諸經中的兩千多部經典，都說五蘊十八界都是虛妄法，就毀謗說：「這《楞嚴經》憑什麼說『五陰本如來藏妙眞如性，六根本如來藏妙眞如性，六塵、六識本如來藏妙眞如性，六入本如來藏妙眞如性』，爲什麼又不是生滅的了？呵？這個是僞經。」他們就很篤定地否定了。但他們不懂的是，這是實相法界，證了這個實相以後，從實相法界的立場來看五陰十八界，這五陰十八界不都歸攝於實相法界中了嗎？對了！

禪宗最重要的了生脫死：生從何來，死往何去？這是一個人出家最重要的事情，叫作了生脫死。出家了，如果不想了知生從何來，死往何去，那就白出家了！我這樣講，有沒有太過分了？有的話，我就趕快搗起嘴來，不講了。好了！等有一天悟了以後，他智慧不夠好，去找師父：「師父！我眞的證眞如了，我看見自己的如來藏眞實而如如，永不改易其性。問題是，到底我生從何來，死往何去？還是沒弄清楚啊！」話未說完，這師父一棍子就打下來了：「你死後，到哪裡去？」他終於想到：「原來如此，死了還是回到如來藏。」這一下，師父棍子高高舉起來，輕輕點在他頭上。這麼一棍，到底是賞棒還是罰棒？賞棒！他終於瞭解：「我死既然死到這裡去，生也是從這裡生，原來生死都不外於如來藏。」終於看清楚了，果然如此。這就是了生脫死了。

脫得五陰，死了到哪裡去？如來藏！該出生了，在母胎中把這個五陰出生了以後，呱呱墮地了，是從哪裡生來的？從你的如來藏中生來，不是媽媽幫你生的。不然我問妳們所有當過媽媽的母親們：妳們懷孕時有沒有今天幫他捏個手指，明天跟他插三百根頭髮？有沒有？沒有啊！誰敢說有，我就下座一棒把她打出去。所以妳只是提供那個環境和那些材料給他，讓他的如來藏自己製造，妳何曾生他？對吧？妳的子女該不該不孝？因爲不是妳生的；卻也不該，因爲懷胎十月多麼辛苦，就是爲了他要在人間出生，妳才得這麼辛苦。且不說生了以後如何將養，單單說懷胎生產這件事情就夠偉大了，所以他沒有資格不孝，沒有資格對妳不孝。

但你哪天實證了以後現前觀察：果然我是從我的媽媽也是她的如來藏中出生的，不是媽媽生我的。這時候你就想：我的媽媽也是她的如來藏生的，乃至十方如來下至螻蟻，莫不如是。這時對如來藏就有了恭敬心，縱使心裡面曾經想過：「我是如來藏生的，不是媽媽生的。」可是也會一念回轉過來：「媽媽就是如來藏。」不是嗎？對啊！媽媽就是如來藏，你看她的五陰就是她的如來藏裡的一部分；她的五色根，她的六塵，她的意根，她的六識，都是她的如來藏中的一部分；我既然恭敬如來藏，爲什麼不恭敬我的母親？所以就一體恭敬了。你看，這了義之法第一義諦是唯證乃知的事，那些凡夫大師們一天到晚只落在五蘊、落在意識境界裡面，何曾了知實相法界，又怎能了知實相的境界？所以當他們讀到了義經中所說實相法界時，以五陰的境界來套上去，當然讀不懂，覺得不合理，於是就否定了。否定的惡業是大是小呢？大到不得了！因爲這是十方三世一切法界的實相。

那麼那些經中的所說，我們就不舉例，回到這一句經文來：「見不知見。」

從現象法界來看，請諸位看看，你現在能見吧？對不對？那麼能見這個心在，你知不知道？知道啊！你很清楚知道自己有能見之性，因爲你能見時就能夠看見自己有能見之性。當你看見自己有能見之性時，這個能見的心同時也就看到自己有能聞之性，也有能嗅之性、能嚐之性、能觸之性、能知之性，不就全都知道了嗎？既然如此，爲什麼經中說「見不知見」？原來這是僞經，是不是？這樣否定最直接了當，別人就不可以說我讀不懂。可是他錯了，是因爲他沒有實證，所以讀不懂，實相法界的內涵用思惟是不能會通的。

在現象界中沒有這個邏輯，也就沒有這個道理；可是你要是證了實相法界，讀到「見不知見」，你馬上有一個作意出現：「本來如是。」爲什麼呢？因爲如來藏心雖然也有見，但祂的見不在六塵中運作。「見」就是了知的意思，這個了知不是在六塵境界中加以了知，祂所了知的是六塵外的範圍。所了知是六塵外的事，這樣的心一定是隨緣任運；隨緣任運的心是不會對六塵境界加以揀擇的，這代表什麼呢？代表祂不會反觀自己；不反觀自己的心會不會有我見、我執？不會啊！不反觀自己，表示祂不知道自己的存在；不知道自己存在時，就不會知道自己有能夠了知六塵外一切境界的功能。這聽起來很玄吧！可是悟後就一點都不玄，你可以這樣現觀的。祂完全不了知自己能了知諸法，也不了知自己能了知六塵以外的諸法，所以祂雖然有見，卻不知道自己有見。這若是要用意識思惟，我說啊：只能想像，可是永遠想不通。諸位這樣想一想，帶領你們實修這個法的親教師們，偉大不偉大？（大眾回答：偉大。）對了！因為他們可以這樣現觀，可你還作不到，所以要跟著學；但是你要到這個地步，須要有很多的階梯一步一步走上來，不可能一蹴而幾。

也就是說，你想要得到這個見道的智慧與解脫的功德，必須有很多的條件要去完成，首先是次法的修學，然後要在性障的修伏上面用心，接著應該要修各種福德，才足以支撐這個見道的功德；否則悟後一退轉反而謗法，下墮三塗。接著還有一個很重要的法：要有未到地定。如果沒有未到地定在背後支持而說他證悟了，或者說他證得初果了，那都是自欺欺人之談。不但經中如是說，根本論裡面 彌勒菩薩也如是說。假使有人說他沒有證得初禪，但他是阿羅漢，那也是癡人說夢。但這種癡人說夢的事，古來已有，於今為烈。

所以前天在山上我告訴諸位說：「臺灣以前有好多阿羅漢，我出來弘法以後他們都入涅槃了。」也就是說他們誤會了，在我出來弘法之前，臺灣有佛法已經三十幾年了，大約將近五十年了，可都是在外門轉，卻自以爲實證了，所以個個自稱是阿羅漢。我本來不想提這件事情，可是後來想想：「我專講大乘法，這二乘菩提都沒講過，針對那一些修學聲聞法的人來講，我說法眞的沒有攝受力，他們依舊會繼續謗大乘法，死後堪憐。」所以我起了個念頭：我要寫《阿含正義》。如果我把阿含的眞正義理寫出來，講完了，他們還不信，我可以無愧於心，因爲我爲他們所該作的已經作了。

所以我就開始寫書，但我寫《阿含正義》時很快，不到半年就寫完了。因爲我讀經典是從《阿含》開始讀的，在還沒有證悟以前我就讀《阿含》。我讀時覺得這一段不錯，就用鉛筆畫個框框；又繼續讀，讀到另一個地方時覺得這一段不錯，又用鉛筆畫個框框。《大藏經》這麼厚，這麼大本，我在裡面畫了很多框框。我不會記得這法義是哪一部經講的，可是我會記得有畫過這樣一段法義，這段法義是在左邊這一頁的上欄、中欄或者下欄；當我要找這法義的根據時，記得是在這邊的中欄，我就專找這邊中間這個部分，一直翻找，找到了就把它寫上去，隨即加以註解，所以我寫起來很快。那阿含專家一年寫不了一本，我半年就寫好了，總共七輯。

我在書中刻意寫了一段明顯的文字：「有證得初禪的凡夫，沒有不證初禪的三果人與阿羅漢。」這看來好像是「言前人所未曾言」，其實這不是創見，我沒有創見，我所有的法都是 如來給的，早都講在經中了，只是大家讀不懂。又譬如說，十二因緣為什麼大家背得滾瓜爛熟，偏偏沒有人能實證？因為不懂十因緣；所以我在《阿含正義》也寫了十二因緣與十因緣的關聯。我這一寫出來，《阿含正義》第一輯、第二輯暢銷，因為從來沒有人講過啊！但真的沒有講過嗎？如來早講了。

如來在《阿含經》中都已經說了，只是大家讀不懂，而我把它講清楚，所以才出版兩、三個月，我一次在新店一家素食館中（那家現在已經關了，在建國路），鄰座有幾個法師，居士供養他們在吃飯，他們在講：「要學十二因緣，一定要先學十因緣；十因緣沒有學好，就學不好因緣法。」那時我當作沒聽見，繼續吃我的飯。我知道《阿含正義》產生正面作用了，佛教界有救了。所以臺灣南部有一個經年累月在電視上說法的，他是有很大心願的法師，這樣你們內地的同修聽不懂，但臺灣的同修就聽懂了；他都是像我這樣盤腿說法的，他講了一個題目：實證三果捷徑之道。他倒也還好，沒自稱阿羅漢。

問題來了，他實證了三果嗎？斷我見的內涵，他講過沒有？沒有！他有得初禪嗎？沒有！證三果的人叫作梵行已立，一定要超越欲界天，那是要有初禪天的境界才算數。結果我這《阿含正義》流通一段時間以後，他開始在講初禪如何、如何。我正在吃飯時，在電視上聽他在講初禪，我說這哪是初禪，因爲我已經心裡面有個準備，所以沒有噴飯。問題是，你如果有實證初禪，這初禪的原理應該講吧？總不能夠無緣無故你就發起初禪了。證初禪是要有什麼樣的修行方法，它的過程以及它實證的原理一定要有，但他沒有講；發起的過程是怎麼樣，也沒有講；發起之後，初禪的境界是如何，也沒有講。

可是我以前講經時，我說初禪時是怎麼講的？我又沒有草稿，直接就講初禪的原理，然後說明它發起的過程，發起以後又會怎麼演變，演變之後最後會變成怎麼樣。我就從心中知道的一直講出來，你要有那個內容才好說你有實證。但是，他願意接著講「要有初禪才可以證三果」，我心裡可樂了，因爲這表示又有一批人得救了。儒家說「得天下英才而」怎麼樣？「教之」，是什麼之樂？「人生一大樂也！」我的想法則是：救所有天下無辜的佛子入正道，菩薩最大之樂也！因爲這一些人馬上會懂得懺悔滅罪，當他們懺悔滅罪之後就睡得安穩了。捨報前一定會想到（也許不必等到捨報），當他懺悔時，他就會想到了：「我這一世不必下墮惡道，蕭平實之功也！」（大眾鼓掌⋯⋯。）

那麼諸位聽到這裡，應該知道我樂在何處了吧，因爲他們未來世就會聽我的了。雖然這一世面子拉不下來，不方便，就譬如達賴好了，他們達蘭薩拉現在分成兩派：一派認爲「正覺的法才對，咱們密宗藏傳佛教的法錯了」；另一派堅持「我們密宗藏傳佛教的法才對，正覺的法不對」。現在問題來了，達賴騎在密宗假藏傳佛教這一條虎上拉著牠的耳朵，他有沒有辦法下來？沒辦法！現在知道自己已經背負了壞法的惡業，死後不僅是三塗，而是三塗中最糟糕的那一塗。但他現在有辦法下得虎背嗎？下不來！他想下，人家也不讓他下，當然救不了自己了！可憐吧？可憐啊！

所以有人心裡面總是想：「這蕭平實一天到晚在罵達賴，他罵時一定很生氣。」他們是想我在罵達賴，我一定很生氣所以罵他，但我今天講達賴時有生氣嗎？沒有啊！我不會生氣，只想救他。所以密宗假藏傳佛教有些人想：「**我就在網路上跟你罵，罵到你七竅生煙。**」沒想到我是九竅祥和（大眾笑…），因為我覺得用不著生氣，我目的是救人，幹嘛生氣？他們又不是我的仇家。假使不是他們在破壞正法，我還能成就護持正法的偉業嗎？不可能啦！他們是給我機會。這樣想通了，還氣麼？不氣，反而想要救他們。

能夠救得他們，這個淨業和福業才算是眞正的成就，否則這個淨業福業沒有具足成就，還是有缺陷的。但沒關係，他們這一世臉拉不下來，寄之於來世。他們捨報之前懂得懺悔滅罪，最多去畜生道，回來人間就快了。有好好殷重滅罪的人，大部分都可以不入地獄道，因為如來非常、非常、非常、非常的慈悲，這是我的體驗，所以連說四個非常。

那麼因此，了義正法不是那麼容易懂的，因為它講的是實相法界的事，都是從實相法界如來藏的境界中，來看待現象界的一切諸法，來說明現象界的一切諸法都是緣生緣滅，但收歸如來藏時，這一切法就不生不滅。所以《阿含經》說一切法生滅不住，來到大乘經說「**一切諸法本不生滅**」，看起來好像衝突，好像矛盾，背道而馳；其實不然，因爲這是從不同的層面來看。就好像從三賢位的證悟菩薩來說，我們說這前六識的識陰有見分，這六識就是見分，沒有相分。那麼如來藏所生的六塵、五色根都是相分，是被如來藏所生的見分來了知、來執取的。

可是這七個識裡面，意識有見分，也有自證分：意識能夠知道自己現在住於什麼境界，這就是自證分。諸位坐在這裡聽法，知不知道自己正坐在講堂裡面聽法？（大眾回答：知道。）這就是意識有自證分。意識不但有見分，也有自證分，現在諸位能不能回頭再來確定一下：我是不是眞的在正覺講堂聽法？能！這就是證自證分。你能不能證實自己眞的有這個證自證分呢？能！你可以證實：我確實可以檢驗自己現在正在幹嘛。這就是證自證分，這就是意識。

意根，祂又名什麼？末那識。意根沒有證自證分。如果意根有證自證分，好不好？爲什麼不好？剛剛有個誰講對了：沒辦法睡覺！意根如果有證自證分，就跟意識一樣，沒辦法睡覺，然後會有什麼後遺症？白天會有什麼後遺症？會跟意識鬥爭啊！不久就精神分裂了，所以意根沒有證自證分。因此諸位睡著了以後，睡到打呼了，呼得震天價響，屋瓦都震動了，可是並不知道自己正在睡覺，因為意根不會反觀自己。如來藏有相分，被實證者所見，但祂沒有見分，而眞如就是如來藏的相分。

這樣說了見分、自證分、證自證分跟相分，這個道理只為三賢位菩薩說，如果有人想要入地而修學無生法忍時，我就不這麼說了。入地以後，告訴你八識心王一一各有四分，這個說來就深了，不在這裡講，只在增上班講。將來你們破參了，在內地我們也會開增上班（大眾鼓掌…）；不用鼓掌，這是必然的，當然會先開進階班，現在內地已經有進階班了，哪裡就不談了。（編案：正覺同修會從二〇一六年起已退出內地宗教活動，所有班級都停止了。）

這意思就是說，你的實證層次不同時，所見就不同，你的智慧也跟著不同。如果在凡夫的層次或者在聲聞阿羅漢的層次，想要瞭解了義經中講的「見不知見」，門都沒有！再怎麼思惟絞盡了腦汁，也無法知道的，所以了義正法不是靠意識思惟所能了知的。但有的人聰明，聽說正覺有好多證悟的人，心想：「**我去跟他們中的某一人交朋友，送點禮，請他告訴我，我不也證悟了嗎？**」莫說不可能有這種人，但縱使有人眞的告訴他實相境界的密意了，他眞的知道了，算不算證悟？（大眾回答：不算。）諸位太棒了！因爲一個證悟者該有的內涵，他都沒有；他的解脫功德發不起來，勝妙智慧也起不來，轉依當然一定失敗。

譬如一個五歲娃兒去求得皇帝同意，給他個縣長幹，他能當得成縣長嗎？當不成！他有那個名義也沒有用。同樣的道理，所證的內涵要能夠運作，才算眞的證悟。那麼要能夠運作，必須他的次法先有了，性障也調伏了，應該具備的福德也足夠了，定力也行了，有這些條件把他支撐著，證悟的智慧與解脫功德才能夠眞的生起來，然後眞的在運作，應當是這樣才對。所以愚癡人才會故作聰明送禮巴結，去探問密意。探問得來的一文不值，他一點受用都沒有，人家隨便一個外道就能把他問倒了，那還叫證悟者？

所以了義的境界不是容易了知的，這是唯證乃知，而且親證之前所必須具備的條件要先作起來。所以你們在內地學習，親教師們教導你們那麼長時間，就是要幫諸位把應該有的那些條件建立起來。因此，當布施度教完了，問問諸位：「**你們布施度修好了沒有？**」你如果財施不作，無畏施不作，法布施也不作，連送一本了義法的書籍給人家都不願意，就不敢答覆說：「**我**

布施度修好了。」因爲於心有愧。接著是持戒度，一度一度來吧！在這個六度的修行過程中，其他的部分你就跟著一步一步去把它完成。眞的完成了，那時就是水到渠成，剩下的就是來臺灣大溪打禪三時讓我踢一腳。這一腳叫作什麼？臨門一腳！如果那些條件都沒有，我這一踢不就跌跤了嗎？入不了門的！

了義正法不是那麼容易了知的，針對不同的層次有不同的說法，所謂法無定法，這是大家所應該知道的。那麼關於這個「見不知見」，我還眞會聊，聊這麼久，可因爲諸位遠道而來，所以相關的部分，我得要說給諸位，因爲諸位來一趟不容易，再要相見，可能是明年的事了，所以我就多講一點有關的部分，不專在經文上說。這就是期望諸位從小草逐漸變成小樹，本來是小草、中草、大草，最後要變小樹，變成小樹就可以幫我分擔很多如來家業，這就是我的寄望所在。當你們在內地都能幫我復興佛教時，就是我回鄉時(大眾鼓掌…)，可是諸位別光鼓掌，回去該幹什麼就去幹，要記得呵！

接下來：「舍利弗！諸佛如來阿耨多羅三藐三菩提，一切世間所難得信。」說得眞不錯！諸佛如來都是無上正等正覺，「一切世間」當然是包括天、人、以及鬼道眾生等，他們都無法相信的。不說「一切世間」，單說人類就好，佛門內如是，附佛外道亦如是無法相信。佛門內否定大乘法最厲害的，不就是臺灣的釋印順嗎？這釋印順跟日本人裡應外合，共同否定大乘。人家日本人是為了脫亞入歐，不想被亞洲佛教所影響，要脫離亞洲佛教的陰影；因為追隨中國佛教，他們認為是陰影，他們想要跟歐洲人平起平坐。問題來了，他們脫亞入歐，否定中國大乘的佛教，所為何來？他們不想在文化層面臣服於中國，想要凌駕於中國之上：「**我們日本的文化比你們中國更高。**」所以他們開始寫一些論文，例如松本史朗、袴谷憲昭等人，然後有一位美國學者把他們的論文合輯出了一本書，出版時那本書叫作《修剪菩提樹》。

但他們能修剪菩提樹喔？他們連菩提樹的模樣都沒見過，還能修剪喔？三、四年前，我得到一個消息：大陸民政部接洽他們要再出版這一本書。我說「好在沒出版」，因為他們聰明，他們知道現在臺灣有個正覺，「**萬一再度出版時正覺不能接受，寫了部書來評論我們，那我們不倒楣了？**」可能是如此想，所以他們婉拒了。算他們聰明，即使是民政部出版的，我照樣要批。人家是想要凌駕於你中國之上，你中國還去配合他們，夠笨的了！一旦出版，我不管他是哪一部，一定要寫書回應。好在他們聰明，他們讀了正覺的書，知道不能再出版了，就婉拒了。當然他們不會跟民政部講原因，但我心知肚明為什麼他們不敢被出版，因為他們都懂中文，都讀懂的。

所以你看，這釋印順就是個老糊塗，從二十五歲出家時開始糊塗到死，一百零一歲糊里糊塗死掉。他眞的糊里糊塗死掉，他死前幾年，我就跟幾位同修講過：「他將來死時應該會是不省人事而死的。」有的同修問我：「老師！您為什麼這樣判斷？」我說：「他死時萬一口出良言：『我這一世說的佛法都錯了，我懺悔！』那你想，他的徒眾們怎麼辦？徒眾們要怎麼辦？沒法子收拾啊！」所以我說：「徒眾們一定會在最後那幾天，不斷地幫他打麻醉劑或強烈的鎮靜劑，讓他一直睡，睡到死。」目前我們側面聽聞到的非正式訊息就是如此。

所以他在二十五歲出家時就是糊塗人，一直糊塗到死了還是糊糊塗塗地死，那他的惡業沒辦法滅，怎麼辦？好可惜的一個人，聰明絕頂，結果被自己誤了。那你想，他是佛門的僧人，對於如來的境界都還不信；如果是外道呢？可想而知！所以你看某某功那個李某某，六一○辦公室一直在取締某某功不是？我告訴諸位：那法輪功的臺灣會長是我的同班同學，在高中時他坐在我的隔壁桌。那位李某某說：「佛有分好幾級，釋迦牟尼佛比我低了兩級。」可是他這個「李洪志佛」沒有斷我見、沒有證眞如、沒有如夢觀、沒有道種智、沒有十力，什麼都沒有，那叫作外道佛，叫作假佛。這表示什麼？表示如來的境界他不相信也不懂。

後來我們知道，他以前寫的那一些書還是找人捉刀；他自己無法寫，找人代筆。有這樣的佛？還眞的有趣，這叫作人生百態。至於喇嘛教，那一些人信不信如來的境界？老實說，不是不信，而是不懂。不信跟不懂不一樣，他們不知道如來的境界；且不說一切種智等，單說如來有十號，十號之中只要問他們一個「善逝」就夠了，他們懂不懂？不懂。因爲他們是要永遠生存在人間，永遠與欲界淫觸同在一起而輪迴在人間，他們根本不懂什麼叫作「善逝」。你如果要跟他講如來的十力、三不護等，沒法子說。所以喇嘛們跟密宗假藏傳佛教信徒都有一個現象：當你說起佛法來，說般若，他們也有般若；說如來藏，他們也有如來藏；不管你講什麼，他們密宗假藏傳佛教全都有，可是他們說的全都不是佛法中的東西，只有佛法中的名相。

當我們講如來藏能生五蘊十八界，他們也說：「對啊！如來藏能生五蘊十八界。」我們說如來藏是第八識阿賴耶識，他們卻說：「不！阿賴耶識是外道法。」所以他們在網路上罵我說：「蕭平實是阿賴耶外道。」那就糟了，等於罵　如來也是外道。因爲　如來就是證第八識而成佛的，成佛之後也專門講阿賴耶識的法。他們又說：「你們講如來藏能生五蘊十八界，對啊！我們密宗藏傳佛教的如來藏也是這樣，我們也有實證啊！」但哪一個是如來藏？他們觀想從頭頂到會陰有一個細細的管子透明的，裡面有一顆明點可以升降，那個明點就是如來藏。就這樣搞！

所以，你眞要跟他們說起佛法來，眞的格格不入。你說他們不懂，說他們誤會。他們說：「不！這是密法講的佛法，跟你們顯教不一樣。」接著還籠罩你：「你得要把顯教的法都學好了才可以學密。」所以我就以其人之道還治其人之身：「好！你們既然都學密，那你們要證明：你們把顯教的法都學好了。請問你們斷了我見沒有？請問你們證眞如沒有？」就一樣一樣問。他們不可以說還沒有實證，因爲如果他們說沒有實證，依照他自己講的，就沒有資格學密了，那又怎麼可以弘揚密法呢？

所以密宗假藏傳佛教的喇嘛們現在也開始在講斷我見，講證眞如、如來藏。大陸最有名的索達吉不就是這樣嗎？可是他的如來藏不是咱們講的如來藏，你們別中計了！他講斷我見，我們有同修在網上一看說：「這些都是從老師您的《阿含正義》抄出來的，我們得要破他。」我說：「且慢、且慢！讓他講去。」他要是眞把我書中講的斷我見的內容不斷講出去以後，會產生什麼結果？諸位都想到了：他的雙身法不能成立了。信眾們會問（如果是跟他上床的女眾一定會問）：「師父！你說我成佛了，結果我們顯然沒有斷我見，我們還落在這個五陰境界裡面，你是騙財騙色。」這下他怎麼辦？

所以他會繼續混、繼續籠罩，這兩個是不衝突的。顯然已經有人問過他這個問題了，所以咱們不破他，讓他繼續講。當這個斷我見的正理普遍傳揚之後，他的雙身法自然沒有立足之地。我今天講了，諸位回去可別上網去說，我要等到這部書——這個講經整理成書出版了，才讓他們知道，那已經是六、七年後的事了，這就沒問題。諸位明天回去，默不作聲就好，要學維摩杜口。所以你看，沒有人能信受　如來的境界，因爲太深奧、太廣大，無從了知。

諸位心裡可能想：「蕭老師的境界，我沒辦法想像。」但我告訴你：「如來的境界，我一樣沒辦法想像。」你想想看，那些凡夫竟然說：「如來的境界，我都知道。」諸位一聽就知道了，也就是說，釋迦如來入滅之後，凡是宣稱成佛的人都是凡夫，唯除當來下生彌勒菩薩，在五億七千六百萬年後下生人間成佛，否則都是凡夫。實證的人都不會說他成佛了，因爲他一定很清楚知道自己現在是在哪一個層次，距離佛地有多遠。這一點也證明，那一些世間人是不能相信的，只有菩薩能相信。

可是我前天問諸位說：「菩薩是不是人？」（大眾回答：不是！）對了！所以菩薩不是人，就不是世間；「一切世間所難得信」，而菩薩不屬於世間，因爲是出世者。但是阿羅漢信不信？也信！阿羅漢信，因爲他們知道自己根本不是佛，只有末法時代的那一些愚癡人才會說阿羅漢等於佛。可是等到正覺一本又一本書不斷印出去、流通出去以後，他們不敢再這樣主張了，因爲他們現在很清楚知道阿羅漢不是佛了。我在書中都講過了，他們都是安板以後，窗戶關起來、窗簾拉起來遮了就開檯燈，不是睡覺而是讀書，讀誰的書？（大眾回答：讀導師的書。）對了！諸位都瞭解，但是心照不宣就好，不要當面說：「你不也是晚上偷偷讀我們蕭老師的書。」所以 佛說的完全正確：「諸佛如來阿耨多羅三藐三菩提，一切世間所難得信。」我們今天講到這裡。

本來以為過兩三天感冒就好了，沒想到現在還沒好，所以今晚如果我這個嗓門啞了，有礙諸位清聽，萬請海涵。《佛藏經》上週講到二十三頁第三行，說「一切世間所難得信」，今天從這裡開始講：「我於諸天一切世間，是最可信，非不可信。」「於諸天」以及「一切世間」，這就函蓋了所有世間的天、人，乃至其他有神通的有情在內，這些有情中主要以諸天為最上。為什麼要說「諸天」而特別強調出來呢？因為天有個特性，就是正直，假使不正直就不能稱為天。所以能生而為天，就是因為他不說謊、不扭曲、不諂媚；所以諸天如果向別人讚歎，那就真的是讚歎，在他們讚歎的口吻中，不會有酸溜溜的味道。

學佛之前，在周遭的朋友中，往往會遇見有些人喜歡讚歎人，但大部分都帶著酸味；那意味著他的讚歎不是歡喜的，而是心中有點不服氣，或者心中有一點嫉妒，所以讚歎的口吻中帶有酸味。「諸天」一定不會如此，為何不會如此呢？諸位有沒有想到一個很簡單的原因，因為諸天都有五通，既然有五通，你知道我說的話是不是諷刺，我也知道你說的話是不是眞誠。你心裡面怎麼想，我藉著他心通知道；我怎麼想，你藉著他心通也可以知道，所以一定是要正直，否則就沒資格生爲天人。那麼要當正神而不是鬼神，也一定要心地正直。心地如果歪曲，沒有辦法當正神，他就只能當鬼神。所以「**一切世間**」中說話最可信的就是「**諸天**」，特別是層次越高的，比如超過欲界而生在色界天去，那更正直。

如來說，在「**諸天**」和「**一切世間**」之中，如來是最可信的人；因爲天有時不免會有一點不夠直，爲什麼不直？是因爲他們有恐懼，有時則是對 如來或菩薩有所求，所以他們雖然正直，但有時不免要央求於 如來，心是誠懇的，但總是有那麼一點諂曲。譬如，曾經有一位釋提桓因，因爲五衰相現，所以來見 如來，這時心地就不免有一點點的諂曲了，所以還不夠直。如來心地直、言語直，因爲是習氣種子都已經滅盡了，所以凡有所說是「**一切世間**」、所有「**諸天**」之中最可信的人。

那麼講到這裡也就行了，爲何還要加一句「**非不可信**」？這當然有原因，譬如說 如來座下有善星比丘、六群比丘，乃至焰摩迦比丘還沒有成爲阿羅漢之前，還在凡夫位，對 如來的說法也不完全信受，所以說「非不可信」，要強調不是不可信的。從另一個層面來說，如來所說的法—特別是了義法—是唯證乃知的；舉凡尚未實證的人，即使是三明六通大解脫的阿羅漢，也無法如實理解。如果是凡夫們，也許聽聞之後心中帶著疑惑，然後就想：「如來說的不合道理吧？」也許就這麼說了。上焉者只是心中懷疑，不行諸於口；下焉者可就到處指指點點去了，不管見了誰，他就是要月旦 如來說：「如來這個說法應該不對，因爲這個不合邏輯。」古時候叫作不合正理。所以針對這樣的人，就得要特地再強調：「非不可信。」也就是說，如來凡有所說，沒有不可信的。

可信之法，如來接著就爲大家舉出原因來：「舍利弗！我所說法爲至彼岸，是中亦無至彼岸者。」世尊說：「我釋迦牟尼佛所說的法，是可以到達無生無死彼岸的法，然而到達了無生無死彼岸時，在那個境界中其實也沒有到達彼岸的人。」這一句聖教，從一般的意識思惟的層面來看，好像是講不通；因爲從現象界的層面來看，既然所說的法是可以使人到達無生無死彼岸的，那就是解脫了；既然解脫而到達彼岸時，應該就有人或者有誰是到達了彼岸的。可是沒想到，如來竟然說：「在無生無死的解脫彼岸中，並沒有誰到達了無生死的解脫彼岸。」

這在世間法上、世俗法的層面來看，這種事情是不能存在的，也是不應該存在的；從意識層面來思惟時，這是沒道理的。就好像世俗人說：「我告訴你的方法，是可以讓你從臺北去到臺中的，可是去到臺中時，並沒有誰去到臺中。」從世俗法的層面來看就等於這樣，這使一般人在意識層面怎麼思惟都想不通，他們都會認爲說：「這可能是說錯了吧？」所以對 如來的所說懷抱疑惑，心中不太相信，當然得要特別強調「非不可信」。

那麼假使有一天你悟了以後，你說：「我去北部打禪三被印證開悟了，我要回到臺中；現在追究起來，我去打禪三其實並沒有去打禪三，我開悟了其實也沒有悟，我被印證了其實也沒有被印證，然後我帶著這個開悟的實相般若智慧回到了臺中，其實也沒有回到臺中。」對你而言，這是至理，是不可改變的法界事實；可是你回到臺中家裡千萬別這樣講，不然老爸老媽說：「我這孩子去打個禪三回來說開悟了，結果變了個樣，好像瘋子，一天到晚瘋言瘋語，是不是腦筋壞掉了？哪天我要上臺北，找這蕭平實理論理論：『我好好一個孩子交給你，把我弄成這個樣子。』」因爲他們再怎麼想，也不可能理解你所說的道理，所以千萬別講出來。萬一你不小心講了，父母親質問起來，你還跟他們說：「我講的是至理，絕對不會錯誤。」那老爸老媽一定想：「這就像喝醉了酒的人，不承認醉酒。」所以千萬別講的好。

那麼這個到彼岸的法，爲大眾演述了以後，是眞的有人到了無生無死的彼岸；可是每一個到了無生無死的解脫彼岸者，卻都說在解脫的無生無死彼岸之中，並沒有誰去到無生無死的彼岸。這個道理很難解釋，所以咱們正覺弘法之前，大多數的大師們都告訴你說：「你如果去到了無生無死的彼岸，你解脫了，那就得放下，不要理會解脫、沒解脫，也不要理會那裡是不是無生無死的彼岸，平常心就好。」有沒有聽過大師這樣開示？有呵！沒點頭的人是什麼意思，都沒聽過？

確實啊！曾經像我這樣開示的大師非常、非常少，那爲什麼大多數的大師們都不如此開示呢？因爲他們連讀都沒讀過，沒有別的原因，就是沒有讀過所以他們不會開示，他們根本就不知道有這樣的聖教，就別說是實證或開示了。所以眞正要解釋出來而又不錯誤，在這三百多年來也就是咱們正覺了。這個道理當然得要說明一下，把這個道理解釋清楚了以後，後面那幾句都很容易講，因爲道理是一樣的。如來不辭辛勞在人間示現，就是爲大眾說法，而說法的目的就是爲了讓大眾可以證得無生無死的解脫彼岸，這就是初轉法輪所要達成的目的。

當大眾得到二乘菩提了，確認自己是可以出離三界生死的，如來接著宣說實相般若，說那樣的生死其實不是生死，說那樣的解脫生死也不是解脫生死，甚至於說阿羅漢三十七道品具足而能出三界生死了，其實也沒有出生死者。那麼六識論的大師學人們，不能從實相心來理解如來的所說，總是用意識心的層面在現象界裡面探討，所以他們不相信般若諸經那樣的說法，因此就直接判定：「**那大乘經都是後人創造的，只有《阿含經》中的一小部分才是釋迦如來所說。**」因此才會提出所謂的「**原始佛法、根本佛法、大乘佛法**」等主張。但他們其實都是亂判，甚至於還把天竺的密宗假藏傳佛教外道法說爲晚期大乘。密宗假藏傳佛教能叫作大乘法嗎？那根本都是外道法！所以他們亂判一場，佛教界也就跟著亂信一場；一直信到正覺同修會開始弘法，現在他們終於不信密宗假藏傳佛教了，這倒是好事。

我想起來，前天有一位組長寄了 E-mail 給我，說大陸的同修們得到一個訊息；那中國佛教協會的會長（不是臺灣的中國佛教協會，是大陸的中國佛教協會），學誠法師。諸位如果有看到那本《中華英才》，報導我的前面那兩頁就是學誠法師，中國佛教協會的會長，他開示說：「**不能學《廣論》，《廣論》是外道法，兩部《廣論》都不能學。**」這代表什麼？代表他讀過正覺的書了，他知道原來密宗假藏傳佛教那兩本《廣論》都是胡說八道。所以大陸都可以如此，臺灣得到我們正覺的書更容易了，可想而知。所以這樣看來，正法的前景是很好的，開始有越來越多的出路了。（編案：學誠法師後來禁不住密宗假藏傳佛教樂空雙運法的誘惑，也轉學《廣論》而淪墮了。詳二〇一八年的網路新聞報導。）

反過來說密宗假藏傳佛教，我給密宗假藏傳佛教兩句話：「**前景光明，沒有出路。**」因為密宗假藏傳佛教現在被我們用正法的玻璃罩罩住了，所以看來看去一片光明，但是沒有出路，被自己的邪法困在裡面。就希望他們轉變，揚棄外道法，回到三乘菩提來；這是他們未來必走的路，沒有別的出路。但在達賴存活之世大概很難，得等他走了以後才有可能改弦易轍。

再回來說那些大師們或者密宗假藏傳佛教所有的法王們，他們讀不懂大乘經典，那怎麼辦？總不能把經典請了出來，讀不懂而宣稱自己證悟或者宣稱自己成佛了，這講不通啊！所以每當有人問起那了義經中的聖教，乾脆否定：「**那都不是如來講的，不算數。那是如來滅後，後代弟子們基於對佛陀的永恆懷念，所以寫下來的經典。**」意思是說，那是胡說八道的。甚至於達賴更好笑，公開講：「**如來三轉法輪的那一些法義前後矛盾。**」而且還在陳履安的出版社公開印行出版，所以我說：陳履安眞是個眾生，不是個菩薩，無怪乎他開的出版社要命名爲眾生出版社，不能叫作菩薩出版社。因爲那種胡說八道的言語，他也會同意印出來流通，自曝其短。

那麼達賴說前後三轉法輪的經典法義自相矛盾，可是我們看來沒有矛盾！我們看起來就是越說越精彩，因爲那全部都是 如來說的，必須有慧眼甚至要有法眼才能讀懂。四阿含的經典比起般若的經典來，那就太淺了；可是第二轉法輪般若諸經的法義，比起第三轉法輪諸經來，那又太淺了。而我們所看，前後三轉法輪的經典互相契合，並沒有衝突矛盾之處；而且二轉法輪比初轉法輪勝妙，三轉法輪比二轉法輪勝妙。如果依照達賴或印順所說的，那豈不是後代撰寫這些經典的菩薩們證量比如來更高了嗎？那簡直就是謗佛。謗佛同時也就是謗法，謗實相般若，謗一切種智。

所以了義經典所說兼攝現象界與實相界，非思量之所能到，唯證乃知。說到這裡，我還眞佩服諸位，因爲諸位之中泰半尚未拿到我的金剛寶印，能夠一年又一年，乃至十年、十五年、二十年繼續聽下來，眞不簡單！著實令老朽欽佩。我可以自稱「老朽」了吧？好可憐呵！以前證悟的禪師四十歲就自稱老僧，我是七十幾了，現在第一次自稱「老朽」。爲什麼難信就要推翻呢？因爲難知難解啊！想要實證可就沒機會了，所以乾脆推翻了，直截了當，再也沒有誰可以指責說：「師父！原來您不懂經中這一些字句。」他只要一句話說「這是僞經」，推翻掉就得了。

他們就這樣子，否定了以後，整個臺灣佛教界一眾相安無事，就這樣過了四、五十年；直到二十幾年前出了個蕭平實，他們遭殃了。爲什麼蕭平實會出世？因爲是太平盛世，不出世躲著幹嘛？俗話說得好，最沒有意義的就是錦衣夜行。所以狀元郎回鄉，絕對不會半夜回來，即使日頭還沒有下山，只是黃昏之際，他也寧可在隔壁鄉鎭過夜先歇腳，到了明天一早，衣采光鮮騎著馬來到故鄉，那眞的叫作「**春風得意馬蹄疾**」，就這樣衣錦還鄉。既然到了太平盛世，我把往世證的法恢復了，幹嘛不出來傳給人家？那不是太自私了嗎？

因爲我從來不是自私的人，所以出世開始講如來藏、講阿賴耶識。最先警覺的就是釋印順，所以好好的一本一本去讀，但就是永遠不吭聲。他那個人腦袋很精明，外加眼裡容不進一顆極小極小的金屑；別說是沙子，連很小很小的金屑都容不下的人，只要有誰爲文評論，他立刻就反擊。最有名的就是他對現代禪抨擊，甚至於名不見經傳、沒沒無聞的鐘慶吉，在《自立早報》的自立講臺專欄登了篇文章，他就連同昭慧兩個人，一人寫一篇立刻寄出去，第二個禮拜天的自立專欄就登出來了。那不過是一篇很短的文章，可是我爲他出書評論，寫了那麼多本，他就是默不吭聲，因爲他很清楚知道「**這下遇到高人了**」，但他不知道我長得矮矮的，並不高。

他瞭解到，這是他完全不懂的層面；他從我的著作裡面去閱讀的結果，知道他所懂的，我蕭平實也懂；而我蕭平實懂的，他不懂。所以他終其一生對我的法義論證不發一語，所以你看他多聰明——能忍。那樣的大師，臺灣各大山頭都奉他爲導師，但他看見我一本又一本的書不斷評論他的說法，竟然自始至終安忍下來，可見他的忍功了得。爲什麼他無法瞭解了義經說的道理？因爲他沒有實證眞如，眞如就是阿賴耶識，又名如來藏，有時經論中又說眞如是第八識的行相。當他沒有實證眞如，無法現觀 如來所說實相法界的眞實境界，就沒有開口的餘地。

所以了義經中的各種勝妙說法，直到我們出世弘法，才一一把它解釋出來，而且讓那些六識論者無懈可擊。他們其實很想寫文章或者寫書來破斥蕭平實的，但是往往一本讀過、兩本讀過，越讀對自己越沒信心，因爲無懈可擊。但爲什麼無懈可擊？因爲這是實相，實相不是經由思惟去想像，然後加以描述，而是依據本來已經存在的現象界背後那個實相法界的事實描述出來，是依現量而演說出來的。所以 如來所說的法，我實證以後弘傳到現在二十幾年，我自己也沒辦法推翻，只有讚歎的分兒；既然只能讚歎而無法評論，那麼所能作的就只有一件事，就是把它推廣出來、弘揚出來。

這也就是說，如來所說的法是爲了令大眾到達無生無死的解脫彼岸。實證了這個究竟的境界，而親自到達無生無死的解脫彼岸時，你會發覺那個解脫彼岸的境界中，沒有一個我到達那個解脫的彼岸。這道理不能講了就算數，總得要解釋，所以我們來說明一下，那麼後面的道理舉一反三就容易理解了。譬如你修證二乘菩提，證得阿羅漢果，理應到達解脫彼岸的；因爲你很清楚知道，自己捨報以後不會再有中陰身生起，更不會有後世的五蘊十八界，於是就沒有生死了。眾生之所以會有生死就是因爲有五蘊十八界，把它滅盡而不再投胎或者受生，沒有五蘊十八界就不會有生死，這就是解脫。

可是他證解脫，入無餘涅槃是解脫了，那麼阿羅漢有沒有到達無餘涅槃？沒有啊！因爲阿羅漢入無餘涅槃說是到達解脫的彼岸，可是他入無餘涅槃到彼岸時是把自己的五蘊十八界給捨了，永遠不再受生，這樣就是到達解脫的彼岸；可是在解脫的彼岸無餘涅槃境界中，沒有五蘊、沒有十八界，那就是無我、無人，那到底是誰解脫了？結果竟然是阿羅漢沒有證涅槃、沒有得解脫。你們看，近代沒有人講這道理；三百多年來，你聽誰這樣講過、這樣寫過？也沒有啊！但是十幾年前我去桃園演講，直接這樣講了。我是從自心的現觀而講出來，然後同修們整理好就找打字行打字（那時我還沒有學會打字），打字好了列印出來要去照相製版（以前是用照相製版），準備印成書籍流通。

但我後來看看不妥，我這印出去不被罵翻了才怪。因爲我說的那些道理，臺灣沒有人講過，大陸也沒人講過，三百多年來也沒聽誰講過。那我被罵翻，正法不就慘了？雖然我被罵了也沒有被罵，他們永遠罵不到我，我也無所謂，但問題來了：他們罵了這個不是我的我，造的口業可就大了。不想害他們，所以我想想：不行！暫時擺下來，等我另外寫一本書，就是《宗通與說通》，等這本書出版了，再過一個月才出版《邪見與佛法》。後來發行的結果，在臺灣佛教界就沒事，可是寄到大陸去，有人一讀之後：「哇！太棒了。」於是徵求我的同意就在大陸影印，印了兩千本，各寺院都寄。結果各寺院都罵：「這邪魔外道，這是邪書，蒐集起來燒掉。」

包括河北省有個很有名的千年古刹，也是這樣蒐集起來當眾焚燒。可是倒也不壞，六、七年前那大和尚捨報時吩咐，把他所有講禪、講悟的書都收起來，不要再印了；以前印證開悟都不算數，從此以後誰都不要再去評論蕭平實，他是有證量的。我說他聰明，我心寬慰，因爲他不會下墮了；這樣就滅了罪，倒也不賴。可是問題又來了：明明　如來教導人家實證二乘菩提，是要到達無生無死的解脫彼岸，爲什麼又說沒有誰是到彼岸者？

剛才我是從二乘菩提來說明，說阿羅漢沒有入涅槃，因爲涅槃是沒有境界的境界，不過就是如來藏獨存，而五蘊十八界全部滅盡了，哪有阿羅漢能入涅槃？所以我說阿羅漢沒有證涅槃。當初我這樣現觀就講了，直到六、七年前，有一天讀到一部論，發覺這在一千多年前，我已經講過了。對！我講過了啊！可是意識是這一世才有的，不記得了。所以現在要是有人再來質疑說：「你這樣講，我是沒辦法推翻你，可是你總得要有個根據吧！」我就拿一千多年前寫的論給他看，結果還是我寫的，但他不知道，我別告訴他就好，他就會信。

因爲世俗人就是賤：「那已經死掉了，不在我面前的，我信。那個人死掉再來到現在，來在我面前的，我不信。因爲他同樣會冷，同樣會餓，熱了他也會流汗，所以他跟我一樣，沒啥了不起。」大多數人就是這樣，所以我說的那個道理，當年他們大多數人不信，只是不敢評論罷了。他們看來好像口服，因爲都不評論，可是心裡依然大大不服。然而隨著時日不斷地過去，我們一本又一本書出來，從各個不同的層面四面八方講過來，道理都一樣，看來是不同的說法，可是沒有衝突，才終於開始信受。

那二乘菩提，看來是沒有誰到達無生無死的解脫彼岸。但從大乘菩提來說，每一個人菩薩當久了，福德、智慧開始具足了，有一天一定會實證。一旦實證了，會發覺其實自己眞的就像禪師講的：「夜夜抱佛眠，朝朝還共起。」從來不相離。可是一時沒想到更多的層面，有一天上來跟師父請益：「師父啊！祖師們不是說這一悟就了生脫死嗎？可是我現在還不知道；我已經悟了這麼久，到底生從何來，死往何處？」沒想到和尚說：「生從這裡來，死往這裡去。」一棒就打了！挨了這一個痛棍，痛徹心扉，教他每年一到秋季變天，就回憶起和尚的大恩大德。

他這一棒，也許敲在肩膀上痛到不得了，藥雖然敷了，後來終於好了，可是每年一到秋天變天時就犯風，就開始隱隱痠痛起來，他就會想起：「這是我師父打的，我悟後還承蒙師父賜我這麼一棒，讓我知道生從何來，死往何處去。」結果他悟後又挨這麼一棒痛棒，到底又悟個什麼？難到會悟兩次喔？不是！他這回只是領略到了，原來我這五蘊，生也從如來藏中生，生出來以後就一生一世全部都住在自己的如來藏裡面，所以死也往如來藏去。所以說，生從何來？如來藏。死往何處？如來藏。

這是禪宗的公案，話說回來，生從如來藏中生，生存也是生存在如來藏中，你現在假使證得慧解脫，而且你又明心了，很有把握說：「**我死了，不會再出生中陰身。**」這時你再來看看：既然我生在如來藏中，死在如來藏中，而如來藏從來不生不死，那我在如來藏中的生死就不算是生死了。然後又現觀自己慧解脫的境界，將來捨壽不再有中陰，也不去受生，這樣成爲無餘涅槃時仍然是如來藏獨存。而這個境界是不是現在還沒有捨報之前就有？是有啊！現前看見自己的如來藏不生不死。那在如來藏不生不死之中，何妨我們有一世又一世的五陰生死；那麼現前這樣現觀時就知道自己確實證得涅槃，叫作本來自性清淨涅槃。

而這個本來自性清淨涅槃是本來就存在，阿羅漢還沒有成爲阿羅漢時就已經有這涅槃了；後來他斷盡思惑入了無餘涅槃時，也還是原來這個涅槃，並沒有差別。這樣來看阿羅漢，以及看自己現在慧解脫而且又證悟明心了，這時已經現觀到無生無死的解脫彼岸就是如來藏的境界，而如來藏的這個境界裡面，你把自己五陰十八界撇在一邊來看，在那無生無死的解脫彼岸並沒有蘊處界我存在，是識陰六個識都滅了，意根也滅了，只剩下如來藏單獨存在。你轉依如來藏這個本來涅槃的境界安住，你再來看，這個解脫的彼岸中有誰呢？都沒有！所以 如來說：「**我所說法為至彼岸，是中亦無至彼岸者。**」這是至理名言，一切親證實相法界的人都沒辦法推翻的。

那麼這個道理聽懂了，下一句就容易懂了：「**我所說法為盡諸行，是中亦無盡諸行者。**」當你證得眞如心如來藏了，諸位可以來觀察看看，我們五陰在人間有身口意行，如來藏有沒有身口意行？沒有啦！為了要幫助大眾滅盡諸行，所以來為大眾說法，這是 如來的初衷。但是 如來為大家這樣說了，能夠令大眾滅盡諸行的法，目的也就是去到無生無死的解脫彼岸，可是去到無生無死解脫彼岸時沒有一切行存在。諸位想想看，對一般學佛人而言，他們喜歡不喜歡這境界？（有人答話，聽不清楚。）為什麼不喜歡？滅盡諸行是解脫，他們大家都說要求解脫，為什麼你說他們不喜歡？正是因為他們喜歡「我」，都是喜歡由這個「我」去滅盡諸行；他們不知道，只要「我」存在時就有「行」，只有無我時才能滅盡諸行。

譬如他們宣稱「**開悟就是坐到一念不生，妄想不起**」，這時說開悟了，可是這時有沒有「行」呢？有啊！假使他們有未到地定（通常都沒有，都是在打妄想，腦袋裡都是連續劇），縱使他們修得未到地定了，在一念不生的過程中，那叫什麼行？心行。如果他們不斷地生起妄想雜念（妄想雜念就是心中有語言文字出來），那叫什麼行？口行。當他們身體坐在那邊，看起來如如不動，但有眞的如嗎？不如；爲什麼呢？因爲他們一定要搖一搖、動一動。「你們不許放腿，還沒敲引磬呢！」所以不許放腿。可是腳踝很瘦很痛，不然就膝蓋很瘦很痛，他們就不得不把身體搖一搖、動一動，這時就是身行。假使有人腿功很好，他一直都不動，因爲習慣盤腿了，但他有沒有身行？有啊！假使沒有身行的話，他就癱了，爲什麼還坐得好好的？那也是身行。你看，坐在那邊一個下午都不下座，看來不錯，結果身口意行具足。

如果他定力很好、腿功也很好，一上座入定了，進入二禪等至去了，在二禪等至位中有沒有行？有啊！身行也在，他只是沒有口行而已；他的意行也是在，也就是還有心行，那一念不生正是心行。但諸行無常，他認爲那樣一念不生就是開悟，結果不離行陰，他正好住在行苦之中——三苦中的行苦，而他自己絲毫都不警覺。既然有行就是無常，住在無常的行中，表示那是生滅不住的境界，就不是實證涅槃了。可是如來說：「我所說法為盡諸行，是中亦無盡諸行者。」告訴大家說：「我釋迦牟尼教導大眾的就是要滅盡諸行，而滅盡諸行以後，在那個境界中也沒有滅盡諸行的人存在。」

譬如俱解脫阿羅漢托缽回來，午齋過後洗個缽，洗了腳，經行一會兒上座，入滅盡定去了。入滅盡定之中，身行口行意行都滅了，這表示他絕對可以入無餘涅槃。現在來看看，他在滅盡定之中，到底還有沒有我存在？因為他還有意根在運作，他的意根只是滅了受、想兩個心所法，其他的觸、作意以及思心所三個都還在運作；所以在滅盡諸行的狀況看來，好像是滅盡了諸行，其實還沒有滅盡，因為還有意根的行。所以他眞正要滅盡諸行得要捨壽入了無餘涅槃，連意根也滅了，不是只有滅六識而已，這就是眞正的「滅盡諸行」。

當意根也滅了，就不可能有中陰身，更不會再去投胎或者受生在三界中，這樣才是到達了無生無死的解脫彼岸，這就是眞正的滅盡諸行的聖者。可是這個滅盡諸行的聖者，他只有入無餘涅槃才能滅盡諸行；當他滅盡諸行以後，如來藏在無餘涅槃中，他的五蘊還在不在？為什麼不在了？因為不再受生了，從此永離三界有。既然沒有三界有，就表示他不存在了，當他不存在時，這個滅盡諸行的境界中，就沒有一個滅盡諸行的人了。

回頭再來大乘法中看，假使你今天證得慧解脫了，然後又證悟佛菩提——明心了，你轉依如來藏來看（把自己放在一邊，單看如來藏自身），那如來藏自身有沒有諸行呢？沒有諸行啊！有時有的人會誤會，就說：「你看，禪師只要人家來請益，他不是進前三步就是退後三步，說這樣就是開悟，那不就是行嗎？」看來好像是這樣，我們就說，他知其然而不知其所以然，怪不得他沒有智慧。假使有人來見了禪師，問：「如何是佛法？」禪師就叫他進前三步。到了禪師面前還不會，禪師又說「退後三步」，他又退後三步。這個學人也許自以為會，禪師就問：「除此外呢？」問他說這個進前三步、退後三步以外呢？他就杵在那裡了，下不得嘴；因為他根本不懂，自以為懂，所以他各進退三步都是落在五蘊之中。

但如來藏這個「無名相法」、「無分別法」從來不在行中。身行、口行、意行，全都是你五陰的事，都不是祂的事。可是當我這麼說，也許哪一位師兄正好是克勤大師再來，這一聽見了，驟步過來一把將我拽下座：「有行無行？」質問我到底是有行還是沒有行？我就學他的話說「**且喜汝知**」就好了。這樣聽法，會心一笑！是不是學佛過程中的一大樂事？對吧？對啊！所以到底菩薩在人間轉依眞如以後，是有行亦或無行？還眞說不準。同樣是實證者之間，有人說有行，有人說無行，有人說非有行非無行，有人說亦有行亦無行，最後來一個禪師說：「**一切都錯。**」當你質問他：「**那怎麼樣才對？**」他就一棒打給你，然後就走了。

這樣五個禪師有五個說法，到底哪個對？眞要說起來統統不對，可是眞要推究到最後又全都對。這時候也許有人想：「**那不是含糊不清了嗎？反正你們禪門就是自由心證，你說了算，我們都不算。**」埋怨起來了。但我說：「**他那個埋怨是沒道理的。**」要不信，教他去追問那五個禪師，看五個禪師怎麼說？五個禪師都不肯他，但五個禪師卻都互相承認；你看要命不要命？

所以這個「**盡諸行**」，要說正格的還眞難說啊！但是對於三賢菩薩來講，應該說轉依眞如心以後，把自己五陰十八界撇在一邊，單看「**無名相法**」如來藏的境界時，不曾有一行存在；那麼你轉依如來藏時，一切身口意行無非就是如來藏中之行，而如來藏自身無一切行，所以你就無一切行。因此人家問說：「你悟了是滅盡一切行，可是你到講堂來是怎麼來的？」你就說：「行啊！」他一時不察就反問：「那你不是有行嗎？」你說：「行中無行。」叫他疑三十年去。因爲一切行無非是五陰、十八界之行，如來藏本身無行。可是有一天證悟了，來到師父面前拍胸脯說：「師父！您講的對；可是我反過來講，我也對。這一切行固然都是五陰十八界的事，可是一切行莫非如來藏，所以一切行即是如來藏。」說完就走，不要等師父拿棍子。

師父想想：「不錯，度了這個傻徒弟，今天開智慧了。」晚間藥石完了，叫侍者就把你找了去；那時你就放心大膽去了，只有賞棒，不會有罰棒的。這時你就可以慢條斯理，家裡人說話了：「有行即是無行，無行亦是有行，如是滅盡諸行。」七通八達，這就是菩薩的好處，因爲菩薩永遠都腳踏兩條船，阿羅漢踏不到另一條船，所以他入涅槃就得死，菩薩則是現前住在涅槃中活蹦亂跳。因此，世尊說：「我所說法爲盡諸行。」沒有錯，不管二乘菩提或者大乘菩提都是要滅盡諸行，但是滅盡諸行之後的境界中沒有盡諸行的人，因爲那是如來藏的境界。

如來藏的境界哪有滅盡諸行，祂本來就無行，何必要滅；而你滅盡諸行以後，祂還是一樣無諸行。你現前觀察到阿羅漢沒有入涅槃之前，就已經滅盡諸行了，那又何妨就這樣一世一世換不同的五蘊繼續在人間行道？因爲身口意行存在的當下就已經滅盡諸行了。這是現前解脫，這跟五現外道的假涅槃完全不同，這是可以現觀的。所以如來所說：「於諸天一切世間，是最可信，非不可信。」

接下來又說：「我所說法爲寂滅故，是中亦無有寂滅者。」從二乘菩提來看，如來說的法就是出離三界生死，也就是後有永盡，或者說「不受後有」，或者說我生已盡；最多再受生七次就不再有未來世了，那時候叫作無餘涅槃。在無餘涅槃中，五陰全部滅盡，六入、十二處、十八界全部滅盡，這時還會有喧鬧嗎？

先要談談喧鬧，有的人說：「我學佛修行，就是要到深山裡面去找一個安靜的地方才好修行，在市區這麼鬧，我怎麼能修行？」這是你們來正覺以前都聽過或想過的道理，那麼這到底應該怎麼樣來定義寂滅？是沒有整天的喧囂之聲稱爲寂滅，或者是沒有聽到自己的呼吸心跳聲稱爲寂滅？對啊！這是一般學佛人、參禪人的大困擾，他們希望可以修到一念不生，就最好不要有干擾，所以到山上或郊區弄個小茅房或者小磚房，一個人在那裡煮小鍋飯，就在那裡吃住，除了散散步以外就是打坐，希望不受干擾，因爲他們想要證得寂滅的境界。

可是不管怎麼努力坐，深山不是有遠親，因爲他不富；人家說「**富在深山有遠親**」，他連近親都不來看他了，因爲來看他會被他罵；所以他每天打坐，坐到心很清淨了，妄想雜念不起來了，可是卻很困擾，就是這個呼吸的聲音跟心跳的聲音，他沒辦法阻絕。他想：「**大概是我定力不夠好，我要趕快修二禪。**」假使有正知正見，他會這樣想：「**一般人連初禪、二禪都沒聽過，到底二禪與初禪有什麼差別？**」這一個人知見好，他有聽過善知識講初禪、二禪，他想：「**二禪離開五塵，那就是寂滅了。**」所以他很努力去修，修行的過程中也去瞭解：爲什麼到不了初禪？未到地定都這麼好了。原來沒有除五蓋，進不了初禪。就努力把五蓋給除了，終於得初禪。

初禪等至中，五塵只滅了二塵，還有三塵，也還是鬧；於是他再繼續努力修行，終於進入二禪了。二禪等至位中太好了，沒有色聲香味觸，眞的寂滅，他想：「**我證得無餘涅槃了，因爲涅槃寂滅，涅槃寂靜，這是三法印之**

一。」所以下座以後用下巴看人（平實導師作出用下巴看人的樣子），就這樣看人。有一天來了個正覺增上班的同修，看他用下巴看人，問他說：「你是有什麼證得而用下巴看人？」因爲他不是證得無我，所以他會覺得自己很行，認爲自己是阿羅漢，但他都不知道阿羅漢根本不會有慢心。

人家這麼問，他總得答吧？他就說：「我證得無餘涅槃了。」我們增上班的同修當然要問：「那你說說看，你證得的無餘涅槃是什麼境界？」他就講了出來，我們這位同修也許很客氣就告訴他：「你這個不是無餘涅槃，無餘涅槃不是靠打坐修來的。」他不服氣也許問：「你證無餘涅槃了嗎？」我們這位同修可能告訴他：「你想看見無餘涅槃的境界嗎？」他當然不服氣，一定答說：「我當然想看，你拿給我看。」沒想到我們這位同修一溜煙走了。哪一天遇上了，抓住領子就問：「你那天還沒告訴我，怎麼就走了？」沒想到我們這位同修告訴他：「我那天告訴你了，你自己看不見，別怪我！」

爲什麼呢？因爲無餘涅槃就是「無名相法」如來藏的自住境界，在大乘法中說這個叫作本來自性清淨涅槃，這才是眞正的寂滅。他在二禪等至位中，有意根也有意識一起住在定境法塵中，這哪能叫作寂滅？還有法塵，意識也還在。可是在無餘涅槃中，意識意根全滅盡了，也沒有六塵，這才眞的叫寂滅。阿羅漢要進入那個寂滅境界，得要捨壽，五蘊十八界全丟了，不再去受生；但菩薩用不著這麼麻煩，菩薩當下就看見無餘涅槃的寂滅境界了，所以用不著入無餘涅槃。

一般人是不懂這個道理的，因爲連二乘菩提都不懂；所以九峰道虔禪師，當師父石霜慶諸和尚過去了，並沒有指定誰來領眾，大家都推崇堂上首座，說這個首座悟得好，可以當住持。沒想到這九峰道虔站出來說話了：「先別急著推崇首座領眾，要看他會不會得先師意。」他當眾這麼一講，那首座很不服氣說：「你不肯我？」九峰道虔說：「對啊！不然你說說看：先師意如何？」他又沒悟，怎麼懂？因爲他誤會了！但他想：「我是個解脫者，你還瞧不起我。」於是心中不悅，當場就說：「裝香來，香煙起處，若脫不得，就是我不會先師意。」他表示說他有坐脫立亡的功夫，所以他是自認爲懂石霜慶諸禪師的悟處。

沒想到九峰道虔就喊人：「裝香來！」香裝了來，火點了，煙還沒有起來；得要火過去了，那煙才會起來。那首座看人家要點煙了，他坐下來說：

「開始點煙。」他就坐下來，當煙剛剛升起，大家去看他時，他已經走了，眞的坐脫立亡。可是沒想到，那九峰道虔禪師走過來，撫著他的背就說：「坐脫立亡即不無，先師意未夢見在。」是說，坐脫立亡的功夫你不是沒有，但是石霜慶諸先師的祖師西來意，你連作夢都還夢不到。你看，人家死了他還講風涼話。但他說的是事實，如果讓首座來領眾，那不是闔寺上下都被他誤導了嗎？所以最後闔寺當然要推九峰道虔出來領眾。

你想，他一定是有四禪的功夫，才可能坐脫立亡。可是當他住在四禪中，意識在不在？還在。意根在不在？也在。定境法塵在不在？也在。那怎麼能叫作究竟的寂滅？九峰道虔的意思是說，石霜慶諸禪師傳下來的寂滅境界，是現前本已寂滅，不是要把五蘊十八界滅了才叫作寂滅。那麼入了無餘涅槃是眞寂滅，因爲十八界都滅盡了，沒有能覺能知者，也沒有能被覺知的定境法塵或者五塵。但這畢竟只是二乘菩提，要談到 如來所說的了義實相，還差得遠！如來說的了義實相的寂滅境界，是你這個喧鬧的境界無妨存在於寂滅的如來藏境界中。

假使有人今天第一天來聽我說法，聽到這一句一定很不服氣：「怎麼可能？喧鬧就喧鬧，怎麼可能喧鬧會存在於寂滅中？」道理不難理解，因爲如來藏離見聞覺知，如來藏從來寂滅，從來不了知六塵。不管誰定力多好，除非他入了無想定、入了滅盡定，否則都還有六塵，最少還有定境中的法塵。可是如來藏永遠都不了知六塵，那才是眞正的寂滅。如來藏這個寂滅的境界，無始以來本自如此，而喧鬧的五陰住在祂的境界中，那不就是這個喧鬧住於寂滅境界中嗎？所以我說的沒錯。

如果有人心中繼續懷疑，那也無可厚非，我就建議：把這個疑放在深心中，等到有一天拿到我的金剛寶印時再來印證看看，到那時不必我提醒，你早把那個疑給滅了。這樣永遠的寂滅，才是眞寂滅。入了無想定滅了前六識，乃至入了滅盡定把前六識滅了，也還有意根在，還有意根的三個心所法；就算是寂滅好了，那也是入定才寂滅，不是永遠寂滅。當他住在無想定或滅盡定中，那個寂滅的境界是有個住在寂滅境界中的人；但如來說的「是中亦無有寂滅者」，說在這個眞正寂滅的境界中，也沒有一個住在寂滅境界中的人；而這樣的寂滅，是無始以來本自寂滅，窮未來際亦復寂滅，所以這個寂滅是永遠的，這才是眞寂滅。

假使哪一天，來了一個三明六通大解脫的阿羅漢，問我寂滅的境界，我先不告訴他，我說：「你先講講你的寂滅境界。」他一定會講說將來入無餘涅槃是怎麼回事，我說：「你這個寂滅太差了。」他也許問：「你也有三明六通大解脫喔？」我說：「我沒有啊！我不過是個慧解脫，境界很差，跟你不能比。」他一定不服氣：「那你爲什麼說你的寂滅比我好？」我說：「對啊！我的寂滅是無始以來就寂滅，你是修行證阿羅漢以後才寂滅，你會比我好喔？」叫他開不得口。然後他說：「那至少我入無餘涅槃也是永遠寂滅。」我可就告訴他：「我不用入無餘涅槃，就已經永遠寂滅。」他聽了一定不服氣：「那不然你告訴我，你的寂滅境界如何？」我就好整以暇跟他唱兒歌：「哥哥爸爸眞偉大……。」一面唱，我就一面大踏步走了，叫他疑三十年去。三十年後，他不迴小向大才怪，就這樣釣一條金鯉，多棒！

所以是否證得眞實的寂滅，不是單從寂滅來看，你還要從這個寂滅境界中有沒有一個住在寂滅中的人來看。譬如二乘菩提，那是有人住在寂滅境界中，他得要到入了無餘涅槃，才沒有人住。但沒有人住在寂滅境界中時，他又不知道有寂滅境界，那時他的寂滅境界哪兒去了？他不能現觀，因爲他不在了。但咱們菩薩就是好，過堂好吃的照吃，那幾盤菜擺得好漂亮，照樣欣賞；夾了送進嘴裡，吃得很愉快，照吃不誤，看來都不寂滅，但其實是寂滅的；而且這個寂滅境界中沒有一個寂滅的人。

（未完，詳十三輯續說。）

佛菩提二主要道次第概要表——二道並修，以外無別佛法

佛菩提道——大菩提道

十信位修集信心——一劫乃至一萬劫

資糧位

初住位修集布施功德（以財施爲主）。
二住位修集持戒功德。
三住位修集忍辱功德。
四住位修集精進功德。
五住位修集禪定功德。
六住位修集般若功德（熏習般若中觀及斷我見，加行位也）。

外門廣修六度萬行

見道位

七住位明心般若正觀現前，親證本來自性清淨涅槃。
八住位起於一切法現觀般若中道。漸除性障。
十住位眼見佛性，世界如幻觀成就。

一至十行位，於廣行六度萬行中，依般若中道慧，現觀陰處界猶如陽焰，至第十行滿心位，陽焰觀成就。

一至十迴向位熏習一切種智；修除性障，唯留最後一分思惑不斷。第十迴向滿心位成就菩薩道如夢觀。

內門廣修六度萬行

遠波羅蜜多

初地：第十迴向位滿心時，成就道種智一分（八識心王一一親證後，領受五法、三自性、七種第一義、七種性自性、二種無我法）復由勇發十無盡願，成通達位菩薩。復又永伏性障而不具斷，能證慧解脫而不取證，由大願故留惑潤生。此地主修法施波羅蜜多及百法明門。證「猶如鏡像」現觀，故滿初地心。

二地：初地功德滿足以後，再成就道種智一分而入二地；主修戒波羅蜜多及一切種智。滿心位成就「猶如光影」現觀，戒行自然清淨。

解脫道：二乘菩提

→ 斷三縛結，成初果解脫
→ 薄貪瞋癡，成二果解脫
→ 斷五下分結，成三果解脫

入地前的四加行令煩惱障現行悉斷，成四果解脫，留惑潤生。分段生死已斷，煩惱障習氣種子開始斷除，兼斷無始無明上煩惱。

近波羅蜜多

修道位

三地：二地滿心再證道種智一分，故入三地。此地主修忍波羅蜜多及四禪八定、四無量心、五神通。能成就俱解脫果而不取證，留惑潤生。滿心位成就「猶如谷響」現觀及無漏妙定意生身。

四地：由三地再證道種智一分故入四地。主修精進波羅蜜多，於此土及他方世界廣度有緣，無有疲倦。進修一切種智，滿心位成就「如水中月」現觀。

五地：由四地再證道種智一分故入五地。主修禪定波羅蜜多及一切種智，斷除下乘涅槃貪。滿心位成就「變化所成」現觀。

六地：由五地再證道種智一分故入六地。此地主修般若波羅蜜多——依道種智現觀十二因緣一一有支及意生身化身，皆自心眞如變化所現，「非有似有」，成就細相觀，不由加行而自然證得滅盡定，成俱解脫大乘無學。

七地：由六地「非有似有」現觀，再證道種智一分故入七地。此地主修一切種智及方便波羅蜜多，由重觀十二有支一一支中之流轉門及還滅門一切細相，成就方便善巧，念念隨入滅盡定。滿心位證得「如犍闥婆城」現觀。

大波羅蜜多

八地：由七地極細相觀成就故再證道種智一分而入八地。此地主修一切種智及願波羅蜜多。至滿心位純無相觀任運恆起，故於相土自在，滿心位復證「如實覺知諸法相意生身」故。

九地：由八地再證道種智一分故入九地。主修力波羅蜜多及一切種智，成就四無礙，滿心位證得「種類俱生無行作意生身」。

十地：由九地再證道種智一分故入此地。此地主修一切種智——智波羅蜜多。滿心位起大法智雲，及現起大法智雲所含藏種種功德，成受職菩薩。

等覺：由十地道種智成就故入此地。此地應修一切種智，圓滿等覺地無生法忍；於百劫中修集極廣大福德，以之圓滿三十二大人相及無量隨形好。

圓滿波羅蜜多

究竟位

妙覺：示現受生人間已斷盡煩惱障一切習氣種子，並斷盡所知障一切隨眠，永斷變易生死無明，成就大般涅槃，四智圓明。人間捨壽後，報身常住色究竟天利樂十方地上菩薩；以諸化身利樂有情，永無盡期，成就究竟佛道。

七地滿心斷除故意保留之最後一分思惑時，煩惱障所攝色、受、想三陰有漏習氣種子全部斷盡。

←

煩惱障所攝行、識二陰無漏習氣種子任運漸斷，所知障所攝上煩惱任運漸斷。

←

斷盡變易生死成就大般涅槃

佛子**蕭平實** 謹製

（二〇〇九、〇二 修訂）

（二〇一二、〇二 增補）

圓滿成就究竟佛果

佛教正覺同修會〈修學佛道次第表〉

第一階段

* 以憶佛及拜佛方式修習動中定力。
* 學第一義佛法及禪法知見。
* 無相拜佛功夫成就。
* 具備一念相續功夫—動靜中皆能看話頭。
* 努力培植福德資糧，勤修三福淨業。

第二階段

* 參話頭，參公案。
* 開悟明心，一片悟境。
* 鍛鍊功夫求見佛性。
* 眼見佛性〈餘五根亦如是〉親見世界如幻，成就如幻觀。
* 學習禪門差別智。
* 深入第一義經典。
* 修除性障及隨分修學禪定。
* 修證十行位陽焰觀。

第三階段

* 學一切種智真實正理—楞伽經、解深密經、成唯識論…。
* 參究末後句。
* 解悟末後句。
* 透牢關—親自體驗所悟末後句境界，親見實相，無得無失。
* 救護一切眾生迴向正道。護持了義正法，修證十迴向位如夢觀。
* 發十無盡願，修習百法明門，親證猶如鏡像現觀。
* 修除五蓋，發起禪定。持一切善法戒。親證猶如光影現觀。
* 進修四禪八定、四無量心、五神通。進修大乘種智，求證猶如谷響現觀。

佛教正覺同修會 共修現況 及 招生公告　2021/04/21

一、共修現況：（請在共修時間來電，以免無人接聽。）

台北正覺講堂 103 台北市承德路三段 277 號九樓 捷運淡水線圓山站旁
Tel..總機 02-25957295（晚上）（**分機：九樓**辦公室 10、11；知客櫃檯 12、13。 **十樓**知客櫃檯 15、16；書局櫃檯 14。 **五樓**辦公室 18；知客櫃檯 19。**二樓**辦公室 20；知客櫃檯 21。）
Fax..25954493

第一講堂　台北市承德路三段 277 號九樓

禪淨班：週一晚班、週三晚班、週四晚班、週五晚班、週六下午班、週六上午班（共修期間二年半，全程免費。皆須報名建立學籍後始可參加共修，欲報名者詳見本公告末頁。）

增上班：瑜伽師地論詳解：單週六晚班。雙週六晚班（重播班）。17.50～20.50。平實導師講解，2003 年 2 月開講至今，僅限已明心之會員參加。

禪門差別智：每月第一週日全天　平實導師主講（事冗暫停）。

解深密經詳解　本經從六度波羅蜜多談到八識心王，再詳論大乘見道所證眞如，然後論及悟後進修的相見道位所觀七眞如，以及入地後的十地所修，乃至成佛時的四智圓明一切種智境界，皆是可修可證之法，流傳至今依舊可證，顯示佛法眞是義學而非玄談，淺深次第皆所論及之第一義諦妙義。已於 2021 年三月下旬起開講，由 平實導師詳解。每逢週二晚上開講，第一至第六講堂都可同時聽聞，歡迎菩薩種性學人，攜眷共同參與此殊勝法會現場聞法，不限制聽講資格。本會學員憑上課證進入第一至第四講堂聽講，會外學人請以身分證件換證進入聽講（此爲大樓管理處安全管理規定之要求，敬請諒解）；第五及第六講堂（B1、B2）對外開放，不需出示任何證件，請由大樓側門直接進入。

第二講堂　台北市承德路三段 267 號十樓。

禪淨班：週一晚班。

進階班：週三晚班、週四晚班、週五晚班、週六早班、週六下午班。禪淨班結業後轉入共修。

解深密經詳解：平實導師講解。每週二 18.50~20.50 影像音聲即時傳輸

第三講堂　台北市承德路三段 277 號五樓。

禪淨班：週六下午班。

進階班：週一晚班、週三晚班、週四晚班、週五晚班。

解深密經詳解：平實導師講解。每週二 18.50~20.50 影像音聲即時傳輸

第四講堂　台北市承德路三段 267 號二樓。

進階班：週一晚班、週三晚班、週四晚班（禪淨班結業後轉入共修）。

解深密經詳解：平實導師講解。每週二 18.50~20.50 影像音聲即時傳輸

第五、第六講堂

念佛班　每週日晚上，第六講堂共修（B2），一切求生極樂世界的三寶弟子皆可參加，不限制共修資格。

進階班：週一晚班、週三晚班、週四晚班。

解深密經詳解：平實導師講解。每週二 18.50~20.50 影像音聲即時傳輸。第五、第六講堂爲**開放式講堂**，不需以身分證件換證即可進入聽講，台北市承德路三段 267 號地下一樓、地下二樓。每逢週二晚上講經時段開放給會外人士自由聽經，請由大樓側面梯階逕行進入聽講。**聽講者請尊重講者的著作權及肖像權，請勿錄音錄影，以免違法；若有錄音錄影被查獲者，將依法處理。**

正覺祖師堂　大溪區美華里信義路 650 巷坑底 5 之 6 號（台 3 號省道 34 公里處 妙法寺對面斜坡道進入）電話 03-3886110　傳眞 03-3881692 本堂供奉 克勤圓悟大師，專供會員每年四月、十月各三次精進禪三共修，兼作本會出家菩薩掛單常住之用。開放參訪日期請參見本會公告。教內共修團體或道場，得另申請其餘時間作團體參訪，務請事先與常住確定日期，以便安排常住菩薩接引導覽，亦免妨礙常住菩薩之日常作息及修行。

桃園正覺講堂（第一、第二講堂）：桃園市介壽路 286、288 號 10 樓（陽明運動公園對面）電話：03-3749363(請於共修時聯繫，或與台北聯繫)

禪淨班：週一晚班（1）、週一晚班（2）、週三晚班、週四晚班、週五晚班。

進階班：週四晚班、週五晚班、週六上午班。

增上班：雙週六晚班（增上重播班）。

解深密經詳解：平實導師講解。每週二晚上，以台北正覺講堂所錄 DVD 放映；歡迎會外學人共同聽講，不需出示身分證件。

新竹正覺講堂　新竹市東光路 55 號二樓之一　電話 03-5724297（晚上）

第一講堂：

禪淨班：週五晚班。

進階班：週三晚班、週四晚班、週六上午班。由禪淨班結業後轉入共修

增上班：單週六晚班。雙週六晚班（重播班）。

解深密經詳解：平實導師講解。每週二晚上，以台北正覺講堂所錄 DVD 放映。歡迎會外學人共同聽講，不需出示身分證件。

第二講堂：

禪淨班：週一晚班、週三晚班、週四晚班、週六上午班。

解深密經詳解：每週二晚上與第一講堂同步播放講經 DVD。

第三、第四講堂：裝修完畢，即將開放。

台中正覺講堂　04-23816090（晚上）

第一講堂　台中市南屯區五權西路二段 666 號 13 樓之四（國泰世華銀行樓上。鄰近縣市經第一高速公路前來者，由五權西路交流道可以快速到達，大樓旁有停車場，對面有素食館）。

禪淨班：週四晚班、週五晚班。

進階班：週一晚班、週三晚班、週六上午班（由禪淨班結業後轉入共修）。

增上班：單週六晚班。雙週六晚班（重播班）。

解深密經詳解：平實導師講解。每週二晚上，以台北正覺講堂所錄 DVD 放映。歡迎會外學人共同聽講，不需出示身分證件。

第二講堂　台中市南屯區五權西路二段 666 號 4 樓

禪淨班：週一晚班、週三晚班。

第三講堂台中市南屯區五權西路二段 666 號 4 樓

禪淨班：週一晚班。

第四講堂台中市南屯區五權西路二段 666 號 4 樓。

進階班：週一晚班、週四晚班、週六上午班，由禪淨班結業後轉入共修

解深密經詳解：每週二晚上與第一講堂同步播放講經 DVD。

嘉義正覺講堂　嘉義市友愛路 288 號八樓之一　電話：05-2318228

第一講堂：

禪淨班：週四晚班、週五晚班、週六上午班。

進階班：週一晚班、週三晚班（由禪淨班結業後轉入共修）。

增上班：單週六晚班。雙週六晚班（重播班）。

解深密經詳解：平實導師講解。每週二晚上，以台北正覺講堂所錄 DVD 放映。歡迎會外學人共同聽講，不需出示身分證件。

第二講堂　嘉義市友愛路 288 號八樓之二。

第三講堂　嘉義市友愛路 288 號四樓之七。

禪淨班：週一晚班、週三晚班。

台南正覺講堂

第一講堂　台南市西門路四段 15 號 4 樓。06-2820541（晚上）

禪淨班：週一晚班、週三晚班、週四晚班、週五晚班、週六下午班。

增上班：單週六晚班。雙週六晚班（重播班）。

第二講堂　台南市西門路四段 15 號 3 樓。

解深密經詳解：每週二晚上與第三講堂同步播放講經 DVD。

第三講堂　台南市西門路四段 15 號 3 樓。

進階班：週一晚班、週三晚班、週四晚班、週五晚班（由禪淨班結業後轉入共修）。

解深密經詳解：平實導師講解。每週二晚上，以台北正覺講堂所錄 DVD 放映。歡迎會外學人共同聽講，不需出示身分證件。。

高雄正覺講堂　高雄市新興區中正三路 45 號五樓 07-2234248（晚上）

第一講堂（五樓）：

禪淨班：週一晚班、週三晚班、週四晚班、週五晚班、週六上午班。

增上班：單週六晚班。雙週六晚班（重播班）。

解深密經詳解：平實導師講解。每週二晚上，以台北正覺講堂所錄DVD 放映。歡迎會外學人共同聽講，不需出示身分證件。

第二講堂（四樓）：

進階班：週三晚班、週四晚班、週六上午班（由禪淨班結業後轉入共修）。

解深密經詳解：每週二晚上與第一講堂同步播放講經 DVD。

第三講堂（三樓）：

進階班：週四晚班（由禪淨班結業後轉入共修）。

香港正覺講堂

香港新界葵涌打磚坪街 93 號維京科技商業中心A 座 18 樓。

電話：(852) 23262231

英文地址：18/F, Tower A, Viking Technology & Business Centre, 93 Ta Chuen Ping Street, Kwai Chung, N.T., Hong Kong.

禪淨班：雙週六下午班、雙週日下午班、單週六下午班、單週日下午班

進階班：雙週五晚上班、雙週日早上班（由禪淨班結業後轉入共修）。

增上班：每月第一週週日，以台北增上班課程錄成 DVD 放映之。

增上重播班：每月第一週週六，以台北增上班課程錄成 DVD 放映之。

大法鼓經詳解：平實導師講解。每週六、日 19:00～21:00，以台北正覺講堂所錄 DVD 放映;歡迎會外學人共同聽講,不需出示身分證件。

美國洛杉磯正覺講堂　☆已遷移新址☆

825 S. Lemon Ave Diamond Bar, CA 91789 U.S.A.

Tel. (909) 595-5222（請於週六 9:00~18:00 之間聯繫）

Cell. (626) 454-0607

禪淨班：每逢週末 16：00~18：00 上課。

進階班：每逢週末上午 10：00~12：00 上課。

解深密經詳解：平實導師講解。每週六下午 13：30~15：30 以台北所錄DVD 放映。歡迎各界人士共享第一義諦無上法益，不需報名。

二、招生公告　本會台北講堂及全省各講堂、香港講堂，每逢四月、十月下旬開新班，每週共修一次（每次二小時。開課日起三個月內仍可插班）；但美國洛杉磯共修處之禪淨班得隨時插班共修。各班共修期間皆爲二年半，全程免費，欲參加者請向本會函索報名表（各共修處皆於共修時間方有人執事，非共修時間請勿電詢或前來洽詢、請書），或直接從本會官方網站(http://www.enlighten.org.tw/newsflash/class)或成佛之道網站下載報名表。共修期滿時，若經報名禪三審核通過者，可參加四天三夜之禪三精進共修，有機會明心、取證如來藏，發起般若實相智慧，成爲實義菩薩，脫離凡夫菩薩位。

三、新春禮佛祈福　農曆年假期間停止共修：自農曆新年前七天起停止共修與弘法，正月 8 日起回復共修、弘法事務。新春期間正月初一～初七 9.00～17.00 開放台北講堂、正月初一~初三開放新竹、台中、嘉義、台南、高雄講堂，以及大溪禪三道場（正覺祖師堂），方便會員供佛、祈福及會外人士請書。美國洛杉磯共修處之休假時間，請逕詢該共修處。

密宗四大派修雙身法，是外道性力派的邪法；又以生滅的識陰作為常住法，是常見外道，是假的藏傳佛教。

西藏覺囊巴以他空見弘揚第八識如來藏勝法，才是真藏傳佛教

佛教正覺同修會　弘法行事表

2021/04/21

1、**禪淨班**　以無相念佛及拜佛方式修習動中定力，實證一心不亂功夫。傳授解脫道正理及第一義諦佛法，以及參禪知見。共修期間：二年六個月。每逢四月、十月開新班，詳見招生公告表。

2、**進階班**　禪淨班畢業後得轉入此班，進修更深入的佛法，期能證悟明心。各地講堂各有多班，繼續深入佛法、增長定力，悟後得轉入增上班修學道種智，期能證得無生法忍。

3、**增上班 瑜伽師地論**詳解　詳解論中所言凡夫地至佛地等 17 師之修證境界與理論，從凡夫地、聲聞地……宣演到諸地所證無生法忍、一切種智之眞實正理。由平實導師開講，每逢一、三、五週之週末晚上開示，僅限已明心之會員參加。2003 年二月開講至今，預定 2021 年講畢。

4、**解深密經**詳解　本經所說妙法極為甚深難解，非唯論及佛法中心主旨的八識心王及般若實證之標的，亦論及眞見道之後轉入相見道位中應該修學之法，即是七眞如之觀行內涵，然後始可入地。亦論及見道之後，如何與解脫及佛菩提智相應，兼論十地進修之道，末論如來法身及四智圓明的一切種智境界。如是眞見道、相見道、諸地修行之義，傳至今時仍然可證，顯示佛法眞是義學而非玄談或思想，有實證之標的與內容，非諸思惟研究者之所能到，乃是離言絕句之第八識第一義諦妙義。已於 2021 年三月下旬開講，由平實導師詳解。不限制聽講資格。

5、**精進禪三**　主三和尚：平實導師。於四天三夜中，以克勤圓悟大師及大慧宗杲之禪風，施設機鋒與小參、公案密意之開示，幫助會員剋期取證，親證不生不滅之眞實心——人人本有之如來藏。每年四月、十月各舉辦三個梯次；平實導師主持。僅限本會會員參加禪淨班共修期滿，報名審核通過者，方可參加。並選擇會中定力、慧力、福德三條件皆已具足之已明心會員，給以指引，令得眼見自己無形無相之佛性遍佈山河大地，眞實而無障礙，得以肉眼現觀世界身心悉皆如幻，具足成就如幻觀，圓滿十住菩薩之證境。

6、**阿含經**詳解　選擇重要之阿含部經典，依無餘涅槃之實際而加以詳解，令大眾得以現觀諸法緣起性空，亦復不墮斷滅見中，顯示經中所隱說之涅槃實際—如來藏—確實已於四阿含中隱說；令大眾得以聞後觀行，確實斷除我見乃至我執，證得**見到**眞現觀，乃至**身證**……等眞現觀；已得大乘或二乘見道者，亦可由此聞熏及聞後之觀行，除斷我所之貪著，成就慧解脫果。由平實導師詳解。不限制聽講資格。

7、**成唯識論**詳解　詳解一切種智眞實正理，詳細剖析一切種智之微細深妙廣大正理；並加以舉例說明，使已悟之會員深入體驗所證如來藏之微密行相；及證驗見分相分與所生一切法，皆由如來藏—阿賴耶識—直接或展轉而生，因此證知一切法無我，證知無餘涅槃之本際。將於增上班《瑜伽師地論》講畢後，由平實導師重講。僅限已明心之會員參加。

8、**精選如來藏系經典**詳解　精選如來藏系經典一部，詳細解說，以此完全印證會員所悟如來藏之眞實，得入不退轉住。另行擇期詳細解說之，由平實導師講解。僅限已明心之會員參加。

9、**禪門差別智**　藉禪宗公案之微細淆訛難知難解之處，加以宣說及剖析，以增進明心、見性之功德，啓發差別智，建立擇法眼。每月第一週日全天，由平實導師開示，僅限破參明心後，復又眼見佛性者參加（事冗暫停）。

10、**枯木禪**　先講智者大師的《小止觀》，後說《釋禪波羅蜜》，詳解四禪八定之修證理論與實修方法，細述一般學人修定之邪見與岔路，及對禪定證境之誤會，消除枉用功夫、浪費生命之現象。已悟般若者，可以藉此而實修初禪，進入大乘通教及聲聞教的三果心解脫境界，配合應有的大福德及後得無分別智、十無盡願，即可進入初地心中。親教師：平實導師。未來緣熟時將於正覺寺開講。不限制聽講資格。

註：本會例行年假，自 2004 年起，改爲每年農曆新年前七天開始停息弘法事務及共修課程，農曆正月 8 日回復所有共修及弘法事務。新春期間（每日 9.00~17.00）開放台北講堂，方便會員禮佛祈福及會外人士請書。大溪區的正覺祖師堂，開放參訪時間，詳見〈正覺電子報〉或成佛之道網站。本表得因時節因緣需要而隨時修改之，不另作通知。

佛教正覺同修會　贈閱書籍 目錄　2018/10/20

1.**無相念佛**　平實導師著　回郵 36 元
2.**念佛三昧修學次第**　平實導師述著　回郵 52 元
3.**正法眼藏—護法集**　平實導師述著　回郵 76 元
4.**真假開悟簡易辨正法＆佛子之省思**　平實導師著　回郵 26 元
5.**生命實相之辨正**　平實導師著　回郵 31 元
6.**如何契入念佛法門**（附：印順法師否定極樂世界）平實導師著　回郵 26 元
7.**平實書箋**—答元覽居士書　平實導師著　回郵 52 元
8.**三乘唯識**—如來藏系經律彙編　平實導師編　回郵 80 元
（精裝本　長 27 cm　寬 21 cm　高 7.5 cm　重 2.8 公斤）
9.**三時繫念全集**—修正本　回郵掛號 52 元（長 26.5 cm×寬 19 cm）
10.**明心與初地**　平實導師述　回郵 31 元
11.**邪見與佛法**　平實導師述著　回郵 36 元
12.**甘露法雨**　平實導師述　回郵 36 元
13.**我與無我**　平實導師述　回郵 36 元
14.**學佛之心態**—修正錯誤之學佛心態始能與正法相應 孫正德老師著 回郵52元
附錄：平實導師著**《略說八、九識並存…等之過失》**
15.**大乘無我觀**—《悟前與悟後》別說　平實導師述著　回郵 36 元
16.**佛教之危機**—中國台灣地區現代佛教之真相（附錄：公案拈提六則）
平實導師著　回郵 52 元
17.**燈 影**—燈下黑（覆「求教後學」來函等）　平實導師著　回郵 76 元
18.**護法與毀法**—覆上平居士與徐恒志居士網站毀法二文
張正圜老師著　回郵 76 元
19.**淨土聖道**—兼評**選擇本願念佛**　正德老師著　**由正覺同修會購贈** 回郵 52 元
20.**辨唯識性相**—對「紫蓮心海《辯唯識性相》書中否定阿賴耶識」之回應
正覺同修會 台南共修處法義組 著　回郵 52 元
21.**假如來藏**—對法蓮法師《如來藏與阿賴耶識》書中否定阿賴耶識之回應
正覺同修會 台南共修處法義組 著　回郵 76 元
22.**入不二門**—公案拈提集錦 第一輯（於平實導師公案拈提諸書中選錄約二十則，
合輯為一冊流通之）平實導師著　回郵 52 元
23.**真假邪說**—西藏密宗索達吉喇嘛《破除邪說論》真是邪說
釋正安法師著　上、下冊回郵各 52 元
24.**真假開悟**—真如、如來藏、阿賴耶識間之關係　平實導師述著　回郵 76 元
25.**真假禪和**—辨正釋傳聖之謗法謬說　孫正德老師著　回郵 76 元
26.**眼見佛性**—駁慧廣法師**眼見佛性的含義**文中謬說
游正光老師著　回郵 52 元

27.**普門自在**—公案拈提集錦 第二輯（於平實導師公案拈提諸書中選錄約二十則，合輯爲一冊流通之）平實導師著 回郵52元

28.**印順法師的悲哀**—以現代禪的質疑為線索 恒毓博士著 回郵52元

29.**識蘊真義**—現觀識蘊內涵、取證初果、親斷三縛結之具體行門。
—依《成唯識論》及《唯識述記》正義，略顯安慧《大乘廣五蘊論》之邪謬
平實導師著 回郵76元

30.**正覺電子報** 各期紙版本 免附回郵 每次最多函索三期或三本。
（已無存書之較早各期，不另增印贈閱）

31.**現代人應有的宗教觀** 蔡正禮老師 著 回郵31元

32.**遠惑趣道**—正覺電子報般若信箱問答錄 第一輯 回郵52元

33.**遠惑趣道**—正覺電子報般若信箱問答錄 第二輯 回郵52元

34.**確保您的權益**—器官捐贈應注意自我保護 游正光老師 著 回郵31元

35.**正覺教團電視弘法三乘菩提 DVD 光碟（一）**
由正覺教團多位親教師共同講述錄製 DVD 8 片，MP3 一片，共 9 片。有二大講題：一爲「三乘菩提之意涵」，二爲「學佛的正知見」。內容精闢，深入淺出，精彩絕倫，幫助大眾快速建立三乘法道的正知見，免被外道邪見所誤導。有志修學三乘佛法之學人不可不看。（製作工本費 100 元，回郵 52 元）

36.**正覺教團電視弘法 DVD 專輯（二）**
總有二大講題：一爲「三乘菩提之念佛法門」，一爲「學佛正知見（第二篇）」，由正覺教團多位親教師輪番講述，內容詳細闡述如何修學念佛法門、實證念佛三昧，以及學佛應具有的正確知見，可以幫助發願往生西方極樂淨土之學人，得以把握往生，更可令學人快速建立三乘法道的正知見，免於被外道邪見所誤導。有志修學三乘佛法之學人不可不看。（一套 17 片，工本費 160 元。回郵 76 元）

37.**喇嘛性世界**—揭開假藏傳佛教譚崔瑜伽的面紗 張善思 等人合著
由正覺同修會購贈 回郵52元

38.**假藏傳佛教的神話**—性、謊言、喇嘛教 張正玄教授編著
由正覺同修會購贈 回郵52元

39.**隨 緣**—理隨緣與事隨緣 平實導師述 回郵52元。

40.**學佛的覺醒** 正枝居士 著 回郵52元

41.**導師之真實義** 蔡正禮老師 著 回郵31元

42.**淺談達賴喇嘛之雙身法**—兼論解讀「密續」之達文西密碼
吳明芷居士 著 回郵31元

43.**魔界轉世** 張正玄居士 著 回郵31元

44.**一貫道與開悟** 蔡正禮老師 著 回郵31元

45.**博愛**—愛盡天下女人 正覺教育基金會 編印 回郵36元

46.**意識虛妄經教彙編**—實證解脫道的關鍵經文 正覺同修會編印 回郵36元

47.**邪箭囈語**—破斥藏密外道多識仁波切《破魔金剛箭雨論》之邪說
陸正元老師著　上、下冊回郵各 52 元

48.**真假沙門**—依 佛聖教闡釋佛教僧寶之定義
蔡正禮老師著　俟正覺電子報連載後結集出版

49.**真假禪宗**—藉評論釋性廣《印順導師對變質禪法之批判
及對禪宗之肯定》以顯示真假禪宗
附論一：凡夫知見 無助於佛法之信解行證
附論二：世間與出世間一切法皆從如來藏實際而生而顯
余正偉老師著　俟正覺電子報連載後結集出版　回郵未定

★ 上列贈書之郵資，係台灣本島地區郵資，大陸、港、澳地區及外國地區，請另計酌增（大陸、港、澳、國外地區之郵票不許通用）。尚未出版之書，請勿先寄來郵資，以免增加作業煩擾。

★ 本目錄若有變動，唯於後印之書籍及「成佛之道」網站上修正公佈之，不另行個別通知。

函索書籍請寄：佛教正覺同修會　103 台北市承德路 3 段 277 號 9 樓
台灣地區函索書籍者請附寄郵票，無時間購買郵票者可以等值現金抵用，但不接受郵政劃撥、支票、匯票。大陸地區得以人民幣計算，國外地區請以美元計算（請勿寄來當地郵票，在台灣地區不能使用）。欲以掛號寄遞者，請另附掛號郵資。

親自索閱：正覺同修會各共修處。　★請於共修時間前往取書，餘時無人在道場，請勿前往索取；共修時間與地點，詳見書末正覺同修會共修現況表（以近期之共修現況表爲準）。

註：正智出版社發售之局版書，請向各大書局購閱。若書局之書架上已經售出而無陳列者，請向書局櫃台指定洽購；若書局不便代購者，請於正覺同修會共修時間前往各共修處請購，正智出版社已派人於共修時間送書前往各共修處流通。 郵政劃撥購書及 大陸地區 購書，請詳別頁正智出版社發售書籍目錄最後頁之說明。

成佛之道 網站：http://www.a202.idv.tw　正覺同修會已出版之結緣書籍，多已登載於 成佛之道 網站，若住外國、或住處遙遠，不便取得正覺同修會贈閱書籍者，可以從本網站閱讀及下載。　書局版之《宗通與說通》亦已上網，台灣讀者可向書局洽購，售價 300 元。《狂密與眞密》第一輯~第四輯，亦於 2003.5.1.全部於本網站登載完畢；台灣地區讀者請向書局洽購，每輯約 400 頁，售價 300 元（網站下載紙張費用較貴，容易散失，難以保存，亦較不精美）。

＊＊假藏傳佛教修雙身法，非佛教＊＊

正智出版社 籌募弘法基金發售書籍目錄　2020/11/14

1.**宗門正眼**—公案拈提 第一輯 重拈　平實導師著　500 元
因重寫內容大幅度增加故，字體必須改小，並增爲 576 頁 主文 546 頁。比初版更精彩、更有內容。初版《禪門摩尼寶聚》之讀者，可寄回本公司免費調換新版書。免附回郵，亦無截止期限。（2007 年起，每冊附贈本公司精製公案拈提〈超意境〉CD 一片。市售價格 280 元，多購多贈。）
2.**禪淨圓融**　平實導師著　200 元（第一版舊書可換新版書。）
3.**真實如來藏**　平實導師著　400 元
4.**禪—悟前與悟後**　平實導師著　上、下冊，每冊 250 元
5.**宗門法眼**—公案拈提 第二輯　平實導師著　500 元
（2007 年起，每冊附贈本公司精製公案拈提〈超意境〉CD 一片）
6.**楞伽經詳解**　平實導師著　全套共 10 輯　每輯 250 元
7.**宗門道眼**—公案拈提 第三輯　平實導師著　500 元
（2007 年起，每冊附贈本公司精製公案拈提〈超意境〉CD 一片）
8.**宗門血脈**—公案拈提 第四輯　平實導師著　500 元
（2007 年起，每冊附贈本公司精製公案拈提〈超意境〉CD 一片）
9.**宗通與說通**—成佛之道 平實導師著 主文 381 頁 全書 400 頁售價 300 元
10.**宗門正道**—公案拈提 第五輯　平實導師著　500 元
（2007 年起，每冊附贈本公司精製公案拈提〈超意境〉CD 一片）
11.**狂密與真密 一～四輯**　平實導師著　西藏密宗是人間最邪淫的宗教，本質不是佛教，只是披著佛教外衣的印度教性力派流毒的喇嘛教。此書中將西藏密宗密傳之男女雙身合修樂空雙運所有祕密與修法，毫無保留完全公開，並將全部喇嘛們所不知道的部分也一併公開。內容比大辣出版社喧騰一時的《西藏慾經》更詳細。並且函蓋藏密的所有祕密及其錯誤的中觀見、如來藏見……等，藏密的所有法義都在書中詳述、分析、辨正。每輯主文三百餘頁　每輯全書約 400 頁　售價每輯 300 元
12.**宗門正義**—公案拈提 第六輯　平實導師著　500 元
（2007 年起，每冊附贈本公司精製公案拈提〈超意境〉CD 一片）
13.**心經密意**—心經與解脫道、佛菩提道、祖師公案之關係與密意　平實導師述　300 元
14.**宗門密意**—公案拈提 第七輯　平實導師著　500 元
（2007 年起，每冊附贈本公司精製公案拈提〈超意境〉CD 一片）
15.**淨土聖道**—兼評「選擇本願念佛」　正德老師著　200 元
16.**起信論講記**　平實導師述著　共六輯　每輯三百餘頁　售價各 250 元
17.**優婆塞戒經講記**　平實導師述著 共八輯 每輯三百餘頁 售價各 250 元
18.**真假活佛**—略論附佛外道盧勝彥之邪說（對前岳靈犀網站主張「盧勝彥是證悟者」之修正）　正犀居士（岳靈犀）著　流通價 140 元
19.**阿含正義**—唯識學探源　平實導師著　共七輯　每輯 300 元

20.**超意境** CD 以平實導師公案拈提書中超越意境之頌詞，加上曲風優美的旋律，錄成令人嚮往的超意境歌曲，其中包括正覺發願文及平實導師親自譜成的黃梅調歌曲一首。詞曲雋永，殊堪翫味，可供學禪者吟詠，有助於見道。內附設計精美的彩色小冊，解說每一首詞的背景本事。每片 280 元。【每購買公案拈提書籍一冊，即贈送一片。】

21.**菩薩底憂鬱** CD 將菩薩情懷及禪宗公案寫成新詞，並製作成超越意境的優美歌曲。1.主題曲〈菩薩底憂鬱〉，描述地後菩薩能離三界生死而迴向繼續生在人間，但因尚未斷盡習氣種子而有極深沈之憂鬱，非三賢位菩薩及二乘聖者所知，此憂鬱在七地滿心位方才斷盡；本曲之詞中所說義理極深，昔來所未曾見；此曲係以優美的情歌風格寫詞及作曲，聞者得以激發嚮往諸地菩薩境界之大心，詞、曲都非常優美，難得一見；其中勝妙義理之解說，已印在附贈之彩色小冊中。2.以各輯公案拈提中直示禪門入處之頌文，作成各種不同曲風之超意境歌曲，值得玩味、參究；聆聽公案拈提之優美歌曲時，請同時閱讀內附之印刷精美說明小冊，可以領會超越三界的證悟境界；未悟者可以因此引發求悟之意向及疑情，眞發菩提心而邁向求悟之途，乃至因此眞實悟入般若，成眞菩薩。3.正覺總持咒新曲，總持佛法大意；總持咒之義理，已加以解說並印在隨附之小冊中。本 CD 共有十首歌曲，長達 63 分鐘。每盒各附贈二張購書優惠券。每片 280 元。

22.**禪意無限** CD 平實導師以公案拈提書中偈頌寫成不同風格曲子，與他人所寫不同風格曲子共同錄製出版，幫助參禪人進入禪門超越意識之境界。盒中附贈彩色印製的精美解說小冊，以供聆聽時閱讀，令參禪人得以發起參禪之疑情，即有機會證悟本來面目而發起實相智慧，實證大乘菩提般若，能如實證知般若經中的眞實意。本 CD 共有十首歌曲，長達 69 分鐘，每盒各附贈二張購書優惠券。每片 280 元。

23.**我的菩提路**第一輯　釋悟圓、釋善藏等人合著　售價 300 元

24.**我的菩提路**第二輯　郭正益等人合著　售價 300 元（停售，俟改版後另行發售）

25.**我的菩提路**第三輯　王美伶等人合著　售價 300 元

26.**我的菩提路**第四輯　陳晏平等人合著　售價 300 元

27.**我的菩提路**第五輯　林慈慧等人合著　售價 300 元

28.**我的菩提路**第六輯　劉惠莉等人合著　售價 300 元

29.**我的菩提路**第七輯　余正偉等人合著　售價 300 元　預定 2021/6/30 出版

30.**鈍鳥與靈龜**—考證後代凡夫對大慧宗杲禪師的無根誹謗。

平實導師著 共 458 頁 售價 350 元

31.**維摩詰經講記** 平實導師述 共六輯 每輯三百餘頁 售價各 250 元

32.**真假外道**—破劉東亮、杜大威、釋證嚴常見外道見 正光老師著 200 元

33.**勝鬘經講記**—兼論印順《勝鬘經講記》對於《勝鬘經》之誤解。

平實導師述　共六輯　每輯三百餘頁　售價250 元

34.**楞嚴經講記** 平實導師述 共15輯，每輯三百餘頁 售價300元
35.**明心與眼見佛性**—駁慧廣〈蕭氏「眼見佛性」與「明心」之非〉文中謬說
正光老師著 共448頁 售價300元
36.**見性與看話頭** 黃正倖老師 著，本書是禪宗參禪的方法論。
內文375頁，全書416頁，售價300元。
37.**達賴真面目**—玩盡天下女人 白正偉老師 等著 中英對照彩色精裝大本 800元
38.**喇嘛性世界**—揭開假藏傳佛教譚崔瑜伽的面紗 張善思 等人著 200元
39.**假藏傳佛教的神話**—性、謊言、喇嘛教 正玄教授編著 200元
40.**金剛經宗通** 平實導師述 共九輯 每輯售價250元。
41.**空行母**—性別、身分定位，以及藏傳佛教。
珍妮·坎貝爾著 呂艾倫 中譯 售價250元
42.**末代達賴**—性交教主的悲歌 張善思、呂艾倫、辛燕編著 售價250元
43.**霧峰無霧**—給哥哥的信 辨正釋印順對佛法的無量誤解
游宗明 老師著 售價250元
44.**霧峰無霧**—第二輯—救護佛子向正道 細說釋印順對佛法的各類誤解
游宗明 老師著 售價250元
45.**第七意識與第八意識？**—穿越時空「超意識」
平實導師述 每冊300元
46.**黯淡的達賴**—失去光彩的諾貝爾和平獎
正覺教育基金會編著 每冊250元
47.**童女迦葉考**—論呂凱文〈佛教輪迴思想的論述分析〉之謬。
平實導師 著 定價180元
48.**人間佛教**—實證者必定不悖三乘菩提
平實導師 述，定價400元
49.**實相經宗通** 平實導師述 共八輯 每輯250元
50.**真心告訴您(一)**—達賴喇嘛在幹什麼？
正覺教育基金會編著 售價250元
51.**中觀金鑑**—詳述應成派中觀的起源與其破法本質
孫正德老師著 分為上、中、下三冊，每冊250元
52.**藏傳佛教要義**—《狂密與真密》之簡體字版 平實導師 著 上、下冊
僅在大陸流通 每冊300元
53.**法華經講義** 平實導師述 共二十五輯 每輯300元
已於2015/05/31起開始出版，每二個月出版一輯
54.**西藏「活佛轉世」制度**—附佛、造神、世俗法
許正豐、張正玄老師合著 定價150元
55.**廣論三部曲** 郭正益老師著 定價150元
56.**真心告訴您(二)**—達賴喇嘛是佛教僧侶嗎？
—補祝達賴喇嘛八十大壽
正覺教育基金會編著 售價300元

57.**次法**—實證佛法前應有的條件

張善思居士著　分為上、下二冊，每冊 250 元

58.**涅槃**—解說四種涅槃之實證及內涵　平實導師著 上、下冊 各 350 元

59.**山法**—西藏關於他空與佛藏之根本論

篤補巴・喜饒堅贊著　　傑弗里・霍普金斯英譯

張火慶教授、張志成、呂艾倫等中譯　精裝大本 1200 元

60.**佛藏經講義**　平實導師述　2019 年 7 月 31 日開始出版　共 21 輯

每二個月出版一輯，每輯 300 元。

61.**假鋒虛焰金剛乘**—揭示顯密正理，兼破索達吉師徒《般若鋒兮金剛焰》

釋正安法師著 簡體字版 即將出版 售價未定

62.**廣論之平議**—宗喀巴《菩提道次第廣論》之平議　正雄居士著

約二或三輯　俟正覺電子報連載後結集出版　書價未定

63.**大法鼓經講義**　平實導師講述 《佛藏經講義》出版後發行，每輯 300 元

64.**不退轉法輪經講義** 平實導師講述 《大法鼓經講義》出版後發行

65.**八識規矩頌**詳解　○○居士 註解　出版日期另訂　書價未定。

66.**中觀正義**—註解平實導師《中論正義頌》。

○○法師（居士）著　出版日期未定　書價未定

67.**中論正義**—釋龍樹菩薩《中論》頌正理。

孫正德老師著　出版日期未定　書價未定

68.**中國佛教史**—依中國佛教正法史實而論。 ○○老師 著　書價未定。

69.**印度佛教史**—法義與考證。依法義史實評論印順《印度佛教思想史、佛教史地考論》之謬說　正偉老師著　出版日期未定　書價未定

70.**阿含經講記**—將選錄四阿含中數部重要經典全經講解之，講後整理出版。

平實導師述　約二輯　每輯 300 元　出版日期未定

71.**寶積經講記** 平實導師述　每輯三百餘頁 優惠價 300 元 出版日期未定

72.**解深密經講義**　平實導師述 約四輯　將於重講後整理出版

73.**成唯識論略解**　平實導師著　五～六輯　每輯300 元　出版日期未定

74.**修習止觀坐禪法要講記**　平實導師述　每輯三百餘頁

將於正覺寺建成後重講、以講記逐輯出版　出版日期未定

75.**無門關**—《無門關》公案拈提　平實導師著　出版日期未定

76.**中觀再論**—兼述印順《中觀今論》謬誤之平議。 正光老師著 出版日期未定

77.**輪迴與超度**—佛教超度法會之真義。

○○法師（居士）著　出版日期未定　書價未定

78.**《釋摩訶衍論》平議**—對偽稱龍樹所造《釋摩訶衍論》之平議

○○法師（居士）著　出版日期未定　書價未定

79.**正覺發願文**註解—以真實大願為因 得證菩提

正德老師著　出版日期未定　書價未定

80.**正覺總持咒**—佛法之總持　正圜老師著　出版日期未定　書價未定

81.**三自性**—依四食、五蘊、十二因緣、十八界法，說三性三無性。

作者未定　出版日期未定

82.**道品**—從三自性說大小乘三十七道品　作者未定　出版日期未定
83.**大乘緣起觀**—依四聖諦七真如現觀十二緣起 作者未定　出版日期未定
84.**三德**—論解脫德、法身德、般若德。　作者未定　出版日期未定
85.**真假如來藏**—對印順《如來藏之研究》謬說之平議　作者未定 出版日期未定
86.**大乘道次第**　作者未定　出版日期未定　書價未定
87.**四緣**—依如來藏故有四緣。　作者未定　出版日期未定
88.**空之探究**—印順《空之探究》謬誤之平議　作者未定 出版日期未定
89.**十法義**—論阿含經中十法之正義　作者未定　出版日期未定
90.**外道見**—論述外道六十二見　作者未定　出版日期未定

正智出版社有限公司　書籍介紹

禪淨圓融：言淨土諸祖所未曾言，示諸宗祖師所未曾示；禪淨圓融，另闢成佛捷徑，兼顧自力他力，闡釋淨土門之速行易行道，亦同時揭櫫聖教門之速行易行道；令廣大淨土行者得免緩行難證之苦，亦令聖道門行者得以藉著淨土速行道而加快成佛之時劫。乃前無古人之超勝見地，非一般弘揚禪淨法門典籍也，先讀為快。平實導師著　200元。

宗門正眼—公案拈提第一輯：繼承克勤圜悟大師碧巖錄宗旨之禪門鉅作。先則舉示當代大法師之邪說，消弭當代禪門大師鄉愿之心態，摧破當今禪門「世俗禪」之妄談；次則旁通教法，表顯宗門正理；繼以道之次第，消弭古今狂禪；後藉言語及文字機鋒，直示宗門入處。悲智雙運，禪味十足，數百年來難得一睹之禪門鉅著也。平實導師著　500元（原初版書《禪門摩尼寶聚》，改版後補充為五百餘頁新書，總計多達二十四萬字，內容更精彩，並改名為《宗門正眼》，讀者原購初版《禪門摩尼寶聚》皆可寄回本公司免費換新，免附回郵，亦無截止期限）（2007年起，凡購買公案拈提第一輯至第七輯，每購一輯皆贈送本公司精製公案拈提〈超意境〉CD一片，市售價格280元，多購多贈）。

禪—悟前與悟後：本書能建立學人悟道之信心與正確知見，圓滿具足而有次第地詳述禪悟之功夫與禪悟之內容，指陳參禪中細微淆訛之處，能使學人明自真心、見自本性。若未能悟入，亦能以正確知見辨別古今中外一切大師究係真悟？或屬錯悟？便有能力揀擇，捨名師而選明師，後時必有悟道之緣。一旦悟道，遲者七次人天往返，便出三界，速者一生取辦。學人欲求開悟者，不可不讀。　平實導師著。上、下冊共500元，單冊250元。

真實如來藏：如來藏眞實存在，乃宇宙萬有之本體，並非印順法師、達賴喇嘛等人所說之「唯有名相、無此心體」。如來藏是涅槃之本際，是一切有智之人竭盡心智、不斷探索而不能得之生命實相；是古今中外許多大師自以爲悟而當面錯過之生命實相。如來藏即是阿賴耶識，乃是一切有情本自具足、不生不滅之眞實心。當代中外大師於此書出版之前所未能言者，作者於本書中盡情流露、詳細闡釋。眞悟者讀之，必能增益悟境、智慧增上；錯悟者讀之，必能檢討自己之錯誤，免犯大妄語業；未悟者讀之，能知參禪之理路，亦能以之檢查一切名師是否眞悟。此書是一切哲學家、宗教家、學佛者及欲昇華心智之人必讀之鉅著。　平實導師著　售價400元。

宗門法眼—公案拈提第二輯：列舉實例，闡釋土城廣欽老和尚之悟處；並直示這位不識字的老和尚妙智橫生之根由，繼而剖析禪宗歷代大德之開悟公案，解析當代密宗高僧卡盧仁波切之錯悟證據，並例舉當代顯宗高僧、大居士之錯悟證據（凡健在者，爲免影響其名聞利養，皆隱其名）。藉辨正當代名師之邪見，向廣大佛子指陳禪悟之正道，彰顯宗門法眼。悲勇兼出，強捋虎鬚；慈智雙運，巧探驪龍；摩尼寶珠在手，直示宗門入處，禪味十足；若非大悟徹底，不能爲之。禪門精奇人物，允宜人手一冊，供作參究及悟後印證之圭臬。本書於2008年4月改版，增寫爲大約500頁篇幅，以利學人研讀參究時更易悟入宗門正法，以前所購初版首刷及初版二刷舊書，皆可免費換取新書。平實導師著　500元（2007年起，凡購買公案拈提第一輯至第七輯，每購一輯皆贈送本公司精製公案拈提〈超意境〉CD一片，市售價格280元，多購多贈）。

宗門道眼—公案拈提第三輯：繼宗門法眼之後，再以金剛之作略、慈悲之胸懷、犀利之筆觸，舉示寒山、拾得、布袋三大士之悟處，消弭當代錯悟者對於寒山大士……等之誤會及誹謗。　亦舉出民初以來與虛雲和尚齊名之蜀郡鹽亭袁煥仙夫子——南懷瑾老師之師，其「悟處」何在？並蒐羅許多眞悟祖師之證悟公案，顯示禪宗歷代祖師之睿智，指陳部分祖師、奧修及當代顯密大師之謬悟，作爲殷鑑，幫助禪子建立及修正參禪之方向及知見。假使讀者閱此書已，一時尚未能悟，亦可一面加功用行，一面以此宗門道眼辨別眞假善知識，避開錯誤之印證及歧路，可免大妄語業之長劫慘痛果報。欲修禪宗之禪者，務請細讀。平實導師著　售價500元（2007年起，凡購買公案拈提第一輯至第七輯，每購一輯皆贈送本公司精製公案拈提〈超意境〉CD一片，市售價格280元，多購多贈）。

楞伽經詳解：本經是禪宗見道者印證所悟眞僞之根本經典，亦是禪宗見道者悟後起修之依據經典；故達摩祖師於印證二祖慧可大師之後，將此經典連同佛鉢祖衣一併交付二祖，令其依此經典佛示金言、進入修道位，修學一切種智。由此可知此經對於眞悟之人修學佛道，是非常重要之一部經典。此經能破外道邪說，亦破佛門中錯悟名師之謬說，亦破禪宗部分祖師之狂禪：不讀經典、一向主張「一悟即成究竟佛」之謬執。並開示愚夫所行禪、觀察義禪、攀緣如禪、如來禪等差別，令行者對於三乘禪法差異有所分辨；亦糾正禪宗祖師古來對於如來禪之誤解，嗣後可免以訛傳訛之弊。此經亦是法相唯識宗之根本經典，禪者悟後欲修一切種智而入初地者，必須詳讀。平實導師著，全套共十輯，已全部出版完畢，每輯主文約320頁，每冊約352頁，定價250元。

宗門血脈—公案拈提第四輯：末法怪象—許多修行人自以爲悟，每將無念靈知認作眞實；崇尚二乘法諸師及其徒衆，則將外於如來藏之緣起性空—無因論之無常空、斷滅空、一切法空—錯認爲 佛所說之般若空性。這兩種現象已於當今海峽兩岸及美加地區顯密大師之中普遍存在；人人自以爲悟，心高氣壯，便敢寫書解釋祖師證悟之公案，大多出於意識思惟所得，言不及義，錯誤百出，因此誤導廣大佛子同陷大妄語之地獄業中而不能自知。彼等書中所說之悟處，其實處處違背第一義經典之聖言量。彼等諸人不論是否身披袈裟，都非佛法宗門血脈，或雖有禪宗法脈之傳承，亦只徒具形式；猶如螟蛉，非眞血脈，未悟得根本眞實故。禪子欲知 佛、祖之眞血脈者，請讀此書，便知分曉。平實導師著，主文452頁，全書464頁，定價500元（2007年起，凡購買公案拈提第一輯至第七輯，每購一輯皆贈送本公司精製公案拈提〈超意境〉CD一片，市售價格280元，多購多贈）。

宗通與說通：古今中外，錯誤之人如麻似粟，每以常見外道所說之靈知心，認作眞心；或妄想虛空之勝性能量爲眞如，或錯認物質四大元素藉冥性（靈知心本體）能成就吾人色身及知覺，或認初禪至四禪中之了知心爲不生不滅之涅槃心。此等皆非通宗者之見地。復有錯悟之人一向主張「宗門與教門不相干」，此即尚未通達宗門之人也。其實宗門與教門互通不二，宗門所證者乃是眞如與佛性，教門所說者乃說宗門證悟之眞如佛性，故教門與宗門不二。本書作者以宗教二門互通之見地，細說「宗通與說通」，從初見道至悟後起修之道、細說分明；並將諸宗諸派在整體佛教中之地位與次第，加以明確之教判，學人讀之即可了知佛法之梗概也。欲擇明師學法之前，允宜先讀。平實導師著，主文共381頁，全書392頁，只售成本價300元。

宗門正道—公案拈提第五輯：修學大乘佛法有二果須證—解脫果及大菩提果。二乘人不證大菩提果，唯證解脫果；此果之智慧，名爲聲聞菩提、緣覺菩提。大乘佛子所證二果之菩提果爲佛菩提，故名大菩提果，其慧名爲一切種智—函蓋二乘解脫果。然此大乘二果修證，須經由禪宗之宗門證悟方能相應。而宗門證悟極難，自古已然；其所以難者，咎在古今佛教界普遍存在三種邪見：1.以修定認作佛法，　2.以無因論之緣起性空—否定涅槃本際如來藏以後之一切法空作爲佛法，3.以常見外道邪見（離語言妄念之靈知性）作爲佛法。　如是邪見，或因自身正見未立所致，或因邪師之邪教導所致，或因無始劫來虛妄熏習所致。若不破除此三種邪見，永劫不悟宗門眞義、不入大乘正道，唯能外門廣修菩薩行。　平實導師於此書中，有極爲詳細之說明，有志佛子欲摧邪見、入於內門修菩薩行者，當閱此書。主文共496頁，全書512頁。售價500元（2007年起，凡購買公案拈提第一輯至第七輯，每購一輯皆贈送本公司精製公案拈提〈超意境〉CD一片，市售價格280元，多購多贈）。

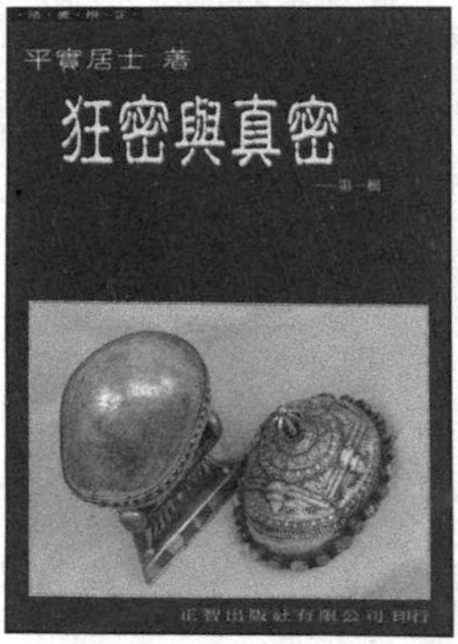

狂密與真密：密教之修學，皆由有相之觀行法門而入，其最終目標仍不離顯教經典所說第一義諦之修證；若離顯教第一義經典、或違背顯教第一義經典，即非佛教。西藏密教之觀行法，如灌頂、觀想、遷識法、寶瓶氣、大聖歡喜雙身修法、喜金剛、無上瑜伽、大樂光明、樂空雙運等，皆是印度教兩性生生不息思想之轉化，自始至終皆以如何能運用交合淫樂之法達到全身受樂爲其中心思想，純屬欲界五欲的貪愛，不能令人超出欲界輪迴，更不能令人斷除我見；何況大乘之明心與見性，更無論矣！故密宗之法絕非佛法也。而其明光大手印、大圓滿法教，又皆同以常見外道所說離語言妄念之無念靈知心錯認爲佛地之眞如，不能直指不生不滅之眞如。西藏密宗所有法王與徒眾，都尚未開頂門眼，不能辨別眞僞，以依人不依法、依密續不依經典故，不肯將其上師喇嘛所說對照第一義經典，純依密續之藏密祖師所說爲準，因此而誇大其證德與證量，動輒謂彼祖師上師爲究竟佛、爲地上菩薩；如今台海兩岸亦有自謂其師證量高於 釋迦文佛者，然觀其師所述，猶未見道，仍在觀行即佛階段，尚未到禪宗相似即佛、分證即佛階位，竟敢標榜爲究竟佛及地上法王，誑惑初機學人。凡此怪象皆是狂密，不同於眞密之修行者。近年狂密盛行，密宗行者被誤導者極眾，動輒自謂已證佛地眞如，自視爲究竟佛，陷於大妄語業中而不知自省，反謗顯宗眞修實證者之證量粗淺；或如義雲高與釋性圓…等人，於報紙上公然誹謗眞實證道者爲「騙子、無道人、人妖、癩蛤蟆…」等，造下誹謗大乘勝義僧之大惡業；或以外道法中有爲有作之甘露、魔術……等法，誑騙初機學人，狂言彼外道法爲眞佛法。如是怪象，在西藏密宗及附藏密之外道中，不一而足，舉之不盡，學人宜應愼思明辨，以免上當後又犯毀破菩薩戒之重罪。密宗學人若欲遠離邪知邪見者，請閱此書，即能了知密宗之邪謬，從此遠離邪見與邪修，轉入眞正之佛道。平實導師著 共四輯 每輯約400頁（主文約340頁） 每輯售價300元。

宗門正義—公案拈提第六輯：佛教有六大危機，乃是藏密化、世俗化、膚淺化、學術化、宗門密意失傳、悟後進修諸地之次第混淆；其中尤以宗門密意之失傳，爲當代佛教最大之危機。由宗門密意失傳故，易令 世尊本懷普被錯解，易令 世尊正法被轉易爲外道法，以及加以淺化、世俗化，是故宗門密意之廣泛弘傳與具緣佛弟子，極爲重要。然而欲令宗門密意之廣泛弘傳予具緣之佛弟子者，必須同時配合錯誤知見之解析、普令佛弟子知之，然後輔以公案解析之直示入處，方能令具緣之佛弟子悟入。而此二者，皆須以公案拈提之方式爲之，方易成其功、竟其業，是故平實導師續作宗門正義一書，以利學人。 全書500餘頁，售價500元（2007年起，凡購買公案拈提第一輯至第七輯，每購一輯皆贈送本公司精製公案拈提〈超意境〉CD一片，市售價格280元（2007年起，多購多贈）。

心經密意—心經與解脫道、佛菩提道、祖師公案之關係與密意。 二乘菩提所證之解脫道，實依第八識心之斷除煩惱障現行而立解脫之名；大乘菩提所證之佛菩提道，實依親證第八識如來藏之涅槃性、清淨自性、及其中道性而立般若之名；禪宗祖師公案所證之眞心，即是此第八識如來藏；是故三乘佛法所修所證之三乘菩提，皆依此如來藏心而立名也。此第八識心，即是《心經》所說之心也。證得此如來藏已，即能漸入大乘佛菩提道，亦可因證知此心而了知二乘無學所不能知之無餘涅槃本際，是故《心經》之密意，與三乘佛菩提之關係極爲密切、不可分割，三乘佛法皆依此心而立名故。今者平實導師以其所證解脫道之無生智及佛菩提之般若種智，將《心經》與解脫道、佛菩提道、祖師公案之關係與密意，以演講之方式，用淺顯之語句和盤托出，發前人所未言，呈三乘菩提之眞義，令人藉此《心經密意》一舉而窺三乘菩提之堂奧，迴異諸方言不及義之說；欲求眞實佛智者、不可不讀！ 主文317頁，連同跋文及序文…等共384頁，售價300元。

宗門密意—公案拈提第七輯：佛教之世俗化，將導致學人以信仰作爲學佛，則將以感應及世間法之庇祐，作爲學佛之主要目標，不能了知學佛之主要目標爲親證三乘菩提。大乘菩提則以般若實相智慧爲主要修習目標，以二乘菩提解脫道爲附帶修習之標的；是故學習大乘法者，應以禪宗之證悟爲要務，能親入大乘菩提之實相般若智慧中故，般若實相智慧非二乘聖人所能知故。此書則以台灣世俗化佛教之三大法師，說法似是而非之實例，配合眞悟祖師之公案解析，提示證悟般若之關節，令學人易得悟入。平實導師著，全書五百餘頁，售價500元（2007年起，凡購買公案拈提第一輯至第七輯，每購一輯皆贈送本公司精製公案拈提〈超意境〉CD一片，市售價格280元，多購多贈）。

淨土聖道—兼評選擇本願念佛：佛法甚深極廣，般若玄微，非諸二乘聖僧所能知之，一切凡夫更無論矣！所謂一切證量皆歸淨土是也！是故大乘法中「聖道之淨土、淨土之聖道」，其義甚深，難可了知；乃至眞悟之人，初心亦難知也。今有正德老師眞實證悟後，復能深探淨土與聖道之緊密關係，憐憫衆生之誤會淨土實義，亦欲利益廣大淨土行人同入聖道，同獲淨土中之聖道門要義，乃振奮心神、書以成文，今得刊行天下。主文279頁，連同序文等共301頁，總有十一萬六千餘字，正德老師著，成本價200元。

起信論講記：詳解大乘起信論心生滅門與心眞如門之眞實意旨，消除以往大師與學人對起信論所說心生滅門之誤解，由是而得了知眞心如來藏之非常非斷中道正理；亦因此一講解，令此論以往隱晦而被誤解之眞實義，得以如實顯示，令大乘佛菩提道之正理得以顯揚光大；初機學者亦可藉此正論所顯示之法義，對大乘法理生起正信，從此得以眞發菩提心，眞入大乘法中修學，世世常修菩薩正行。平實導師演述，共六輯，都已出版，每輯三百餘頁，售價各250元。

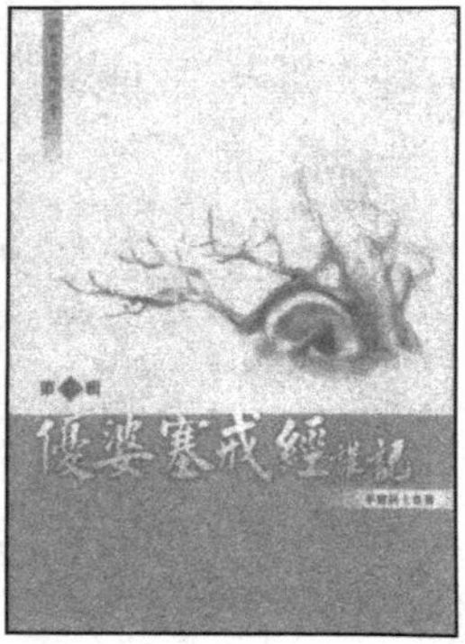

優婆塞戒經講記：本經詳述在家菩薩修學大乘佛法，應如何受持菩薩戒？對人間善行應如何看待？對三寶應如何護持？應如何正確地修集此世後世證法之福德？應如何修集後世「行菩薩道之資糧」？並詳述第一義諦之正義：五蘊非我非異我、自作自受、異作異受、不作不受……等深妙法義，乃是修學大乘佛法、行菩薩行之在家菩薩所應當了知者。出家菩薩今世或未來世登地已，捨報之後多數將如華嚴經中諸大菩薩，以在家菩薩身而修行菩薩行，故亦應以此經所述正理而修之，配合《楞伽經、解深密經、楞嚴經、華嚴經》等道次第正理，方得漸次成就佛道；故此經是一切大乘行者皆應證知之正法。平實導師講述，每輯三百餘頁，售價各250元；共八輯，已全部出版。

真假活佛—略論附佛外道盧勝彥之邪說：人人身中都有眞活佛，永生不滅而有大神用，但衆生都不了知，所以常被身外的西藏密宗假活佛籠罩欺瞞。本來就眞實存在的眞活佛，才是眞正的密宗無上密！諾那活佛因此而說禪宗是大密宗，但藏密的所有活佛都不知道、也不曾實證自身中的眞活佛。本書詳實宣示眞活佛的道理，舉證盧勝彥的「佛法」不是眞佛法，也顯示盧勝彥是假活佛，直接的闡釋第一義佛法見道的眞實正理。眞佛宗的所有上師與學人們，都應該詳細閱讀，包括盧勝彥個人在內。正犀居士著，優惠價140元。

阿含正義—唯識學探源：廣說四大部《阿含經》諸經中隱說之眞正義理，一一舉示佛陀本懷，令阿含時期初轉法輪根本經典之眞義，如實顯現於佛子眼前。並提示末法大師對於阿含眞義誤解之實例，一一比對之，證實唯識增上慧學確於原始佛法之阿含諸經中已隱覆密意而略說之，證實 世尊確於原始佛法中已曾密意而說第八識如來藏之總相；亦證實 世尊在四阿含中已說此藏識是名色十八界之因、之本—證明如來藏是能生萬法之根本心。佛子可據此修正以往受諸大師（譬如西藏密宗應成派中觀師：印順、昭慧、性廣、大願、達賴、宗喀巴、寂天、月稱、……等人）誤導之邪見，建立正見，轉入正道乃至親證初果而無困難；書中並詳說三果所證的心解脫，以及四果慧解脫的親證，都是如實可行的具體知見與行門。全書共七輯，已出版完畢。平實導師著，每輯三百餘頁，售價300元。

超意境CD：以平實導師公案拈提書中超越意境之頌詞，加上曲風優美的旋律，錄成令人嚮往的超意境歌曲，其中包括正覺發願文及平實導師親自譜成的黃梅調歌曲一首。詞曲雋永，殊堪翫味，可供學禪者吟詠，有助於見道。內附設計精美的彩色小冊，解說每一首詞的背景本事。每片280元。【每購買公案拈提書籍一冊，即贈送一片。】

我的菩提路第一輯：凡夫及二乘聖人不能實證的佛菩提證悟，末法時代的今天仍然有人能得實證，由正覺同修會釋悟圓、釋善藏法師等二十餘位實證如來藏者所寫的見道報告，已爲當代學人見證宗門正法之絲縷不絕，證明大乘義學的法脈仍然存在，爲末法時代求悟般若之學人照耀出光明的坦途。由二十餘位大乘見道者所繕，敘述各種不同的學法、見道因緣與過程，參禪求悟者必讀。全書三百餘頁，售價300元。

我的菩提路第二輯：由郭正益老師等人合著，書中詳述彼等諸人歷經各處道場學法，一一修學而加以檢擇之不同過程以後，因閱讀正覺同修會、正智出版社書籍而發起抉擇分，轉入正覺同修會中修學；乃至學法及見道之過程，都一一詳述之。（本書暫停發售，俟改版重新發售流通。）

我的菩提路第三輯：由王美伶老師等人合著。自從正覺同修會成立以來，每年夏初、冬初都舉辦精進禪三共修，藉以助益會中同修們得以證悟明心發起般若實相智慧；凡已實證而被平實導師印證者，皆書具見道報告用以證明佛法之眞實可證而非玄學，證明佛法並非純屬思想、理論而無實質，是故每年都能有人證明正覺同修會的「實證佛教」主張並非虛語。特別是眼見佛性一法，自古以來中國禪宗祖師實證者極寡，較之明心開悟的證境更難令人信受；至2017年初，正覺同修會中的證悟明心者已近五百人，然而其中眼見佛性者至今唯十餘人爾，可謂難能可貴，是故明心後欲冀眼見佛性者實屬不易。黃正倖老師是懸絕七年無人見性後的第一人，她於2009年的見性報告刊於本書的第二輯中，爲大眾證明佛性確實可以眼見；其後七年之中求見性者都屬解悟佛性而無人眼見，幸而又經七年後的2016冬初，以及2017夏初的禪三，復有三人眼見佛性，希冀鼓舞四眾佛子求見佛性之大心，今則具載一則於書末，顯示求見佛性之事實經歷，供養現代佛教界欲得見性之四眾弟子。全書四百頁，售價300元，已於2017年6月30日發行。

我的菩提路第四輯：由陳晏平等人著。中國禪宗祖師往往有所謂「見性」之言，所言多屬看見如來藏具有能令人發起成佛之自性，並非《大般涅槃經》中　如來所說之眼見佛性。眼見佛性者，於親見佛性之時，即能於山河大地眼見自己佛性，亦能於他人身上眼見自己佛性及對方之佛性，如是境界無法為尚未實證者解釋；勉強說之，縱使眞實明心證悟之人聞之，亦只能以自身明心之境界想像之，但不論如何想像多屬非量，能有正確之比量者亦是稀有，故說眼見佛性極為困難。眼見佛性之人若所見極分明時，在所見佛性之境界下所眼見之山河大地、自己五蘊身心皆是虛幻，自有異於明心者之解脫功德受用，此後永不思證二乘涅槃，必定邁向成佛之道而進入第十住位中，已超第一阿僧祇劫三分有一，可謂之為超劫精進也。今又有明心之後眼見佛性之人出於人間，將其明心及後來見性之報告，連同其餘證悟明心者之精彩報告一同收錄於此書中，供養眞求佛法實證之四眾佛子。全書380頁，售價300元，已於2018年6月30日發行。

我的菩提路第五輯：林慈慧老師等人著，本輯中所舉學人從相似正法中來到正覺同修會的過程，各人都有不同，發生的因緣亦是各有差別，然而都會指向同一個目標——證實生命實相的源底，確證自己生從何來、死往何去的事實，所以最後都證明佛法眞實而可親證，絕非玄學；本書將彼等諸人的始修及末後證悟之實例，羅列出來以供學人參考。本期亦有一位會裡的老師，是從1995年即開始追隨　平實導師修學，1997年明心後持續進修不斷，直到2017年眼見佛性之實例，足可證明《大般涅槃經》中世尊開示眼見佛性之法正眞無訛，第十住位的實證在末法時代的今天仍有可能，如今一併具載於書中以供學人參考，並供養現代佛教界欲得見性之四眾弟子。全書四百頁，售價300元，已於2019年12月31日發行。

我的菩提路第六輯：劉惠莉老師等人著，本輯中舉示劉老師明心多年以後的眼見佛性實錄，供末法時代學人了知明心之異於見性本質，足可證明《大般涅槃經》中世尊開示眼見佛性之法正眞無訛。亦列舉多篇學人從各道場來到正覺學法之不同過程，以及如何發覺邪見之異於正法的所在，最後終能在正覺禪三中悟入的實況，以證明佛教正法仍在末法時代的人間繼續弘揚的事實，鼓舞一切眞實學法的菩薩大眾思之：我等諸人亦可有因緣證悟，絕非空想白思。約四百頁，售價300元，已於2020年6月30日發行。

鈍鳥與靈龜：鈍鳥及靈龜二物，被宗門證悟者說為二種人：前者是精修禪定而無智慧者，也是以定為禪的愚癡禪人；後者是或有禪定、或無禪定的宗門證悟者，凡已證悟者皆是靈龜。但後者被人虛造事實，用以嘲笑大慧宗杲禪師，說他雖是靈龜，卻不免被天童禪師預記「患背」痛苦而亡：「鈍鳥離巢易，靈龜脫殼難。」藉以貶低大慧宗杲的證量。同時將天童禪師實證如來藏的證量，曲解為意識境界的離念靈知。自從大慧禪師入滅以後，錯悟凡夫對他的不實毀謗就一直存在著不曾止息，並且捏造的假事實也隨著年月的增加而越來越多，終至編成「鈍鳥與靈龜」的假公案、假故事。本書是考證大慧與天童之間的不朽情誼，顯現這件假公案的虛妄不實；更見大慧宗杲面對惡勢力時的正直不阿，亦顯示大慧對天童禪師的至情深義，將使後人對大慧宗杲的誣謗至此而止，不再有人誤犯毀謗賢聖的惡業。書中亦舉證宗門的所悟確以第八識如來藏為標的，詳讀之後必可改正以前被錯悟大師誤導的參禪知見，日後必定有助於實證禪宗的開悟境界，得階大乘眞見道位中，即是實證般若之賢聖。全書459頁，售價350元。

維摩詰經講記：本經係 世尊在世時，由等覺菩薩維摩詰居士藉疾病而演說之大乘菩提無上妙義，所說函蓋甚廣，然極簡略，是故今時諸方大師與學人讀之悉皆錯解，何況能知其中隱含之深妙正義，是故普遍無法為人解說；若強為人說，則成依文解義而有諸多過失。今由平實導師公開宣講之後，詳實解釋其中密意，令維摩詰菩薩所說大乘不可思議解脫之深妙正法得以正確宣流於人間，利益當代學人及與諸方大師。書中詳實演述大乘佛法深妙不共二乘之智慧境界，顯示諸法之中絕待之實相境界，建立大乘菩薩妙道於永遠不敗不壞之地，以此成就護法偉功，欲冀永利娑婆人天。已經宣講圓滿整理成書流通，以利諸方大師及諸學人。全書共六輯，每輯三百餘頁，售價各250元。

真假外道：本書具體舉證佛門中的常見外道知見實例，並加以教證及理證上的辨正，幫助讀者輕鬆而快速的了知常見外道的錯誤知見，進而遠離佛門內外的常見外道知見，因此即能改正修學方向而快速實證佛法。 游正光老師著 。成本價200元。

勝鬘經講記：如來藏爲三乘菩提之所依，若離如來藏心體及其含藏之一切種子，即無三界有情及一切世間法，亦無二乘菩提緣起性空之出世間法；本經詳說無始無明、一念無明皆依如來藏而有之正理，藉著詳解煩惱障與所知障間之關係，令學人深入了知二乘菩提與佛菩提相異之妙理；聞後即可了知佛菩提之特勝處及三乘修道之方向與原理，邁向攝受正法而速成佛道的境界中。平實導師講述，共六輯，每輯三百餘頁，售價各250元。

楞嚴經講記：楞嚴經係密教部之重要經典，亦是顯教中普受重視之經典；經中宣說明心與見性之內涵極爲詳細，將一切法都會歸如來藏及佛性—妙眞如性；亦闡釋佛菩提道修學過程中之種種魔境，以及外道誤會涅槃之狀況，旁及三界世間之起源。然因言句深澀難解，法義亦復深妙寬廣，學人讀之普難通達，是故讀者大多誤會，不能如實理解佛所說之明心與見性內涵，亦因是故多有悟錯之人引爲開悟之證言，成就大妄語罪。今由平實導師詳細講解之後，整理成文，以易讀易懂之語體文刊行天下，以利學人。全書十五輯，全部出版完畢。每輯三百餘頁，售價每輯300元。

明心與眼見佛性：本書細述明心與眼見佛性之異同，同時顯示了中國禪宗破初參明心與重關眼見佛性二關之間的關聯；書中又藉法義辨正而旁述其他許多勝妙法義，讀後必能遠離佛門長久以來積非成是的錯誤知見，令讀者在佛法的實證上有極大助益。也藉慧廣法師的謬論來教導佛門學人回歸正知正見，遠離古今禪門錯悟者所墮的意識境界，非唯有助於斷我見，也對未來的開悟明心實證第八識如來藏有所助益，是故學禪者都應細讀之。游正光老師著　共448頁　售價300元。

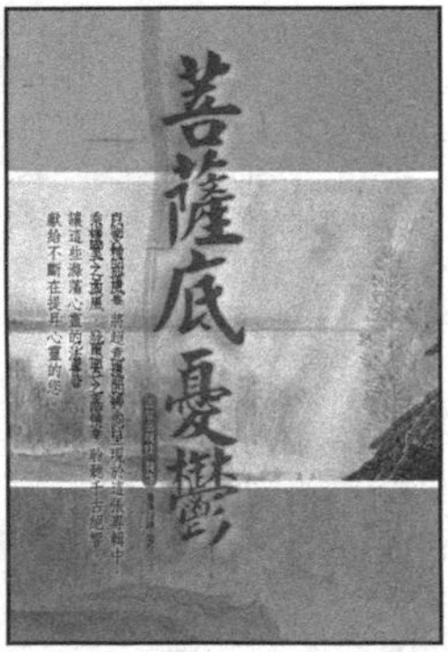

菩薩底憂鬱CD：將菩薩情懷及禪宗公案寫成新詞，並製作成超越意境的優美歌曲。1.主題曲〈菩薩底憂鬱〉，描述地後菩薩能離三界生死而迴向繼續生在人間，但因尚未斷盡習氣種子而有極深沈之憂鬱，非三賢位菩薩及二乘聖者所知，此憂鬱在七地滿心位方才斷盡；本曲之詞中所說義理極深，昔來所未曾見；此曲係以優美的情歌風格寫詞及作曲，聞者得以激發嚮往諸地菩薩境界之大心，詞、曲都非常優美，難得一見；其中勝妙義理之解說，已印在附贈之彩色小冊中。2.以各輯公案拈提中直示禪門入處之頌文，作成各種不同曲風之超意境歌曲，值得玩味、參究；聆聽公案拈提之優美歌曲時，請同時閱讀內附之印刷精美說明小冊，可以領會超越三界的證悟境界；未悟者可以因此引發求悟之意向及疑情，眞發菩提心而邁向求悟之途，乃至因此眞實悟入般若，成眞菩薩。3.正覺總持咒新曲，總持佛法大意；總持咒之義理，已加以解說並印在隨附之小冊中。本CD共有十首歌曲，長達63分鐘，附贈二張購書優惠券。每片280元。

金剛經宗通：三界唯心，萬法唯識，是成佛之修證內容，是諸地菩薩之所修；般若則是成佛之道（實證三界唯心、萬法唯識）的入門，若未證悟實相般若，即無成佛之可能，必將永在外門廣行菩薩六度，永在凡夫位中。然而實相般若的發起，全賴實證萬法的實相；若欲證知萬法的眞相，則必須探究萬法之所從來，則須實證自心如來—金剛心如來藏，然後現觀這個金剛心的金剛性、眞實性、如如性、清淨性、涅槃性、能生萬法的自性性、本住性，名爲證眞如；進而現觀三界六道唯是此金剛心所成，人間萬法須藉八識心王和合運作方能現起。如是實證《華嚴經》的「三界唯心、萬法唯識」以後，由此等現觀而發起實相般若智慧，繼續進修第十住位的如幻觀、第十行位的陽焰觀、第十迴向位的如夢觀，再生起增上意樂而勇發十無盡願，方能滿足三賢位的實證，轉入初地；自知成佛之道而無偏倚，從此按部就班、次第進修乃至成佛。第八識自心如來是般若智慧之所依，般若智慧的修證則要從實證金剛心自心如來開始；《金剛經》則是解說自心如來之經典，是一切三賢位菩薩所應進修之實相般若經典。這一套書，是將平實導師宣講的《金剛經宗通》內容，整理成文字而流通之；書中所說義理，迥異古今諸家依文解義之說，指出大乘見道方向與理路，有益於禪宗學人求開悟見道，及轉入內門廣修六度萬行。已於2013年9月出版完畢，總共9輯，每輯約三百餘頁，售價各250元。

禪意無限CD：平實導師以公案拈提書中偈頌寫成不同風格曲子，與他人所寫不同風格曲子共同錄製出版，幫助參禪人進入禪門超越意識之境界。盒中附贈彩色印製的精美解說小冊，以供聆聽時閱讀，令參禪人得以發起參禪之疑情，即有機會證悟本來面目，實證大乘菩提般若。本CD共有十首歌曲，長達69分鐘，每盒各附贈二張購書優惠券。每片280元。

空行母—性別、身分定位，以及藏傳佛教：本書作者爲蘇格蘭哲學家，因爲嚮往佛教深妙的哲學內涵，於是進入當年盛行於歐美的假藏傳佛教密宗，擔任卡盧仁波切的翻譯工作多年以後，被邀請成爲卡盧的空行母（又名佛母、明妃），開始了她在密宗裡的實修過程；後來發覺在密宗雙身法中的修行，其實無法使自己成佛，也發覺密宗對女性岐視而處處貶抑，並剝奪女性在雙身法中擔任一半角色時應有的身分定位。當她發覺自己只是雙身法中被喇嘛利用的工具，沒有獲得絲毫應有的尊重與基本定位時，發現了密宗的父權社會控制女性的本質；於是作者傷心地離開了卡盧仁波切與密宗，但是卻被恐嚇不許講出她在密宗裡的經歷，也不許她說出自己對密宗的教義與教制下對女性剝削的本質，否則將被咒殺死亡。後來她去加拿大定居，十餘年後方才擺脫這個恐嚇陰影，下定決心將親身經歷的實情及觀察到的事實寫下來並且出版，公諸於世。出版之後，她被流亡的達賴集團人士大力攻訐，誣指她爲精神狀態失常、說謊……等。但有智之士並未被達賴集團的政治操作及各國政府政治運作吹捧達賴的表相所欺，使她的書銷售無阻而又再版。正智出版社鑑於作者此書是親身經歷的事實，所說具有針對「藏傳佛教」而作學術研究的價值，也有使人認清假藏傳佛教剝削佛母、明妃的男性本位實質，因此洽請作者同意中譯而出版於華人地區。珍妮·坎貝爾女士著，呂艾倫 中譯，每冊250元。

霧峰無霧—給哥哥的信　本書作者藉兄弟之間信件往來論義，略述佛法大義；並以多篇短文辨義，舉出釋印順對佛法的無量誤解證據，並一一給予簡單而清晰的辨正，令人一讀即知。久讀、多讀之後即能認清楚釋印順的六識論見解，與眞實佛法之牴觸是多麼嚴重；於是在久讀、多讀之後，於不知不覺之間提升了對佛法的極深入理解，正知正見就在不知不覺間建立起來了。當三乘佛法的正知見建立起來之後，對於三乘菩提的見道條件便將隨之具足，於是聲聞解脫道的見道也就水到渠成；接著大乘見道的因緣也將次第成熟，未來自然也會有親見大乘菩提之道的因緣，悟入大乘實相般若也將自然成功，自能通達般若系列諸經而成實義菩薩。作者居住於南投縣霧峰鄉，自喻見道之後不復再見霧峰之霧，故鄉原野美景一一明見，於是立此書名為《霧峰無霧》；讀者若欲撥霧見月，可以此書為緣。游宗明　老師著　已於2015年出版　售價250元。

霧峰無霧—第二輯—救護佛子向正道　本書作者藉釋印順著作中之各種錯謬法義提出辨正，以詳實的文義一一提出理論上及實證上之解析，列舉釋印順對佛法的無量誤解證據，藉此教導佛門大師與學人釐清佛法義理，遠離岐途轉入正道，然後知所進修，久之便能見道明心而入大乘勝義僧數。被釋印順誤導的大師與學人極多，很難救轉，是故作者大發悲心深入解說其錯謬之所在，佐以各種義理辨正而令讀者在不知不覺之間轉歸正道。如是久讀之後欲得斷身見、證初果，即不為難事；乃至久之亦得大乘見道而得證眞如，脫離空有二邊而住中道，實相般若智慧生起，於佛法不再茫然，漸漸亦知悟後進修之道。屆此之時，對於大乘般若等深妙法之迷雲暗霧亦將一掃而空，生命及宇宙萬物之故鄉原野美景一一明見，是故本書仍名《霧峰無霧》，為第二輯；讀者若欲撥雲見日、離霧見月，可以此書為緣。游宗明　老師著　已於2019年出版　售價250元。

假藏傳佛教的神話—性、謊言、喇嘛教：本書編著者是由一首名爲「阿姊鼓」的歌曲爲緣起，展開了序幕，揭開假藏傳佛教—喇嘛教—的神秘面紗。其重點是蒐集、摘錄網路上質疑「喇嘛教」的帖子，以揭穿「假藏傳佛教的神話」爲主題，串聯成書，並附加彩色插圖以及說明，讓讀者們瞭解西藏密宗及相關人事如何被操作爲「神話」的過程，以及神話背後的眞相。作者：張正玄教授。售價200元。

達賴真面目—玩盡天下女人：假使您不想戴綠帽子，請記得詳細閱讀此書；假使您不想讓好朋友戴綠帽子，請您將此書介紹給您的好朋友。假使您想保護家中的女性，也想要保護好朋友的女眷，請記得將此書送給家中的女性和好友的女眷都來閱讀。本書爲印刷精美的大本彩色中英對照精裝本，爲您揭開達賴喇嘛的眞面目，內容精彩不容錯過，爲利益社會大眾，特別以優惠價格嘉惠所有讀者。編著者：白志偉等。大開版雪銅紙彩色精裝本。售價800元。

童女迦葉考—論呂凱文〈佛教輪迴思想的論述分析〉之謬：童女迦葉是佛世率領五百大比丘遊行於人間的歷史事實，是以童貞行而依止菩薩戒弘化於人間的大菩薩，不依別解脫戒（聲聞戒）來弘化於人間。這是大乘佛教與聲聞佛教同時存在於佛世的歷史明證，證明大乘佛教不是從聲聞法中分裂出來的部派佛教的產物，卻是聲聞佛教分裂出來的部派佛教聲聞凡夫僧所不樂見的史實；於是古今聲聞法中的凡夫都欲加以扭曲而作詭說，更是末法時代高聲大呼「大乘非佛說」的六識論聲聞凡夫極力想要扭曲的佛教史實之一，於是想方設法扭曲迦葉菩薩爲聲聞僧，以及扭曲迦葉童女爲比丘僧等荒謬不實之論著便陸續出現，古時聲聞僧寫作的《分別功德論》是最具體之事例，現代之代表作則是呂凱文先生的〈佛教輪迴思想的論述分析〉論文。鑑於如是假藉學術考證以籠罩大眾之不實謬論，未來仍將繼續造作及流竄於佛教界，繼續扼殺大乘佛教學人法身慧命，必須舉證辨正之，遂成此書。平實導師 著，每冊180元。

末代達賴—性交教主的悲歌：簡介從藏傳僞佛教（喇嘛教）的修行核心—性力派男女雙修，探討達賴喇嘛及藏傳僞佛教的修行內涵。書中引用外國知名學者著作、世界各地新聞報導，包含：歷代達賴喇嘛的祕史、達賴六世修雙身法的事蹟，以及《時輪續》中的性交灌頂儀式……等；達賴喇嘛書中開示的雙修法、達賴喇嘛的黑暗政治手段；達賴喇嘛所領導的寺院爆發喇嘛性侵兒童；新聞報導《西藏生死書》作者索甲仁波切性侵女信徒、澳洲喇嘛秋達公開道歉、美國最大假藏傳佛教組織領導人邱陽創巴仁波切的性氾濫，等等事件背後眞相的揭露。作者：張善思、呂艾倫、辛燕。售價250元。

黯淡的達賴—失去光彩的諾貝爾和平獎：本書舉出很多證據與論述，詳述達賴喇嘛不爲世人所知的一面，顯示達賴喇嘛並不是眞正的和平使者，而是假借諾貝爾和平獎的光環來欺騙世人；透過本書的說明與舉證，讀者可以更清楚的瞭解，達賴喇嘛是結合暴力、黑暗、淫欲於喇嘛教裡的集團首領，其政治行爲與宗教主張，早已讓諾貝爾和平獎的光環染污了。 本書由財團法人正覺教育基金會寫作、編輯，由正覺出版社印行，每冊250元。

第七意識與第八意識？—穿越時空「超意識」：「三界唯心，萬法唯識」是佛教中應該實證的聖教，也是《華嚴經》中明載而可以實證的法界實相。唯心者，三界一切境界、一切諸法唯是一心所成就，即是每一個有情的第八識如來藏，不是意識心。唯識者，即是人類各各都具足的八識心王——眼識、耳鼻舌身意識、意根、阿賴耶識，第八阿賴耶識又名如來藏，人類五陰相應的萬法，莫不由八識心王共同運作而成就，故說萬法唯識。依聖教量及現量、比量，都可以證明意識是二法因緣生，是由第八識藉意根與法塵二法爲因緣而出生，又是夜夜斷滅不存之生滅心，即無可能反過來出生第七識意根、第八識如來藏，當知不可能從生滅性的意識心中，細分出恆審思量的第七識意根，更無可能細分出恆而不審的第八識如來藏。本書是將演講內容整理成文字，細說如是內容，並已在《正覺電子報》連載完畢，今彙集成書以廣流通，欲幫助佛門有緣人斷除意識我見，跳脫於識陰之外而取證聲聞初果；嗣後修學禪宗時即得不墮外道神我之中，得以求證第八識金剛心而發起般若實智。平實導師 述，每冊300元。

中觀金鑑—詳述應成派中觀的起源與其破法本質：學佛人往往迷於中觀學派之不同學說，被應成派與自續派所迷惑；修學般若中觀二十年後自以爲實證般若中觀了，卻仍不曾入門，甫聞實證般若中觀者之所說，則茫無所知，迷惑不解；隨後信心盡失，不知如何實證佛法；凡此，皆因惑於這二派中觀學說所致。自續派中觀所說同於常見，以意識境界立爲第八識如來藏之境界，應成派所說則同於斷見，但又同立意識爲常住法，故亦具足斷常二見。今者孫正德老師有鑑於此，乃將起源於密宗的應成派中觀學說，追本溯源，詳考其來源之外，亦一一舉證其立論內容，詳加辨正，令密宗雙身法祖師以識陰境界而造之應成派中觀學說本質，詳細呈現於學人眼前，令其維護雙身法之目的無所遁形。若欲遠離密宗此二大派中觀謬說，欲於三乘菩提有所進道者，允宜具足閱讀並細加思惟，反覆讀之以後將可捨棄邪道返歸正道，則於般若之實證即有可能，證後自能現觀如來藏之中道境界而成就中觀。本書分上、中、下三冊，每冊250元，全部出版完畢。

人間佛教—實證者必定不悖三乘菩提：「大乘非佛說」的講法似乎流傳已久，卻只是日本人企圖擺脫中國正統佛教的影響，而在明治維新時期才開始提出來的說法；台灣佛教、大陸佛教的淺學無智之人，由於未曾實證佛法而迷信日本人錯誤的學術考證，錯認爲這些別有用心的日本佛學考證的講法爲天竺佛教的眞實歷史；甚至還有更激進的反對佛教者提出「釋迦牟尼佛並非眞實存在，只是後人捏造的假歷史人物」，竟然也有少數佛教徒願意跟著「學術」的假光環而信受不疑，亦導致部分台灣佛教界人士，造作了反對中國大乘佛教而推崇南洋小乘佛教的行爲，使台灣佛教的信仰者難以檢擇，亦導致一般大陸人士開始轉入基督教的盲目迷信中。在這些佛教及外教人士之中，也就有一分人根據此邪說而大聲主張「大乘非佛說」的謬論，這些人以「人間佛教」的名義來抵制中國正統佛教，公然宣稱中國的大乘佛教是由聲聞部派佛教的凡夫僧所創造出來的。這樣的說法流傳於台灣及大陸佛教界凡夫僧之中已久，卻非眞正的佛教歷史中曾經發生過的事，只是繼承六識論的聲聞法中凡夫僧，以及別有居心的日本佛教界，依自己的意識境界立場，純憑臆想而編造出來的妄想說法，卻已經影響許多無智之凡夫僧俗信受不移。本書則是從佛教的經藏法義實質及實證的現量內涵本質立論，證明大乘佛法本是佛說，是從《阿含正義》尚未說過的不同面向來討論「人間佛教」的議題，證明「大乘眞佛說」。閱讀本書可以斷除六識論邪見，迴入三乘菩提正道發起實證的因緣；也能斷除禪宗學人學禪時普遍存在之錯誤知見，對於建立參禪時的正知見有很深的著墨。平實導師 述，內文488頁，全書528頁，定價400元。

喇嘛性世界—揭開假藏傳佛教譚崔瑜伽的面紗：這個世界中的喇嘛，號稱來自世外桃源的香格里拉，穿著或紅或黃的喇嘛長袍，散布於我們的身邊傳教灌頂，吸引了無數的人嚮往學習；這些喇嘛虔誠地爲大衆祈福，手中拿著寶杵（金剛）與寶鈴（蓮花），口中唸著咒語：「唵．嘛呢．叭咪．吽……」，咒語的意思是說：「我至誠歸命金剛杵上的寶珠伸向蓮花寶穴之中」！「喇嘛性世界」是什麼樣的「世界」呢？本書將爲您呈現喇嘛世界的面貌。當您發現眞相以後，您將會唸：「噢！喇嘛．性．世界，譚崔性交嘛！」作者：張善思、呂艾倫。售價200元。

見性與看話頭：黃正倖老師的《見性與看話頭》於《正覺電子報》連載完畢，今結集出版。書中詳說禪宗看話頭的詳細方法，並細說看話頭與眼見佛性的關係，以及眼見佛性者求見佛性前必須具備的條件。本書是禪宗實修者追求明心開悟時參禪的方法書，也是求見佛性者作功夫時必讀的方法書，內容兼顧眼見佛性的理論與實修之方法，是依實修之體驗配合理論而詳述，條理分明而且極爲詳實、周全、深入。本書內文375頁，全書416頁，售價300元。

實相經宗通：學佛之目的在於實證一切法界背後之實相，禪宗稱之爲本來面目或本地風光，佛菩提道中稱之爲實相法界；此實相法界即是金剛藏，又名佛法之祕密藏，即是能生有情五陰、十八界及宇宙萬有（山河大地、諸天、三惡道世間）的第八識如來藏，又名阿賴耶識心，即是禪宗祖師所說的眞如心，此心即是三界萬有背後的實相。證得此第八識心時，自能瞭解般若諸經中隱說的種種密意，即得發起實相般若－實相智慧。每見學佛人修學佛法二十年後仍對實相般若茫然無知，亦不知如何入門，茫無所趣；更因不知三乘菩提的互異互同，是故越是久學者對佛法越覺茫然，都肇因於尙未瞭解佛法的全貌，亦未瞭解佛法的修證內容即是第八識心所致。本書對於修學佛法者所應實證的實相境界提出明確解析，並提示趣入佛菩提道的入手處，有心親證實相般若的佛法實修者，宜詳讀之，於佛菩提道之實證即有下手處。平實導師述著，共八輯，已於2016年出版完畢，每輯成本價250元。

真心告訴您(一)—達賴喇嘛在幹什麼?這是一本報導篇章的選集，更是「破邪顯正」的暮鼓晨鐘。「破邪」是戳破假象，說明達賴喇嘛及其所率領的密宗四大派法王、喇嘛們，弘傳的佛法是仿冒的佛法；他們是假藏傳佛教，是坦特羅(譚崔性交)外道法和藏地崇奉鬼神的苯教混合成的「喇嘛教」，推廣的是以所謂「無上瑜伽」的男女雙身法冒充佛法的假佛教，詐財騙色誤導眾生，常常造成信徒家庭破碎、家中兒少失怙的嚴重後果。「顯正」是揭櫫眞相，指出眞正的藏傳佛教只有一個，就是覺囊巴，傳的是 釋迦牟尼佛演繹的第八識如來藏妙法，稱爲他空見大中觀。正覺教育基金會即以此古今輝映的如來藏正法正知見，在眞心新聞網中逐次報導出來，將箇中原委「眞心告訴您」，如今結集成書，與想要知道密宗眞相的您分享。售價250元。

法華經講義：此書爲平實導師始從2009/7/21演述至2014/1/14之講經錄音整理所成。世尊一代時教，總分五時三教，即是華嚴時、聲聞緣覺教、般若教、種智唯識教、法華時；依此五時三教區分爲藏、通、別、圓四教。本經是最後一時的圓教經典，圓滿收攝一切法教於本經中，是故最後的圓教聖訓中，特地指出無有三乘菩提，其實唯有一佛乘；皆因眾生愚迷故，方便區分爲三乘菩提以助眾生證道。世尊於此經中特地說明如來示現於人間的唯一大事因緣，便是爲有緣眾生「開、示、悟、入」諸佛的所知所見——第八識如來藏妙眞如心，並於諸品中隱說「妙法蓮花」如來藏心的密意。然因此經所說甚深難解，眞義隱晦，古來難得有人能窺堂奧；平實導師以知如是密意故，特爲末法佛門四眾演述《妙法蓮華經》中各品蘊含之密意，使古來未曾被古德註解出來的「此經」密意，如實顯示於當代學人眼前。乃至〈藥王菩薩本事品〉、〈妙音菩薩品〉、〈觀世音菩薩普門品〉、〈普賢菩薩勸發品〉中的微細密意，亦皆一併詳述之，可謂開前人所未曾言之密意，示前人所未見之妙法。最後乃至以〈法華大義〉而總其成，全經妙旨貫通始終，而依佛旨圓攝於一心如來藏妙心，厥爲曠古未有之大說也。平實導師述，共有25輯，已於2019/05/31出版完畢。每輯300元。

西藏「活佛轉世」制度——附佛、造神、世俗法：歷來關於喇嘛教活佛轉世的研究，多針對歷史及文化兩部分，於其所以成立的理論基礎，較少系統化的探討。尤其是此制度是否依據「佛法」而施設？是否合乎佛法眞實義？現有的文獻大多含糊其詞，或人云亦云，不曾有明確的闡釋與如實的見解。因此本文先從活佛轉世的由來，探索此制度的起源、背景與功能，並進而從活佛的尋訪與認證之過程，發掘活佛轉世的特徵，以確認「活佛轉世」在佛法中應具足何種果德。定價150元。

真心告訴您(二)——達賴喇嘛是佛教僧侶嗎？補祝達賴喇嘛八十大壽：這是一本針對當今達賴喇嘛所領導的喇嘛教，冒用佛教名相、於師徒間或師兄姊間，實修男女邪淫，而從佛法三乘菩提的現量與聖教量，揭發其謊言與邪術，證明達賴及其喇嘛教是仿冒佛教的外道，是「假藏傳佛教」。藏密四大派教義雖有「八識論」與「六識論」的表面差異，然其實修之內容，皆共許「無上瑜伽」四部灌頂爲究竟「成佛」之法門，也就是共以男女雙修之邪淫法爲「即身成佛」之密要，雖美其名曰「欲貪爲道」之「金剛乘」，並誇稱其成就超越於（應身佛）釋迦牟尼佛所傳之顯教般若乘之上；然詳考其理論，則或以意識離念時之粗細心爲第八識如來藏，或以中脈裡的明點爲第八識如來藏，或如宗喀巴與達賴堅決主張第六意識爲常恆不變之眞心者，分別墮於外道之常見與斷見中；全然違背 佛說能生五蘊之如來藏的實質。售價300元。

涅槃——解說四種涅槃之實證及內涵：眞正學佛之人，首要即是見道，由見道故方有涅槃之實證，證涅槃者方能出生死，但涅槃有四種：二乘聖者的有餘涅槃、無餘涅槃，以及大乘聖者的本來自性清淨涅槃、佛地的無住處涅槃。大乘聖者實證本來自性清淨涅槃，入地前再取證二乘涅槃，然後起惑潤生捨離二乘涅槃，繼續進修而在七地心前斷盡三界愛之習氣種子，依七地無生法忍之具足而證得念念入滅盡定；八地後進斷異熟生死，直至妙覺地下生人間成佛，具足四種涅槃，方是眞正成佛。此理古來少人言，以致誤會涅槃正理者比比皆是，今於此書中廣說四種涅槃、如何實證之理、實證前應有之條件，實屬本世紀佛教界極重要之著作，令人對涅槃有正確無訛之認識，然後可以依之實行而得實證。本書共有上下二冊，每冊各四百餘頁，對涅槃詳加解說，每冊各350元。

佛藏經講義：本經說明爲何佛菩提難以實證之原因，都因往昔無數阿僧祇劫前的邪見，引生此世求證時之業障而難以實證。即以諸法實相詳細解說，繼之以念佛品、念法品、念僧品，說明諸佛與法之實質；然後以淨戒品之說明，期待佛弟子四眾堅持清淨戒而轉化心性，並以往古品的實例說明，教導四眾務必滅除邪見轉入正見中，然後以了戒品的說明和囑累品的付囑，期望末法時代的佛門四眾弟子皆能清淨知見而得以實證。平實導師於此經中有極深入的解說，總共21輯，每輯300元，於2019/07/31開始發行。

我的菩提路第七輯：余正偉老師等人著，本輯中舉示余老師明心二十餘年以後的眼見佛性實錄，供末法時代學人了知明心異於見性之本質，並且舉示其見性後與平實導師互相討論眼見佛性之諸多疑訛處；除了證明《大般涅槃經》中 世尊開示眼見佛性之法正眞無訛以外，亦得一解明心後尙未見性者之所未知處，甚爲精彩。此外亦列舉多篇學人從各不同宗教進入正覺學法之不同過程，以及發覺諸方道場邪見之內容與過程，最終得於正覺精進禪三中悟入的實況，足供末法精進學人借鑑，以彼鑑己而生信心，得以投入了義正法中修學及實證。凡此，皆足以證明不唯明心所證之第七住位般若智慧及解脫功德仍可實證，乃至第十住位的實證與當場發起如幻觀之實證，於末法時代的今天皆仍有可能。本書約四百頁，售價300元，將於2021年6月30日發行。

大法鼓經講義：本經解說佛法的總成：法、非法。由開解法、非法二義，說明了義佛法與世間戲論法的差異，指出佛法實證之標的即是法——第八識如來藏；並顯示實證後的智慧，如實擊大法鼓、演深妙法，演說如來祕密教法，非二乘定性及諸凡夫所能得聞，唯有具足菩薩性者方能得聞。正聞之後即得依於 世尊大願而拔除邪見，入於正法而得實證；深解不了義經之方便說，亦能實解了義經所說之眞實義，得以證法——如來藏，而得發起根本無分別智，乃至進修而發起後得無分別智；並堅持布施及受持清淨戒而轉化心性，得以現觀眞我如來藏之各種層面。此爲第一義諦聖教，於末法最後餘四十年時，一切世間樂見離車童子將繼續護持此經所說正法。平實導師於此經中有極深入的解說，總共約六輯，每輯300元，於《佛藏經講義》出版完畢後開始發行，每二個月發行一輯。

解深密經講義：本經係 世尊晚年第三轉法輪，宣說地上菩薩所應熏修之唯識正義經典，經中所說義理乃是大乘一切種智增上慧學，以阿陀那識—如來藏—阿賴耶識為主體。禪宗之證悟者，若欲修證初地無生法忍乃至八地無生法忍者，必須修學《楞伽經、解深密經》所說之八識心王一切種智；此二經所說正法，方是真正成佛之道；印順法師否定第八識如來藏之後所說萬法緣起性空之法，是以誤會後之二乘解脫道取代大乘真正成佛之道，尚且不符二乘解脫道正理，亦已墮於斷滅見中，不可謂為成佛之道也。平實導師曾於本會郭故理事長往生時，於喪宅中從首七開始宣講，於每一七各宣講三小時，至第十七而快速略講圓滿，作為郭老之往生佛事功德，迴向郭老早證八地、速返娑婆住持正法。茲為今時後世學人故，將擇期重講《解深密經》，以淺顯之語句講畢後，將會整理成文，用供證悟者進道；亦令諸方未悟者，據此經中佛語正義，修正邪見，依之速能入道。平實導師述著，全書輯數未定，每輯三百餘頁，將於未來重講完畢後逐輯出版。

修習止觀坐禪法要講記：修學四禪八定之人，往往錯會禪定之修學知見，欲以無止盡之坐禪而證禪定境界，卻不知修除性障之行門才是修證四禪八定不可或缺之要素，故智者大師云「性障初禪」；性障不除，初禪永不現前，云何修證二禪等？又：行者學定，若唯知數息，而不解六妙門之方便善巧者，欲求一心入定，未到地定極難可得，智者大師名之為「事障未來」：障礙未到地定之修證。又禪定之修證，不可違背二乘菩提及第一義法，否則縱使具足四禪八定，亦不能實證涅槃而出三界。此諸知見，智者大師於《修習止觀坐禪法要》中皆有闡釋。作者平實導師以其第一義之見地及禪定之實證證量，曾加以詳細解析。將俟正覺寺竣工啓用後重講，不限制聽講者資格；講後將以語體文整理出版。欲修習世間定及增上定之學者，宜細讀之。平實導師述著。

阿含經講記—小乘解脫道之修證：數百年來，南傳佛法所說證果之不實，所說解脫道之虛妄，所弘解脫道法義之世俗化，皆已少人知之；從南洋傳入台灣與大陸之後，所說法義虛謬之事，亦復少人知之；今時台灣全島印順系統之法師居士，多不知南傳佛法數百年來所說解脫道之義理已然偏斜、已然世俗化、已非眞正之二乘解脫正道，猶極力推崇與弘揚。彼等南傳佛法近代所謂之證果者皆非眞實證果者，譬如阿迦曼、葛印卡、帕奧禪師、一行禪師……等人，悉皆未斷我見故。近年更有台灣南部大願法師，高抬南傳佛法之二乘修證行門爲「捷徑究竟解脫之道」者，然而南傳佛法縱使眞修實證，得成阿羅漢，至高唯是二乘菩提解脫之道，絕非究竟解脫，無餘涅槃中之實際尚未得證故，法界之實相尚未了知故，習氣種子待除故，一切種智未實證故，焉得謂爲「究竟解脫」？即使南傳佛法近代眞有實證之阿羅漢，尚且不及三賢位中之七住明心菩薩本來自性清淨涅槃智慧境界，則不能知此賢位菩薩所證之無餘涅槃實際，仍非大乘佛法中之見道者，何況普未實證聲聞果乃至未斷我見之人？謬充證果已屬逾越，更何況是誤會二乘菩提之後，以未斷我見之凡夫知見所說之二乘菩提解脫偏斜法道，焉可高抬爲「究竟解脫」？而且自稱「捷徑之道」？又妄言解脫之道即是成佛之道，完全否定般若實智、否定三乘菩提所依之如來藏心體，此理大大不通也！平實導師爲令修學二乘菩提欲證解脫果者，普得迴入二乘菩提正見、正道中，是故選錄四阿含諸經中，對於二乘解脫道法義有具足圓滿說明之經典，預定未來十年內將會加以詳細講解，令學佛人得以了知二乘解脫道之修證理路與行門，庶免被人誤導之後，未證言證，梵行未立，干犯道禁自稱阿羅漢或成佛，成大妄語，欲升反墮。本書首重斷除我見，以助行者斷除我見而實證初果爲著眼之目標，若能根據此書內容，配合平實導師所著《識蘊眞義》《阿含正義》內涵而作實地觀行，實證初果非爲難事，行者可以藉此三書自行確認聲聞初果爲實際可得現觀成就之事。此書中除依二乘經典所說加以宣示外，亦依斷除我見等之證量，及大乘法中道種智之證量，對於意識心之體性加以細述，令諸二乘學人必定得斷我見、常見，免除三縛結之繫縛。次則宣示斷除我執之理，欲令升進而得薄貪瞋痴，乃至斷五下分結…等。平實導師將擇期講述，然後整理成書。共二冊，每冊三百餘頁。每輯300元。

＊喇嘛教修外道雙身法，墮識陰境界，非佛教＊

＊弘揚如來藏他空見的覺囊派才是眞正藏傳佛教＊

總經銷： 聯合發行股份有限公司

231 新北市新店區寶橋路 235 巷 6 弄 6 號 4F

Tel.02－2917-8022（代表號） Fax.02－2915-6275（代表號）

零售：1.**全台連鎖經銷書局：**

三民書局、誠品書局、何嘉仁書店

敦煌書店、紀伊國屋、金石堂書局、建宏書局

諾貝爾圖書城、墊腳石圖書文化廣場

2.**台北市：**佛化人生 **大安區**羅斯福路 3 段 325 號 6 樓之 4　台電大樓對面

3.**新北市：**春大地書店 **蘆洲區**中正路 117 號

4.**桃園市：**御書堂 **龍潭區**中正路 123 號

5.**新竹市：**大學書局 **東區**建功路 10 號

6.**台中市：**瑞成書局 **東區**雙十路 1 段 4 之 33 號

佛教詠春書局 **南屯區**永春東路 884 號

文春書店 **霧峰區**中正路 1087 號

7.**彰化市：**心泉佛教文化中心 南瑤路 286 號

8.**高雄市：**政大書城 **前鎮區**中華五路 789 號 2 樓（高雄夢時代店）

明儀書局 **三民區**明福街 2 號

青年書局 **苓雅區**青年一路 141 號

9.**台東市：**東普佛教文物流通處 博愛路 282 號

10.**其餘鄉鎮市經銷書局：**請電詢總經銷**聯合**公司。

11.**大陸地區請洽：**

香港：樂文書店

旺角店 :香港九龍旺角西洋菜街 62 號 3 樓

電話 : (852) 2390 3723 email: luckwinbooks@gmail.com

銅鑼灣店 :香港銅鑼灣駱克道 506 號 2 樓

電話 : (852) 2881 1150 email: luckwinbs@gmail.com

廈門：廈門外圖臺灣書店有限公司

地址：廈門市思明區湖濱南路809 號 廈門外圖書城3 樓 郵編：361004

電話：0592-5061658（臺灣地區請撥打 86-592-5061658）

E-mail：JKB118＠188.COM

12.**美國：世界日報圖書部：**紐約圖書部　電話 7187468889#6262

洛杉磯圖書部　電話 3232616972#202

13.**國內外地區網路購書：**

正智出版社 書香園地　http://books.enlighten.org.tw/

（書籍簡介、經銷書局可直接聯結下列網路書局購書）

三民 網路書局　http://www.sanmin.com.tw

誠品 網路書局　http://www.eslitebooks.com

博客來 網路書局　http://www.books.com.tw

金石堂 網路書局　http://www.kingstone.com.tw
聯合 網路書局　http:// www.nh.com.tw

附註：1.請儘量向各經銷書局購買：郵政劃撥需要八天才能寄到（本公司在您劃撥後第四天才能接到劃撥單，次日寄出後第二天您才能收到書籍，此六天中可能會遇到週休二日，是故共需八天才能收到書籍）若想要早日收到書籍者，請劃撥完畢後，將劃撥收據貼在紙上，旁邊寫上您的姓名、住址、郵區、電話、買書詳細內容，直接傳眞到本公司 02-28344822，並來電 02-28316727、28327495 確認是否已收到您的傳眞，即可提前收到書籍。 2.因台灣每月皆有五十餘種宗教類書籍上架，書局書架空間有限，故唯有新書方有機會上架，通常每次只能有一本新書上架；本公司出版新書，大多上架不久便已售出，若書局未再叫貨補充者，書架上即無新書陳列，則請直接向書局櫃台訂購。 3.若書局不便代購時，可於晚上共修時間向正覺同修會各共修處請購（共修時間及地點，詳閱**共修現況表**。每年例行年假期間請勿前往請書，年假期間請見共修現況表）。 4.郵購：郵政劃撥帳號 19068241。 5.正覺同修會會員購書都以八折計價（戶籍台北市者爲一般會員，外縣市爲護持會員）都可獲得優待，欲一次購買全部書籍者，可以考慮入會，節省書費。入會費一千元（第一年初加入時才需要繳），年費二千元。**6.尚未出版之書籍，請勿預先郵寄書款與本公司，謝謝您！** 7.若欲一次購齊本公司書籍，或同時取得正覺同修會贈閱之全部書籍者，請於正覺同修會共修時間，親到各共修處請購及索取；**台北市讀者**請洽：103 台北市承德路三段 267 號 10 樓（捷運淡水線 圓山站旁）請書時間：週一至週五爲 18.00~21.00，第一、三、五週週六爲 10.00~21.00，雙週之週六爲 10.00~18.00 請購處專線電話：25957295-分機 14（於請書時間方有人接聽）。

敬告大陸讀者：

大陸讀者購書、索書捷徑（尚未在大陸出版的書籍，以下二個途徑都可以購得，電子書另包括結緣書籍）：

1.廈門外國圖書公司：廈門市思明區湖濱南路 809 號 廈門外圖書城 3F
郵編：361004 電話：0592-5061658 網址：http://www.xibc.com.cn/

2.電子書：正智出版社有限公司及正覺同修會在台灣印行的各種局版書、結緣書，已有『**正覺電子書**』陸續上線中，提供讀者於手機、平板電腦上購書、下載、閱讀正智出版社、正覺同修會及正覺教育基金會所出版之電子書，詳細訊息敬請參閱『正覺電子書』專頁：http://books.enlighten.org.tw/ebook

關於平實導師的書訊，請上網查閱：

成佛之道 http://www.a202.idv.tw

正智出版社 書香園地 http://books.enlighten.org.tw/

★ 正智出版社有限公司售書之稅後盈餘，全部捐助財團法人正覺寺籌備處、佛教正覺同修會、正覺教育基金會，供作弘法及購建道場之用；懇請諸方大德支持，功德無量。

★ 聲 明 ★

本社於 2015/01/01 開始調整本目錄中部分書籍之售價，以因應各項成本的持續增加。

＊ 喇嘛教修外道雙身法、墮識陰境界，非佛教 ＊

＊ 弘揚如來藏他空見的覺囊派才是真正藏傳佛教 ＊

售後服務—換書啓事（免附回郵） 2017/12/05

《楞伽經詳解》第三輯初版免費調換新書啓事：茲因 平實導師弘法早期尚未回復往世全部證量，有些法義接受他人的說法，寫書當時並未察覺而有二處（同一種法義）跟著誤說，如今發現已將之修正。茲爲顧及讀者權益，已開始免費調換新書；敬請所有讀者將以前所購第三輯（不論第幾刷），攜回或寄回本公司免費換新；郵寄者之回郵由本公司負擔，不需寄來郵票。因此而造成讀者閱讀、以及換書的不便，在此向所有讀者致上萬分的歉意，祈請讀者大眾見諒！

《楞嚴經講記》第 14 輯初版首刷本免費調換新書啓事：本講記第 14 輯出版前因 平實導師諸事繁忙，未將之重新閱讀而只改正校對時發現的錯別字，故未能發覺十年前所說法義有部分錯誤，於第 15 輯付印前重閱時才發覺第 14 輯中有部分錯誤尚未改正。今已重新審閱修改並已重印完成，煩請所有讀者將以前所購第 14 輯初版首刷本，寄回本公司免費換新（初版二刷本無錯誤），本公司將於寄回新書時同時附上您寄書來換新時的郵資，並在此向所有讀者致上最誠懇的歉意。

《心經密意》初版書免費調換二版新書啓事：本書係演講錄音整理成書，講時因時間所限，省略部分段落未講。後於再版時補寫增加 13 頁，維持原價流通之。茲爲顧及初版讀者權益，自 2003/9/30 開始免費調換新書，原有初版一刷、二刷書籍，皆可寄來本公司換書。

《宗門法眼》已經增寫改版爲 464 頁新書，2008 年 6 月中旬出版。讀者原有初版之第一刷、第二刷書本，都可以寄回本公司免費調換改版新書。改版後之公案及錯悟事例維持不變，但將內容加以增說，較改版前更具有廣度與深度，將更能助益讀者參究實相。

換書者**免附回郵**，亦無截止期限；舊書請寄：111 台北郵政 73-151 號信箱 或 103 台北市承德路三段 267 號 10 樓 正智出版社有限公司。舊書若有塗鴨、殘缺、破損者，仍可換取新書；但缺頁之舊書至少應仍有五分之三頁數，方可換書。所有讀者不必顧念本公司是否有盈餘之問題，都請踴躍寄來換書；本公司成立之目的不是營利，只要能眞實利益學人，即已達到成立及運作之目的。若以郵寄方式換書者，免附回郵；並於寄回新書時，由本公司附上您寄來書籍時耗用的郵資。造成您不便之處，再次致上萬分的歉意。

正智出版社有限公司 啓

國家圖書館出版品預行編目(CIP)資料

佛藏經講義 / 平實導師述著. -- 初版.
-- 臺北市 : 正智, 2019.07　　面 ;　公分
ISBN 978-986-97233-8-1(第一輯;平裝)
ISBN 978-986-98038-1-6(第二輯;平裝)
ISBN 978-986-98038-5-4(第三輯;平裝)
ISBN 978-986-98038-8-5(第四輯;平裝)
ISBN 978-986-98038-9-2(第五輯;平裝)
ISBN 978-986-98891-3-1(第六輯;平裝)
ISBN 978-986-98891-5-5(第七輯;平裝)
ISBN 978-986-98891-9-3(第八輯;平裝)
ISBN 978-986-99558-0-5(第九輯;平裝)
ISBN 978-986-99558-3-6(第十輯;平裝)
ISBN 978-986-99558-5-0(第十一輯;平裝)
ISBN 978-986-99558-6-7(第十二輯;平裝)
1. 經集部
221.733　　108011014

佛藏經講義——第十二輯

著述者:平實導師
音文轉換:蔡正利 黃昇金
校對:章乃鈞 陳介源 孫淑貞 傅素嫻 王美伶
出版者:正智出版社有限公司
電話:〇二 28327495 28316727(白天)
傳眞:〇二 28344822
111 台北郵政 73-151 號信箱
郵政劃撥帳號:一九〇六八二四一
正覺講堂:總機〇二 25957295(夜間)
總經銷:聯合發行股份有限公司
231 新北市新店區寶橋路 235 巷 6 弄 6 號 4 樓
電話:〇二 29178022(代表號)
傳眞:〇二 29156275
初版首刷:二〇二一年五月三十一日 二千冊
定價:三〇〇元